© 原 一男

母よ！殺すな　　横塚晃一　　生活書院

© 原 一男

母よ！殺すな

「はやく、ゆっくり……」（横塚晃一 最期の言葉）

本書の復刊を心よくご承認いただいた、
横塚りゑ様、横塚信彦様に感謝いたします

——生活書院編集部

母親に殺される側の論理

本多勝一

いつか、あのことを両親にくわしく聞きたいと思っているうちに、全く思いがけなくも、あんなに丈夫だった母が、父の死後一年とたたぬうちに急死したため、私にはもう少年時代のぼんやりした記憶を頼りに、妹の伝聞を傍証とするくらいしか方法がなくなりました。あのこと。それは、私の母が妹二人をつれて天竜川に心中しようとして、村境の宮ケ瀬橋まで深夜に行った話です。

上の妹の節子は、生まれて一週間ほどしたとき、たいへん重い黄疸にかかりました。現在の日本なら、大都市（あくまで大都市だけですが）の立派な産院であれば防ぐことができるであろう「血液不適合」が原因のようです。その結果、節子は運動神経中枢を侵され、全身不自由の後遺症が残るCP（脳性マヒ）となりました。しかしそのことに両親が気付いたのは、普通の子であれば首がすわりはじめる二、三ヵ月後、どうもいつまでも首がすわらないのに不審を抱いてからです。

CPの赤ん坊は、非常な重症であれば何年たっても寝たきりです。言語障害もありますから口もきけません。節子の場合はそこまで重症ではありませんでしたが、立ちあがることができたのは満四歳になってからです。手足を動かすことはもちろん、およそ運動機能に類するすべてに障害がありますから、自分の思うようにならぬ赤ん坊は、しょっちゅう泣いています。眠っていないときは常に泣いていると思われるほどです。そのために涙腺が発達したのかどうか、節子は今も瞼がやや腫れ気味の感じです。

こうしたＣＰの子供を長いあいだ育てる親の苦労は、健康児を育てる場合の、おそらく「何倍」ではなく、「何十倍」くらいだろうと思われます。この種の苦労は、体験者以外にどうしても想像しにくいものでしょう。しかも、そのような苦労の末に幸い成人することができたとしても、生涯を重度身障者として生きなければならぬ子の未来を考えると、まことに救いがないように思われ、この福祉後進国日本ではことさら、それが身体的苦労以上に親への心理的重圧となって加わります。

あれは私が小学生になったばかりのころだろうと思います。たぶん朝の、私が目覚めてまもない時刻でした。母が改まった調子で言ったことを、おぼろげに覚えています――「ゆんべはなあ、坊が寝とるあいだになあ、節子と晃子を乳母車にのせてお宮にお参りして、天竜川まで行ったんだに」

「晃子」とは下の妹ですが、これはまた人並みはずれて丈夫だったのに、その後満二歳のとき疫痢で急死し、両親を愁嘆の底に突き落とすことになります。このとき母が心中まで思いつめた理由は、この晃子もまた乳児のころ病気になり、しかもそのときかかった医者が「この子も上の子のようなマヒらしい」と言ったためのようです（それは誤診だったのですが）。二人も脳性マヒの子をかかえて絶望的になった母が抱いた種類の当時の心情は、今の日本社会で同じ情況におかれた母たちの場合もそれほどは変わっておらず、現代の深刻な悲劇のひとつかと思われます。

母は前夜の様子を語るとき、たしかに改まってはいたものの、また涙ぐんではいたものの、一つの大きな精神的峠を越えたためか、終始わずかに笑みを浮かべていました。お宮に深夜参拝してから、一キロほど離れた天竜川の宮ケ瀬橋へ行った。橋の上で激流の音に包まれながら、母は何を考えたのか、今は知るすべもありません。父にはたぶん黙って出たと思われます。私が夜中に小便に起きると、よく父か母のどちらかが、泣く節子をあやして、店先の庭――私の家は村の雑貨店でしたから――を行ったりきたりしていたし、ときには乳母車にのせて、深夜に近所をひとまわりしてくることもありましたから、母が二人の子をつれて深夜出るのに父が気付いても、べつに怪しむ理由はなかったのです。

ともかく母は、思いなおして帰ってきました。思いなおすに到った経過はわかりませんが、このとき母が共に生きる決意をしたことは、家族みんなにとってまことに幸せでした。けれども、妹・節子の側から考えてみると、これは父や私の考える程度の「よかった」次元のものではない。むろん妹はそんなことに何も気付かぬ赤ん坊ですが、少なくとも当人は「死にたい」などと思ってはいません。母とともに心中させられるということは、要するに殺されることでありますす。いかに未来が悲観的であろうと、それは親が考えてのことであって、当人が考えてのことではない。とすれば、このとき母が思い直したことは、ほかならぬ母親自身にとってこそ、真に幸せな決断だったと考えられます。以後ずっとのちまで、母は節子のことを「仏さまだでなあ」と、冗談にまぎらわすようにして話していたのは、このあたりの感情を庶民的に表現していたのかもしれません。

最近、母親による子殺し事件が続出しています。そうした中で一つの典型とみられるのは、たぶん脳性マヒの子殺し(心中を含む)です。とくに大きな問題となったのは、一九七〇年の五月、横浜市金沢区で、二人の重症CP児をかかえた母親が、当時二歳になる下の子を絞殺した事件でした。これがとくに「問題」化したのは、一人でさえ絶望的になりやすいCP児を、二人もかかえた悲劇的な母親のために、減刑嘆願運動が起きたことによります。いや、「とくに」問題化したもっと大きな理由は、この減刑運動に対して、まさに「殺される側」としてのCP者たち、とくに「青い芝の会」を中心とするCP者の側から、根本的疑問が提出されたからであります。

脳性マヒに限らず、どんな身体障害者にしろ、障害だけが理由で心の底から死にたい、自殺したいと考えることが、ありうるでしょうか。なるほど自殺した身障者は、死にたいから自殺したのでしょう。しかし、なぜ死にたいと考えるようになったかを検討すれば、おそらくほとんどは、障害自体によるのではなく、障害を原因とするさまざまな差別や貧困行政によって「自殺させられた」のであり、要するに殺されたに等しいことがわかります。みんな、生きたいのだ。どんなに不自由でも、健康な人が生きたいと考えるであろうと全く同様に、生きたい。いや、むしろ不自由だからこそ、そのことを積極的に意識しています。健康な人間は、重病にかかって初めて生きたいと思う例が多いようですが、身障者は生涯そんな心境で生きているのだとも言えましょう。

母親による身障児殺しにせよ心中にせよ、この点の理解に決定的問題がひそんでいます。母親の苦しみが想像を絶するほど大きいものであればあるほど、ジレンマが巨大であればあるほど、生命の尊厳——結局は人間の尊厳とは何かを問いつめてゆきます。そこには、広く「差別とは何か」を問いつめる命題も含まれているでしょう。CP者の叫びは、たとえばアメリカ合州国での黒人の叫びや、日本でいえばアイヌ民族の叫びと、驚くほど共通するものがあります。

そのようなCP者自身の叫びを、最近タイプ印刷された二冊の本で読みました。いずれも「青い芝」神奈川県連合会の、横田弘氏による『炎群』と、横塚晃一氏による『CPとして生きる』

です。そこには、たとえばこんな言葉が書かれています。

「なぜ彼女（子殺しの母）が殺意をもったのだろうか。この殺意こそがこの問題を論ずる場合の全ての起点とならなければならない。彼女も述べているとおり『この子はなおらない。こんな姿で生きているよりも死んだ方が幸せなのだ』と思ったという。なおるかなおらないか、働けるか否かによって決めようとする、この人間に対する価値観が問題なのである。この働かざる者人に非ずという価値観によって、障害者は本来あってはならない存在とされ、日夜抑圧され続けている。

障害者の親兄弟は障害者と共にこの価値観を以って迫ってくる社会の圧力に立ち向かわなければならない。にもかかわらずこの母親は抑圧者に加担し、刃を幼い我が子に向けたのである。我々とこの問題を話し合った福祉関係者の中にもまた新聞社に寄せられた投書にも『可哀そうなお母さんを罰するべきではない。君達のやっていることはお母さんを罪に突き落すことだ。母親に同情しなくてもよいのか』等の意見があったが、これらは全くこの〝殺意の起点〟を忘れた感情論であり、我々障害者に対する偏見と差別意識の現われといわなければなるまい。これが差別意識だということはピンとこないかもしれないが、それはこの差別意識が現代社会において余りにも常識化しているからである。

あのソンミ事件の例を上げればはっきりしよう。ベトナムの民間人を数百人殺害しその責任を問われ、終身刑を言い渡されたカリー中尉に対して『かわいそうなカリーを救え』『カリーばかりを責めるのはおかしい』と白人世論が沸騰した。それに押されてニクソンは大統領権限を以って、事実上無罪に近い待遇を与えている。また、日本人農婦を殺し日本の裁判にかけられたジラード二等兵に対しても、小羊ジラードを救えと白人世論は盛り上った。白人にしてみればアジア人は異教徒であり蛮族であり、自分たちの作ってきた正義観、道徳観の論理などを当てはめるには当たらない。ましてや自分達より劣った蛮族の裁判を我が白人が受けるのは何としても我慢がならないというのである」（『CP*として生きる』から）

「『植物人間は、人格のある人間だとは思ってません。無用の者は社会から消えるべきなんだ。社会の幸福、文明の進歩のために努力している人と、発展に貢献できる能力を持った人だけが優先性を持っているのであって、重症障害者やコウツコの老人から〈われわれを大事にしろ〉などといわれては、たまったものではない』

これは、週刊朝日一九七二年十月二七日号『安楽死させられる側の声にならない声』という記事にある元国会議員で『日本安楽死協会』なる物を作ろうとしている太田典礼の言葉だ。私たち重度脳性マヒ者にとって絶対に許せない、また、絶対に許してはならないこの言葉こそ、実は脳性マヒ者（以下ＣＰ者と云う）を殺し、経済審議会が二月八日に答申した新経済五ヵ年計画のなかでうたっている重度心身障害者全員の隔離収容、そして胎児チェックを一つの柱とする優生保護法改正案を始めとするすべての障害者問題に対する基本的な姿勢であり、偽りのない感情である事を、私はまず一点押えて置かなければならない。

今迄、ＣＰ者（児）が殺される度に繰返されている施設不足のキャンペーン、或いは殺した側の親を救えという運動、その本質にある『無用の者は、社会から消えるべきだ』とする健全者社会の姿勢を変えない限り、つまり、障害者を肉体的、精神的に社会から抹殺しようとしているのは、決して国家に代表される権力機構だけではなく、障害者福祉を大声で云い続けている革新政党、『障害者』解放を権力闘争への一過程として組入れている新左翼の諸君を含めた、もっと云うならば、私たちを此世に送り出した直接の責任者である筈の親の心にゆらめく健全者の幼いほむらのなかに見据えない限り、障害者運動の出発はありえないのではないだろうか。今迄私たちが行ってきた、そして大多数の障害者が今でも行いつつある、障害者を理解して貰おう、或いは一歩でも二歩でも健全者に近づこうとする運動が通用する程、現在の私たちを取巻く状況は甘くない事は確かなのだ」（『炎群』から）

右の太田典礼の論理は、全く別の例でいえば、現在全国で進行中の「開発」の論理と酷似しています。「社会の幸福、文明の進歩のために」新幹線や成田空港や発電所やダム建設予定地の住民が、機動隊によって蹂躙される。これは侵略者が虐殺をするとき、合州国の白人が先住民（いわゆるアメリカ＝インディアン）を、日本軍が中国人を、ナチ＝ドイツがユダヤ人を、米軍がベトナム人を虐殺するとき、常に使ってきた論理であります。

弱者や少数者を消す論理。まさにこの論理こそが、それこそ「社会の幸福、文明の進歩のため」の、ほんとうの敵ではないでしょうか。

（『潮』一九七四年十一月号）

＊『ＣＰとして生きる』という小冊子は、他の文章も含めて横塚晃一著『母よ！ 殺すな』（すずさわ書店）に収録されている。なお、横塚晃一氏（「青い芝の会」会長）は一九七八年七月、胃ガンのため亡くなった。四二歳。横塚氏の思想は身障者運動に大きな転換をもたらすきっかけの一つになった。

（生活書院編集部注：ここまでは、『増補版　母よ！殺すな』［すずさわ書店、一九八一年］に「序文」として収録された「母親に殺される側の論理」を、著者・本多勝一氏のご了解と修正の上、再録しました）

目次

補遺　1　横塚晃一　未収録の書き物と発言 271

Ⅰ　脳性マヒとして生きる

脳性マヒ者の親子関係について

出産後の眠りから覚めた母親がわが子に初対面した時に先ず見ることは、指が左右手足五本ずつついているか——五体満足か——ということだという。これは井戸端会議のおかみさん達をはじめとして、世の母親達の心情として尤もだといわれ常識として通用している。

しかし、このことは我々脳性マヒ者にとって重大な意味を含んでいると思う。もし生まれた子供が五体満足でなかったらどうなのであろうか？　もし、それが脳性マヒだったらどうなのだろうか？　その時から我々脳性マヒ者が本来あるべき姿ではない、いやあってはならない存在として扱われるのである。ここから親と脳性マヒ者（子供）との闘争が始まる筈である。

そもそも親子の闘争は生まれた時から始まり、ある一定の時期までくると子供は親をのり越えてゆく——親は必然的に子供によって征服される——運命にあるのが人間の歴史であり、生物界の法則であるのだが、我々脳性マヒ者の場合多くはこの法則はあてはまらない。親は「本来あってはならない存在」をつくり出した責任を感じてか、障害児に関する全てを一身に引き受けようとする。その結果が扶養年金制度ともなり、重症児道連れ心中ということにもなるのだが……。重症者を殺した親に無罪の判決が下り、重症児をもつ母親がその判決を「ほんとによかった。他人ごとではない」と言っているのに出合った経験がある。これ程重症児の人権を無視した話があるだろうか。

親の権力下に抱えこまれた脳性マヒ者（児）は将来一家の責任者となるような、また母親となるような家庭教育を施されることもなく、いくつになっても赤ん坊扱いされ、一人前の人間として社会性を育む機会を奪われてしまうというのが今迄我々のおかれてきた現状なのである。我々が社会の不当な差別と闘う場合、我々の内部にある赤ん坊性、つまり親のいうままに従うこと、言い換えれば親に代表される常識化した差別意識に対して無批判に従属してしまうことが問題なのである。我々の運動が真に脳性マヒ者の立場に立ってその存在を主張することにあるならば、先ず親を通して我々の上に覆いかぶさってくる常識化した差別意識と闘わなければならず、そのためには自らの親の手かせ足かせを断ち切らなければならない。つまり親からの独立（精神的にも）ということが先決なのである。

受験生を抱えた母親がその息子に向かって「あなたどうしても一流校に入って頂戴、うちのお父さんはいい学校出てないので未だに平社員じゃないの、あなたにはお父さんの分もガン張って貰わなくてはね」これは通俗的なテレビドラマの一コマであるが、女性が将来を託した夫に対して満足できず、また現在の生活が不満で仕方がないという場合、往々にして自分の息子に異常なまでの期待とデキ愛を示すことがある（前述の障害児の場合はこの裏返しの例なのだが）。近頃では結婚して子供をもつ脳性マヒ者が大分増えてきた。子供のない私が言うのはおこがましい次第であるが、脳性マヒ問題という観点から敢えて言わせてもらえば、そこで問題になるのは親（こんどは脳性マヒ者）の生活態度である。というのは先にあげたテレビドラマの例が脳性マヒ者の親と健全者といわれる子との親子関係において顕著な形で現われていることを見聞するからである。そこでは「うちのお父ちゃんはダメ（脳性マヒ）だから、あんた、しっかりするんだよ」ということ、つまり父親はその子が生まれた時からダメな見本として子供の目の前におかれ、親から無視された脳性マヒ者の人格はこんどは我が子から否定されようとするのである。

親として特に母親ともなれば、我が子に期待をかけ、自分等のなし得なかった夢を託するのは常識かもしれない。しかし、我々脳性マヒ者の場合、健全者といわれる子供にオンブして一般世間なみになろうとするならば、また長年持ち続けた世間へのあこがれを子供によって満たそうとするならば、即ち自分の夫を否定し更には自分自身の存在をも否定することに他ならないであろう。「脳性マヒ者にとって一番不幸なことは脳性マヒ者の親から健全者といわれる子供が生まれることである」といったらカンカンに怒られるであろうか。黒人の親から黒人の子供しか生まれず、部落民の親から生まれた子は部落民として扱われる。我々の運動が同じアウトサイダー運動といっても、黒人の人種差別反対運動や部落解放運動と異なるところはここなのではあるまいか。

脳性マヒのありのままの存在を主張することが我々「青い芝」の運動である以上、必然的に親からの解放を求めなければならない。泣きながらでも親不幸を詫びながらでも、親の偏愛をけっ飛ばさねばならないのが我々の宿命である。一方我々が人の子の親となった場合、親であることもけっ飛ばさなければならないであろう。このことは脳性マヒは子供を生んではいけないということではない。それは長年、社会・家庭における差別によってつちかわれた欲望、劣等感、世間なみという妄執の混じり合ったどろどろしたものを、子供の中に注入してはなるまいということなのである。

（『青い芝』No.78　一九七〇年六月）

或る友への手紙

前略、先日は失礼致しました。

あの折「あゆみ」重症児殺害事件特集号について議論しましたね。貴君はこの特集号を読んで大変腹が立ったと言われました。貴君の論点は大体二つあったようです。一つは「あの横田君の文章は自分の障害の上にあぐらをかき、ふんぞり返っている。その態度に腹が立つ」ということであり、もう一つは特集号全体を通しても「じゃあどうすればいいのか」ということが書かれていない、ということだったと思います。

私はもっともっと皆が自分の障害の上にでもなんでもあぐらをかき、ふんぞり返るべきだと思います。障害者は今まで自分の存在を否定し続け、そうすることが美徳とされてきました。いつも社会の底辺におかれ、ものの陰に隠れ、こそこそと生きる姿勢を強いられてきたのです。少し自己を主張しようものなら、それがたとえ人間として当然のことだとしても、障害者のくせに、甘えている、僻んでいる等という言葉で圧殺されてきたのです。その結果、今度の事件に関しても、障害者の仲間からさえ「殺されたあの子は重症児として生きるよりも死んだ方がよかったのだ」という意見が出る始末でした。これこそ自己の存在を否定する以外の何ものでもないと思われます。「殺した親に同情しなくてもよいのか。あなた達の言うことは母親を罪に突き落そうとするものだ」という言葉も障害者の一人から出ておりましたね。この言葉は世間一般といわれる人達からは非常にうけがいいのです。なぜなのでしょう。この世の中で自分自身の立場を主張しない者が一体あるのでしょうか。経営者は経営者の、労働者は労働者の立場を主張しております。また、職人は職人、農民は農民、恩給生活者は恩給生活者それぞれの主張や意見が集まったのが社会なのです。横田氏が歩くことのできない重度障害者であることは紛れもない事実です。その事実に基づいて、彼は殺された重症児の中に自分と同じものをみつけ、自己主張をしたように私には読みとれます。それがどうしていけないのでしょう。また、どうして腹が立つのでしょう。障害者の文芸誌等をみると「どうして私はこのように生まれたのでしょう」とか「足なえの……」「マヒの手の……」等々自分を哀れな者、あるいは本来あるべき存在ではない者として愚痴をこぼしています。しかし世間的にはこのような姿勢が非常にうけるのです。つまり哀れな格好をしていれば納得するのです。逆に障害者が胸を張れば腹が立つのです。貴君も紛れもない脳性マヒです。その貴君が腹を立てた理由は、障害者は哀れな存在でなければならないという世間の固定観念を無意識のうちに受け入れて、自分だけは哀れな存在となりたくない為に世間一般の側につこうとして、脳性マヒであることを忘れようと必死になっていたところへ、横田氏の胸を張った文章が現われたからではないでしょうか。また、或る人は「あの母親の苦労が解るか」と言いました。しかし自分の立場が主張できない者にどうして他人の立場が解り、他人の苦労を察することができるでしょうか。

我々がこのように、あるいは特集号で掲げたような問題提起をした場合、まだ討議もされないうちに「じゃあどうすればいいのか」という言葉が返ってきます。この場合私は「そんなに簡単に『じゃあどうすればいいのか』などと言うな」と撥ね付けます。なぜなら相手の「じゃあどうすればいいのか」という言葉は、真にどうすべきかということではなく、我々の問題提起をはぐらかし、圧殺することが目的だからです。私はあの時、我々の目的は、第一は問題提起であると言いました。それは自己の立場をふまえた現状分析であり、社会と人間との分析であると思います。あるいは最底辺からの、人間各々の持つエゴイズムの暴露であり、人間的、社会的罪の告発ともいえるでしょう。貴君はこのような暴露・告発が果して何になるのかと言われるかもしれませんが、このことがはっきりしていない限り土台の腐った家の屋根に新しい瓦をどんどん積み上げるようなものなのです。例えば施設の問題一つをとっても、施設を必要とし、それを作ることを要求しているのは、殆んどの場合、障害児（者）をもつ（知恵遅れ、精神病者も含め）父兄なのです。にも拘らずそれが障害者福祉といわれ、障害者の為とされているところにごまかしがあり、いろいろな問題が起きる原因があるのです。先日、青い芝と府中療育センター労組三役との話し合いの席上、労組側から「施設は必要と考えるか否か」という問いが出されました。その時私は「そういう設問の仕方はまちがっている。施設は本来、人間の生活形態としては不自然なものだ。にも拘らず、施設がないと困る人がいるということは施設そのものが必要悪だということである。悪であるならば、それをいかに少なくするか、その弊害をいかにカバーするかという問題につき当たる筈である。設問のように必要かどうかということで必要という答が出た場合には、施設そのものが正義とされ、正義の名において人権蹂躙が行われる危険性が生まれてくる」と答えました。

このような我々の問題提起を人々ががっちり受け止めた時、その時が即ち「じゃあどうすればいいのか」と言える時なのです。我々の運動はこの原点にもどすことなのだと思います。しかしこれはなかなか容易ではありません。社会的・人間的罪の告発はたゆまざる現状分析から生まれます。そのためには鋭い洞察力と同時に、人間に対する深い信頼と、絶対者（神・仏）への帰依とがなければならないでしょう。横田氏はそれのできる数少ない障害者の一人だと思います。

以上、忌憚のない意見を勝手に並べましたが、お互いの人間的成長のため、よろしく御批判下さるようお願い致します。

敬　具

（『あゆみ』No.11　一九七〇年十月）

T婦人との往復書簡

〔T婦人より〕

三寒四温と申しますが暖かな日和が多くなってきました。ごぶさた致しておりますがお変りございませんか。我家でも家族五人変りなく暮しております。

昨日、NHK、「現代の映像」をみました。食事の後かたづけで台所と茶の間の間を往復しながら何気なくのぞいたテレビにあなたの顔があったのでびっくり、お二人ともお元気そうなので嬉しくなりました。

子供が三人になりましてからは家事に追われ続け、全く世の中の移り変りにうとくなり、何も考えずただアタフタと日が過ぎてしまいます。こんなことでいいのかと思っていた矢先のことで、お二人の活躍ぶりをみて頭をガンと打たれて目がさめた思いです。この四国の田舎に暮していると、公害問題も成田空港もどこか遠い世界、自分とは関係ない次元の出来事のようにかすんでみえてしまいます。そして、お二人の運動を私自身としてはどう受けとめてよいのか迷いました。以前にいただいたパンフレット等を読みなおしております。

奥さんにはまたおめでたのご様子、出産予定はいつ頃でしょうか。くれぐれもお体を大切になさって、この前の失敗をくりかえさないようがんばって下さい。

我家の子供達も大きくなりました。長女も四月からは年長組ですし、ついこの間生まれた三女も早くもケラケラと声を出して笑います。

妊娠とわかったその日から、五体満足をと祈り、何万分の一かもしれない確率をおそれ、もしそうなったらどうしようかと主人とも話しました。そうなったら主人は整形外科(現在は内臓外科医として病院勤務)に転科して勉強しなおそうといってくれ心強く思いました。幸い三人ともその心配はなさそうで今日に到っております。エゴイスティックな愛といわれようとも、この不安と祈り、これはいつわらざる親の心情ではないでしょうか。どうぞお二人にも元気な赤ちゃんがさずかりますように。

T・H

〔返　信〕

前略、お手紙拝見致しました。三人のお嬢さん方も元気な御様子、何よりと存じます。あなたのおっしゃる通り、我が子の無事を祈り、五体満足であることを願わぬ親はないでしょう。しかし（言葉尻をつかむわけではありませんが）「いつわらざる親の心情ではないでしょうか」というように一般化することによって、あなた自身の責任（罪悪性）を回避していることに気がつかなければなりますまい。つまり「妊娠とわかったその日から五体満足をと祈り、何万分の一かもしれない確率をおそれ、もしそうなったら……」と考えた時点においては、それはあなた自身がそう思ったのであり、他の人がどう思うかということとはまた、別問題といわなければなりません。御主人のことばに慰められ、一応安心したのも他ならぬあなた自身なのです。他人のことはいざ知らず、何万分の一かの確率が我が子に当たらなければよいがということです。

私はここであなたを責めるつもりは毛頭ありません。これは私自身を責めているといった方が適切かもしれません。自分より重い障害の人を見れば「私はあの人より軽くてよかった」と思い、また知能を侵されている人を見れば「自分は、体はわるいが幸いあたまは……」と思うのです。

なんとあさましいことでしょう。そのように人間とはエゴイスティックなもの、罪深いものだと思います。この自分自身のエゴを罪と認めることによって、次に「では自分自身として何をなすべきか」ということが出てくる筈です。お互いの連帯感というものはそこから出てくるのではないでしょうか。まして、我々障害者とそうでない人達との交わりとは？　障害者福祉とは？　ひいては人間社会のあり方とは？　先ず自分が罪人であると認めるところから出発しなければならないと思います。その根底に自分の罪悪性を省みることがない限り、そこから出発した社会福祉とは、強者の弱者に対するおめぐみであり、所謂やってやるという慈善的官僚的福祉とならざるを得ないでしょう。

では、御主人様、お子様方によろしく

敬具

T・H様

（『あゆみ』No.13　一九七一年八月）

母親の殺意にこそ——重症児殺害事件の判決を終わって

かねてから我々の取り組んでいた重症児殺害事件（横浜市の一主婦である袴田美保子が昭和四五年五月二九日、脳性マヒ児の我が子をエプロンの紐でしめ殺した）の公判が、十月八日横浜地裁第一刑事部、野瀬裁判長係りで開かれ、懲役二年執行猶予三年の判決が下った。この判決の軽重自体を云々することは軽々しくできるものではないが、この問題に最初から取り組んだ我々としていろいろ考えてみたいと思う。

事件が発生するや新聞等のマスコミは加害者である母親を狼にとりかこまれた小羊の如く扱い、同時に障害児を持つ父母の会などによる減刑嘆願の署名運動、或は行政当局に対する施設不備の現状での重症児殺しはやむを得ない等という抗議文の提出等と、それは一方的に母親或は健全者といわれる人の立場からの運動であった。これらのことは実は毎度のことであり、今まで殺される障害者側からの発言というものは一度も出なかったのである。従ってこのおきまりのコースはこれが障害者問題であり、こうすることが障害者福祉として何等の疑問を持つものはなかったのである。

今回の裁判は、起訴するというごく当然な初歩的段階において一年有余の時間を費やし、ようやく裁判が開かれるや、僅か約一ヵ月間に結審するということからも解るように、全くおざなりな裁判であった。それは検察側が当然の義務である被告を追求する態度がまるで無く、我々の提出した意見書、障害者としての体験文などを参考資料として裁判の席上にのせることを弁護側が拒否したのに対し、何等抵抗することなくこれに従い、求刑に当っては殺人の場合、刑法上最低懲役三年なのに、懲役二年を求刑したことからも明らかである。

最初から元値を切った大安売りであり更につけ加えるならば、我々の代表が検察庁に担当検事をたずねた際「君達の言う通り裁判にかけたのだからそれでいいではないか」と発言する始末であった。従ってこの裁判では、検察側と弁護側がそれぞれの立場を主張し激しく切り結ぶなどということは全くみられず、障害者或は障害児を持つ家庭がおかれている社会的状況、つまりこの事件の持つ社会的位置づけというものが浮き彫りにされるということは幻想に帰してしまった。

ではこの裁判がまるきりナンセンスであったかといえば決してそうではない。以前、東京神田の歯科医森川宗男が重症の息子を殺した事件の時と比較してみよう。当時、事件が発生するや、施設がない故の悲劇というような新聞を中心としたマスコミキャンペーンと共に、身障児を持つ親の会や全国重症心身障害児を守る会を中心として減刑嘆願運動が大々的に展開され、裁判の結果、被告は無罪となったのである。

当時、所得倍増政策による高度経済成長とそれに伴う労働力不足が現われ、働くことだけが正義であるという風潮に拍車をかけていた。エリートには金をつぎこみ、国家の役に立たない者は大隔離施設へ（一九六五年六月、佐藤首相のお声がかりで作られた社会開発懇談会が「社会で暮らすことのむずかしい精薄等についてはコロニーに隔離せよ」と中間答申をしている）という労働力確保を目的とした権力者の意志と、施設さえあればこの悲劇は救えるという肉親達（大衆）の要求とが妙にガッチリ結びついて巨大コロニー網の建設へとすすんでいった。施設がない故の悲劇に同情といった場合、殺した者の悲劇であり障害児をもつ家族に対する同情であった。そこで一番大事な筈の本人（障害者）はすっぽりぬけ落ちていたのである。

この「施設がない故の悲劇」「可哀そうな母親を救え」という論調はそっくりそのまま今回の事件に受け継がれた。これに反発して「罪は罪として裁け」「障害児は殺されるのが幸せか」「殺人を正当化する考えから作られた施設とは殺人の代替ではないか」「重症児『殺されてもやむを得ない』とするならば殺された者の人権はどうなるのだ。そして我々障害者はおちおち生きてはいられなくなる」というような我々の生存権を主張した運動はまさに前代未聞といわれ、なる程そうであったか、どうして今まで気づかなかったのだろうという心ある人々の共感を得、すすんで我が会に協力を申し込む人々が多数現われた。そして新聞・雑誌に書かれ、NHKテレビ「現代の映像」にまで取り上げられた。

判決を下すに当って裁判長は重症児でも健全者でも命の尊さに変りなく、相手が重症児だからといって刑を軽くしたのではないと繰り返していたが、それはとりようによっては言い訳がましく聞こえたにしても、我々の存在と主張を非常に意識しての発言であったことは確かである。とにかく今の社会に異常なまでに蔓延している障害者イコール施設という風潮に敢然として立ち向かった我々の行動が、執行猶予つきとはいえ有罪の判決を引き出したとも考えられる。おそらく我々の主張、行動がなかったならば東京神田の事件と同様無罪となり、或はそれ以上に不起訴処分として裁判も開かれなかったかもしれない状況であった。この意味で我々の運動は障害者の歴史を変えたといっても過言ではない。

被告である袴田美保子の警察での調書や公判での証言から明らかであるが、彼女は重症児である我が子を以前にも殺そうと思ったのであり、そして遂に無抵抗な二歳の子供に兇刃を振るったのも他ならぬ彼女なのである。なぜ彼女が殺意をもったのだろうか。この殺意こそがこの問題を論ずる場合の全ての起点とならなければならない。彼女も述べているとおり「この子はなおらない。こんな姿で生きているよりも死んだ方が幸せなのだ」と思ったという。なおるかなおらないか、働けるか否かによって決めようとする、この人間に対する価値観が問題なのである。この働かざる者人に非ずという価値観によって、障害者は本来あってはならない存在とされ、日夜抑圧され続けている。

障害者の親兄弟は障害者と共にこの価値観を以って迫ってくる社会の圧力に立ち向かわなければならない。にもかかわらずこの母親は抑圧者に加担し、刃を幼い我が子に向けたのである。我々とこの問題を話し合った福祉関係者の中にもまた新聞社に寄せられた投書にも「可哀そうなお母さんを罰するべきではない。君達のやっていることはお母さんを罪に突き落すことだ。母親に同情しなくてもよいのか」等の意見があったが、これらは全くこの〝殺意の起点〟を忘れた感情論であり、我々障害者に対する偏見と差別意識の現われといわなければなるまい。これが差別意識だということはピンとこないかもしれないが、それはこの差別意識が現代社会において余りにも常識化しているからである。

あのソンミ事件の例を上げればはっきりしよう。ベトナムの民間人を数百人殺害しその責任を問われ、終身刑を言い渡されたカリー中尉に対して「かわいそうなカリーを救え」「カリーばかりを責めるのはおかしい」と白人世論が沸騰した。それに押されてニクソンは大統領権限を以って、事実上無罪に近い待遇を与えている。また、日本人農婦を殺し日本の裁判にかけられたジラード二等兵に対しても、小羊ジラードを救えと白人世論は盛り上った。白人にしてみればアジア人は異教徒であり蛮族であり、自分達の作ってきた正義観、道徳観の論理などを当てはめるには当たらない。ましてや自分達より劣った蛮族の裁判を我が白人が受けるのは何としても我慢がならないというのである。

やっぱり重症児は健全者といわれる人達にとっては異人種なのであろうか。

なお、今回の事件においても最初からつきまとっていた障害者の収容施設とは何であろうか。一口にいってしまえばそれは生け贄であり、みせしめである。ホワイトハウス・クレムリン・江戸城（皇居）・国会議事堂果ては市町村役場に至るまで、それらは古今東西を問わず権力の象徴として威風堂々としてそびえ、あたりを威圧していなければならぬものである。施設もまたこれとは違った意味で目立つ存在でなければならないのである。

施設にいる障害者（特殊人間）はたいがい外出外泊の自由もなく、所持品や衣服に至るまで制限を受け、必要によっては肉体、生命までも医学の進歩とやらの人身御供に差し出さなければならない。つまり哀れな存在であることを要求されるのである。現在はこれに花園のイメージのベールをかぶせてはいるが、権力者の目的は労働力の確保であり、予算の節約であり、それに伴う棄民施設なのであるから、どうとりつくろってみたところで所詮むりな話である。ここに上げた基本的矛盾が腰痛問題〈原文ママ〉をはじめ経営者と働く職員との意識のズレ、賃金問題に根ざす労働争議などとなって現われ、施設そのものが至る所で行き詰ってきている。

施設を監督する行政当局（権力）或は施設経営者と施設に働く労働者との問の闘争はもちろんあちこちで繰り広げられている。また更に進歩的と自負しているが、その実、障害者を扱うことによって日頃抑圧されていることをごまかし、障害者に対する優越感に浸ろうとしている一部労働者達と、オリの中の差別に気づき自己を発見した障害者との間に血みどろの闘争が繰り広げられようとしている。この闘いを経過しない限り真の障害者福祉は望むべくもないであろう。

（北里大・文化祭シンポジウム草稿　一九七二年二月）

施設のあり方について――施設問題への提言

かつてユダヤ人を大量虐殺したナチスドイツは、同時に同民族の中の身体障害者、精神薄弱者を民族の強化という名において虐殺した。このような者達を生かしておき、その子孫を残すことは誇り高きゲルマン民族の恥であり国家の損失であるというのである。その数は三十万人に達し、人骨や髪の毛が何かの役に立つとか、人体から油をしぼってガソリンの代用になるかなど種々の実験をしたという。このキッカケは重症児をもつ一母親の政府機関に宛てた「私の子供は足も立たず両手とも利かず、長年寝たきりの生活です。この子にとって生きていることがなんになるでしょう。死んだ方がよほど幸せです。この子のために私達の将来はまっくらです」という意味の一通の手紙であったという。この言葉が、横浜の重症児殺しについて加害者である母親の安易な減刑嘆願は障害者の生存権を危くするものであるという我々の主張に反発する形で、新聞社によせられた多数の投書の内容と余りにも類似していることに、私は背筋が寒くなる思いがするのである。現在我が国でもこのような「親達」の訴えに答える形で巨大施設が行政権力の手によりあちこちに作られている。この社会から隔離された施設の中で何が行われているか、府中療育センターの例などをここであげるまでもあるまい。このような巨大施設ができることによって障害者は施設へという一般社会通念がますます強められよう。府中療育センター問題について「社会で働いている自分と比べて、施設の中で収容者達がその待遇についてとやかく文句を言うのはぜいたくだ」という意見をもっている青い芝の会員もいるらしいが、私はこの意見に同調できない。それは自分が職場や社会において不当な差別、抑圧を受けていることを、自分より重度の者、施設に収容されている者をみじめな存在に突き落すことによって補おうとしていることであり、と同時にこの考え方はファシズムの根元に通ずるものだからである。

以上述べた如き意味から、青い芝として施設問題と取り組むのは当然であるし、府中センターの責任者或は担当の行政機関と交渉し、なりゆきによってはわたり合うことも止むを得まい。

しかし、これだけでいいのだろうか。日本的思考の中に〝福祉とは全てお上がやることだ〟という考えがある。つまり自分の家から一歩出れば全ては他人事であり、たとえ道路のまん中にバケツが転がって通行の邪魔になっていても、それを誰一人として道端へ片づけようとはしないのである。この全て国家がやるべきだとして行政機関に責任をかぶせるような事を言うのは、マルクス主義を口にする人々の中にまま見受けられるようだが、しかし行政権力によって作られたものはアウシュヴィッツであり府中センターに他ならないのではあるまいか。権力による隔離政策を許す限り障害者福祉はあり得ないし、人間社会のあり方としても望ましいとは思われない。

では我々脳性マヒ者、精薄者の生活形態は一体どうすればよいのだろうか。それはやはり他の人——同じ人間の身体から出て来た者——がそうであるように、それぞれの地域に住み、自分自身の生活を営むということが原則となるべきであると思う。もちろんそれには種々な困難がある。風呂場・トイレの改造などは大した事ではあるまい。より基本的には障害者をとり囲む社会の一人一人が障害者の問題を我が事として考え、その地域にいる障害者を仲間として隣人として受け入れ、折々は言葉をかけ、暇があれば下着一枚でも洗ってやるような精神風土がなければならない。いや、そうではなく、そういった精神風土を我々の力で作っていかなくてはなるまい。

これは一つの提案であるが、我々青い芝の会として小さな施設をつくり我々の手で運営していくというのはどうであろうか。施設といっても前述の巨大施設ではなく、むしろそれに対抗する形で四、五人～十人くらいのものでよいのである。我々が地域社会で暮らす一段階として、このような小さな施設が全国各地に作られるべきであるが、我々のやることはこの方向の手始めとなるものである。障害者と限らず、およそ自分だけの幸せというのはあり得ないのであり、障害者として最重度の者を切り捨てる思考法では障害者問題と取り組むことはできない。前にも述べた如く、社会の一人一人に対して障害者の問題を我がこととして受け止めるような精神風土を要求する以上、それはそっくりそのまま我々自身にも向けられなければならないのである。それは重度者の生活の場である小さな施設（?）のために一個のブロック建材を運び、ホウキをかついで掃除、洗濯に赴き、「俺にはとてもそんなヒマはない」という人はたばこ銭をさいて、みかんの一つずつでも届けるという気持ちをもつことなのである。我々青い芝の会員の多くがこのような気持ちをもてるならば小さな施設の二つや三つ作ることはさほど難しくないであろう。しかしことわっておくが、我々の目指す施設ができたからといってそれが障害者の問題の解決とは思わないし、思ってはいけない。それはあくまで生活訓練の場、自治能力を養う場であると同時に、問題提起であり、障害者問題をとおして、福祉とは？　人間のあり方とは？　という人類の課題に取り組み、かかわっていくプロセスでなければなるまい。府中問題と取り組み、行政当局と交渉することと、この施設建設とは車の両輪の如く青い芝の組織をあげて総合的に行われるべきで、手わけする場合にもお互いに連絡し合い、励まし合うという連帯と余裕が欲しいものである。

もしもこれがうまくいかなければ、そのどちらもだめになるであろう。これは脳性マヒ者としての自治能力、組織運営能力を問われることなのである。

（『青い芝』施設問題特集号　一九七一年八月）

障害者と労働

このようなところでしゃべる場合、いろいろ資料をあつめてそれを携えてくるのが常識のようです。例えば身体障害者の数、その中に占める脳性マヒ者の数、全人口に対するパーセンテージ、あるいは脳性マヒ者の中で就職している者の割合など、しかし、私はこのような数字を知らないしここでは一切使いません。それは障害者を数字におきかえて集合する、或は掌握するという発想法自体、我々の発想法ではないからです。それは行政的作業であり、権力者の発想法だと思うからです。だからここでは私の目で見、耳で聞き、頭で考えたことを話してみたいと思います。

私の知っている限りにおいて、脳性マヒでもって自分の労働による収入のみで一家をまかなっているという者は殆んどいない、いわゆる勤めているという者は幾人かいるにしてもそれは生活保護を貰いながら、または親の援助、財産を生活の基盤とし、自分で得た収入は小遣い程度という場合が多いのです。

しかし、妙なことに結婚して一家を構えている者で曲りなりにも働いているという者は非常に少ない、いわゆる働いている者は結婚できないという現象があります。今まで独り身の気軽さから勤めに傾注できた者が家庭をもつことにより、そちらへ労力をそがれるため、今まででも精一杯だった者が無理をかさね、体を悪くするという例がいくつかみうけられます。

大体障害者を雇う事業所は中小企業、零細企業が多く、劣悪な労働条件のため労働者が集まらず、仕方がないから障害者でもというところが殆んどです。

私の友達で、職安の紹介で何回就職してもつぶれかかったまたはすでにつぶれてしまいその残務整理のようなところばかりまわされ、しかも、給料は何ヵ月か不払いのままポイッとなったので俺はゼッタイ就職しないといって生活保護で暮らしている者がおります。

障害者、特に脳性マヒ者が就職する場合、多くは臨時雇、よくて嘱託であり、本工との間には賃金その他の面で格段の差別があります。普通の者が十やるところを数倍もエネルギーをつかい骨をおっても、よくて六か七しかできない障害者が、その六か七にマイナスのプレミアムをつけられるのは何故でしょうか。

現在の日本における労働というものは資本の論理から成り立っており、それはできるだけ安い労力を求めます。そこで企業が障害者を雇うということは労務管理上どういう意味をもつのでしょうか。それは企業の安全弁の役割をする場合が多いのです。不況においてまず整理の対象となるのは臨時工であり嘱託だが……障害者の殆んどはこの中に所属しています。それぱかりではありません。障害者を特別低賃金で雇っておくことによって他の大部分の一般労働者の賃金の上昇を抑制する役目を負わせることができます。つまり「俺の給料も安くて不満だがまだあいつ（障害者）よりましだ、まあ我慢しよう」ということです。しかも、障害者は企業内では殆んどの場合ミソッカスにしかすぎませんが、このミソッカスがひとたび障害者仲間のもとへ帰ってくると「俺は働いているんだ、お前たちとは違うんだ」といって自分より重度で働けない人を見下し肩を張るのです。

ここにおいて、私は現在日本の社会機構のもとで障害者が賃金労働をするということは、以上述べた如き二重三重の意味で罪悪であるといわなければなりません。

リハビリテーション、社会復帰という言葉があります。養護学校、障害者の職業訓練施設、あるいは障害者を対象とした病院などの運営方針、教育方針などは全てこの社会復帰という理念で貫かれており、それが資本の論理とあいまって障害者をますます障害者にしているのです。つまり、これらの施設を出て就職することが社会復帰とされるのだから、これらの施設は社会ではなく、従ってそこに収容されている者は社会人ではないということになります。

施設における障害者は「他人の二倍も三倍も努力して健全者に追いつけ」というふうに健全者、一般社会を至上とする差別教育をされています。そして先に述べたようなミソッカスを作り出しているのです。資本の論理で貫かれている障害者差別の現状において、それを我々の側から指摘しようものなら「働くこと自体尊いのでお金などは問題ではない筈だ、あなたはまじめに働く気がないのか」と言われます。

現在日本においては、働くということは特に障害者の場合、物を生産するということと同義語につかわれています。物資を生産することだけが「正義」であるならば重度障害者はもとより、少し能率の落ちるような軽度者においても障害者は救われない存在といわなければなりません。本来の労働とは一体何なのでしょうか。このことを考えるにあたり日本の古代における障害者の位置についてすこし触れてみたいと思います。

人々が野山にけものを追い、海、川で魚を取っていた時代に「火」は木と木をこすり合せモグサのような柔らかいせんいに移して起こしていたといいます。しかし、「火」

はなかなか起きるものではなかったのです。そこで火種をたやさずに守っているということが、山で大きなけものと格闘すると同様に或はそれ以上に重要な役目であったと思われます。

この「火」を守るということは主として老人、身体障害者が役に当たっていたらしいです。「火」をいじるから火いじり↓ひじり↓聖であったわけで人々の尊敬するところでありました。どうして、聖と障害者が結びつくかといえば「火男《ひおとこ》」↓「ひょっとこ」があります。踊り、舞というのは優雅になだらかに行うのが常であるのに、「ひょっとこ」の踊りに限ってぎくしゃくとぎこちなく踊るのが特徴です。ぎょろぎょろした目つきといい、とんがって曲った口といい、あれはどう見ても脳性マヒです。そして「ひょっとこ」は今でもカマドの神様として祭られています。「山田の中の一本足のカカシ、天気のよいのにみのかさつけて……歩けないのか山田のカカシ」「カカシ」は絶対的に一本足です。二本あってはいけないのです。「カカシ」は厳密にいえば片足切断者ということになります（ミノ・カサをつけるということは、まれびと、来訪神の象徴であり、それは丁重に扱わなければならないという民間信仰があった。なお「カカシ」「くえびこ」は古事記の中に知恵者、ものしりとして登場する）。かくして、弱肉強食が常であったと思われている古代社会においては、障害者の労働はその特色ある形そのままの姿で社会的に位置づけられていたといえましょう。

労働に対する価値基準はその国の社会構造により定まってきます。日本のように高度経済成長を目的とする社会においては、いかに早く、いかに安く、いかにみかけがよくということが要求され、能率の悪い、みかけの悪い障害者が下の下であることはたしかです。

最近、障害者の隔離施設が問題になるが、基本的には府中センターのような巨大な施設を求め、どんどんつくろうとする社会の人々の考え方を変えていかなければなりません。大分以前、新聞で読みかじったことだが、中国において稲の束を三束かつぐ者と一束しかかつげない者とがその報酬で違うということはおかしいのではないかという問題提起が、中央からでなくごく末端の部落単位の討論としてなされ、さまざまな討論の末同じ配分をすることになったと出ていました。

我々障害者は、一束かつげなくても落穂を拾うだけ、あるいは田の水加減をみているだけでもよしとすべきであり、更にいうならば寝たっきりの重症者がオムツを替えて貰う時、腰をうかせようと一生懸命やることがその人にとって即ち重労働としてみられるべきなのです。このようなことが、社会的に労働としてみとめられなければならないし、そのような社会構造を目指すべきだと思います。

（今まで便宜上、社会制度の問題としてとらえてきたのですが、それはそれとして一方では私には少し或は全然ちがうのでないかと思われます。そのことは別に書いた「カメラを持って」という文章を読んでいただく中で、また、これからの討論の中で明らかになると思います）

（東大自主講座「医学原論」にて報告草稿　一九七二年三月）

カメラを持って

よく障害者も同じ人間なのだという言葉を聞く。それは障害者の側からも言われるし、健全者の側、特に福祉関係者や障害者問題に関心を持つ人達の間からも口ぐせのように聞く言葉である。果してそうなのだろうか。この安直に使われる言葉に反発を感じ、いや、絶対に違うのだと思ったことがドキュメント映画「さようならＣＰ」（ＣＰとはCerebral Palsyの頭文字で脳性マヒと訳される）を作ろうとした主な動機である。

人々の考え方は、社会制度、宗教、階級などそれぞれの属してきた生活環境により異なるのだが、最大の生活環境は人それぞれの肉体であり、この環境はどこへ行こうと一生ついてまわるのだから、人はこの環境に最も多く規制される筈である。

健全者といわれる人達と我々脳性マヒとは明らかに肉体的に違いがある。つまり私のもっている人間観、社会観、世界観ひいては私の見る風景までも、他の人達特に健全者といわれる人達とは全然別なのではあるまいか。もし違うとすればどう違うのか。つまり私の世界がある筈であり、これが私の世界だといえるものを具体的に示さない限りそれはあるとはいえないと思った。それを現わす手段として、初めは焼物とか彫刻でもいいと思った。でこぼこの皿や茶碗を作って、これが俺の世界だ、この中に俺がいるのだというものができないものだろうか。しかし、それは技術的、資金的などの面で困難であった。いろいろ考えた末、写真ということに思い当たった。この写真ということに思い当たるには他にいくつかの動機がある。

我々は電車、バスの中あるいは街など至るところで見られる存在である。この〝見られる〟いわば受身の存在から〝見る〟存在へ、つまりカメラを持ってその視線をこちらからとらえることによって視点の逆転ができると考えた。

もう一つの動機は、カメラマンである原一男君との長いつきあいの中にある。彼は我々をよく写真に撮った。我々は彼の被写体であった。そういえば障害者はつねに扱われる存在である。障害者対策、施設問題、医療問題など全て障害者をどう扱うかという発想から成り立っており、たとえ障害者の側からの発言であったにしても、年金を上げて貰うとか、公共料金の割り引きをして貰うとか、つまり、いかに理解して貰うかという精神構造からぬけ出せないのである。

ここにおいて、私が写真を撮るという行為を、原君が一六ミリカメラで映画に撮るということによって、脳性マヒと健全者との間にある何ものかがうかびあがってくるのではないかと相談がまとまった。初めてカメラを持った私がカメラの操作を原君にいちいち聞きながら撮った写真を眺めて見ると、そこに現われた風景は全部が全部、遠景であった。被写体としてとらえた筈の人物も遠くてよくわからないような写真であった。そういえば、私の今まで見てきた風景は全て遠景だったのではあるまいか。

己れの肉体の存在とは直接かかわりなく、まわりの状況、風景が移り動いていたのではあるまいか。やっと這いずるような重度障害者が、労働組合のパンフに書いてあるのと同じことを言い、あるいは自分も努力次第で社長になれる。いや、社長になったつもりのようなことを言うのだが、私の「まわりの状況」との係わり方も基本的にはこれと変わらない。つまり自己喪失であったと思われる。

もっと近く寄ってシャッターを切らなければ……しかし、やってみるといいようのない恐怖に襲われた。立っている男の目の前にカメラを構えてシャッターを押すことがこんなにこわいとは思わなかった。

私は、近くの親戚の家へ遊びに行っての帰りいじめっ子のたむろしているところを避け、遠まわりして帰った少年時代を思い出した。また、できてきた写真を見るとどの風景も正面から撮れていないのである。言い換えれば、こちらの腰がひけているのである。

やっと這いずるような重度障害者が一人の保護者もなく街の雑踏の中におかれたら、そして群衆との間に何らかのコミュニケーションを求めるとしたらそこには何が起るだろうか。横断歩道、地下通路、電車とプラットホーム、これらと重度障害者とのかかわりあいはどうなのだろうか。それは恐怖以外の何ものでもないであろう。重度障害者は車椅子を使い保護者に背負われてきたために直接対象物と取り組み、そこと自分の肉体をさらけ出す恐怖を避けてしまったのではあるまいか。保護者に背負われていれば、いつの間にかまわりの風景は自分の足とはかかわりなく保護者の足どりのままに移り動いていくのである。

私は焦った。いくらできあがった写真を見ても本当にこれはという写真はみあたらないのである。私は今まで何を狙っていたのだろう。私の世界がある筈だと思っていたその世界とは何だったのか。写真を撮れば今まで持っていた自分の世界があらわれると思っていたことは実は幻想だったのであるまいか。原君の一六ミリと私のカメラとの関係はどうだったのか。私にはさっぱりわからなくなった。視点の逆転にしてもこちらをみつめている目、それを捉えた写真を二、三枚並べてみてもこれで果して視点の逆転ができたのだろうか。写真を撮ろうと初めに考えたこと、つまりこれが私の世界だといえるものがあると思ったことはそのこと自体観念であり、今までふりきろうとしてきた健全者幻想と一寸も違わなかったのではあるまいか。私は映画の試写会を終わった今でも自問をつづけているのである。

私は、この映画でなにをやってきたのであろう。ただいえるのは己れの健全者幻想（己れの肉体とは関係なく健全者を目標とし、自分もいつの間にか健全者になったつもりで全てを思考し発言する）とたたかってきたことであり、これからもたたかい続けねばならないということである。

（映画『さようならＣＰ』シナリオ　一九七二年三月）

脳性マヒとして生きる

私達は今まで脳性マヒとしていろいろな運動をしてきましたが、なかでも一昨年の五月横浜でおきた重症児殺害事件について殺される立場から主張を述べて各方面に働きかけました。その運動の中から私達のような重度障害者は今の社会においていかに疎外され、その存在すら無視されているかを改めて思い知らされました。

たとえば、そのような重症者は生きているよりも死んだ方が幸せなのだとか、施設へ入れればよかったとか、殺された子供のことはさておいて殺した母親がかわいそうだとかということであり、まったく殺された重症児の生命は無視されたところで論議がすすめられてきたのです。

そういえば電車、バス、歩道橋、駅の階段やいろいろの建築物など町そのものが私たちの存在を無視し、そこで私たちが生きていくことを拒否しているのです。そこで私達の運動は街に出ることから始めなければならないと考えたのです。それは私達のありのままをさらけだすことであり、強烈な自己主張であります。

私達が、自己主張するには先ずその自己がなければなりません。そういえば私達は今まで自己というものをもっていたでしょうか。体はわるくても心は美しくとか、心まで障害者にならないようにというように、心と体を分断するような教育をされてきた私達の意識は全く自己喪失であったということに気がつきました。

私達障害者の意識構造は、障害者以外は全て苦しみも悩みもない完全な人間のように錯覚し、健全者を至上目標にするようにできあがっております。つまり健全者は正しくよいものであり、障害者の存在は間違いなのだからたとえ一歩でも健全者に近づきたいというのであります。

私達は、養護学校、補導所などの障害児（者）施設において他人の二倍も三倍も努力して健全者に追いつけと教育されてきました。こうして自分の障害者としての立場はどこかへおき忘れ、健全者になったつもりの言葉が口からとびだすし、勤め先の会社などで明らかに差別されているにもかかわらず意識の上では経営者になったつもりのようなことを言い出すのです。これでは全く自分の首をくくるようなものではありませんか。

以上述べた如き意識構造を私は健全者幻想と名づけてみました。このような健全者幻想を振り払わない限り本当の自己主張はできないと思います。

障害者運動が今、いろいろな形で行われております。自動車の運転免許に関して不当な差別とたたかうとか、奪われた教育権を勝ちとろうとか、就職に際して差別するなどか、さまざまであります。これらの運動は現実に差別があり、そして私達が現実の世に生きている以上それはそれとして意義があることはいうまでもありません。自己の立場にたって大いに主張するべきでしょう。

しかし、私は今までいろいろな運動をしてきた結果それだけではいけない、それが全てであってはいけないということに気がつきました。それはどういうことかといいますと自動車の免許の問題にしても教育権の問題にしてもそれは人並にということを目指している。つまり健全者に近づきたいという精神構造からぬけだしていないように思われるからです。

私達障害者の間でどうしたら理解して貰えるかとか、そんなことといったら理解して貰えなくなるとかいう言葉をよく聞くのですが、これ程主体性のない生き方があるでしょうか。大体この世において四六時中理解して貰おうと思いながら生きている人がいるでしょうか。小説家にしろ彫刻家あるいは絵かきにしろそれぞれの分野で自分の世界をつくっております。それは理解して貰うというよりもその作品をもって己れを世に問う、あるいは強烈な自己主張をたたきつけるということではないでしょうか。

私達脳性マヒ者には、他の人にない独特のものがあることに気づかなければなりません。そして、その独特な考え方なり物の見方なりを集積してそこに私達の世界をつくり世に問うことができたならば、これこそ本当の自己主張ではないでしょうか。

（川崎市立中原会館にて講演草稿　一九七二年四月）

Ⅱ　差別以前の何かがある

ゴロゴロさま

やっといくらか涼しくなったなあと思っていると、庭で隣のおばあさんの「こりゃあ、ゴロゴロさまがくるらしいよ」という声がした。ゴロゴロさまか。私の祖母と同じことを言うなあ。

ゴロゴロ鳴るからゴロゴロさまか、しかしまてよ、雄鶏の声は日本（語）ではコケコッコーであるが、英語ではコカドゥードルドゥーであり、犬のワンワンはバゥワゥになる。同じ日本語の中でも蝉の声や小鳥の声など地方によって種々言い方がある。雷の音は遠くで聞こえる場合はドラムカンの上でジャガイモを転がすような音であるが、間近になるとバリッバリッまたはピシャッに近くなる。

紙面の都合でできるだけ省略するが、平安時代御霊信仰というものが非常に盛んになったことがある。当時疫病が流行し雷が宮中にまで落ちて大あばれするなどの天変地異が続き社会不安を巻き起こした。そしてこの天変地異は無実の罪を負い太宰府に流さ

れて横死した菅原道真の怨霊のたたりとされた。この怨霊を鎮めるために北野天神を祭ったといわれる。ここで、

菅公＝天神＝雷＝怨霊《おんりょう》＝御霊《ごりょう》

という式を立てておこう。

霞が浦でとれる小魚（ハゼ科）にゴロというのがあり佃煮などにして売られている。有明海の干潟の泥の中にすんでいる魚（同じくハゼ科）にムツゴロウというのがある。またおたまじゃくしのことをゴロまたはゴロッコと呼ぶ地方もある。種々な例からみると、丸いものからすうっと尾を引いた形のものをゴロと呼ぶらしい（ハゼ科の魚はたいがい頭でっかちである）。このゴロは前記の式の最後にあげた御霊に通じ、おたまじゃくしのあたまも御霊（みたま・おたま）であり、怨霊である。その形は墓地などに現われるというヒトダマを思わせる。

伝説や芝居に出てくる鎌倉権五郎という豪傑の名とか五郎丸あるいは○五郎という名前も御霊からきており、神の申し子という意味である。権五郎のゴンは権帥あるいは○○権現などの使い方でもわかるように、副次的とか、仮りのとか、代行とかいう意味をもっている。権現様とは仏（神）があるものの姿を借りてこの世に現われたものとい

うことであり、権帥ということは太宰府に置かれたことからして中央政府の代理人というわけである。ここで偶然ながら菅公と一致するのもおもしろい。

私の郷里ではおばけのような大きな鮒のことをゲンゴロウブナと呼ぶがこれはその並はずれた形に神の使い、または神の宿るものを感じ御霊すなわちゲンゴロウ（神が姿を変えて現われたもの）と名づけたのであろう。鎌倉権五郎の権はゲンとも読め、鮒の名と一致する。両者の間には浅からぬ因縁があるのだがこれは長くなるのでまたの機会にゆずる。

すこし横道にそれたが、つまり、雷のゴロゴロさまは御霊御霊さまではないかと私には思われるのである。

いささかこじつけのように聞こえるかもしれないが諸氏の御批判を仰ぎたいと思っております。

（『あゆみ』No.7　一九六九年十二月）

〈補論〉鎌倉長谷の御霊神社をはじめ、諸地方に分布する沢山の御霊神社が鎌倉権五郎景政を祀ると称されるのが多いが、この景政の伝承は彼が源義家（八幡太郎義家）に従って奥州遠征をした際、敵に左目を射抜かれ、池で目の傷を洗ったところ、その池に住むフナがそれ以来片目になったというのである。このような池や霊泉は奥州路ばかりでなく全国各地に散在し、片目のフナもそれがヘビやカジカの場合もある。このような聖地から取れる片目魚を聖なる日（祭）に神に捧げる風習があった。

柳田國男の『一目小僧』という文をみると一つ目小僧は昔の小さい神、一方の目を潰された神様であると述べ、また、雷様が一つ目の小児だったという口碑をあげている。

更に「大昔いつの代にか、神様の眷属にするつもりで、神様の祭の日に人を殺す風習があった。恐らくは最初は逃げてもすぐ捉まるやうに、その候補者の片目を潰し足を一本折っておいた。さうして非常にその人を優遇し且つ尊敬した。犠牲者の方でも、死んだら神になるといふ確信がその心を高尚にし、能く神託予言を宣明することを得たので勢力を生じ、しかも多分は本能のしからしむる所、殺すには及ばぬといふ託宣もしたかも知れぬ。兎に角何時の間にかそれが罷んで、ただ目を潰す式だけがのこり……」（筑摩書房『定本柳田國男集第五巻』より）というわけである。

つまり、神に捧げる生け贄《にえ》はあらかじめ片目、片足、片手などにしておき、これを村落共同体の大事な時に役立てたのだが、後にこれが人間でなく、魚、ヘビの類に変わっていったというのである。

この説に対し、私の師である大仏《おさらぎ》空《あきら》師は、わざわざ健全な人間を片目、片足にしたのではなく、もともと盲人などの身体障害者を神に仕える聖職として優遇しておき、いざという時（村落共同体の危機に当って神のいかりを鎮めなければならない時など）生け贄として捧げたものであろうと言われたが、これが古代の身障者対策であったのかもしれない。かかし（篝火師）、ひょっとこ（火男）、えびす様（蛭子命）などもこの系統に属するであろう。のちにそれが神に仕えるものは片目、片足でなければならないという観念故に、神職の家系を持続させるため、親子代々、片目や〝びっこ〟になった（した）形跡などもみられ、それが片目ブナなどの伝承に形をとどめているのであろう。

N女への返信

お手紙拝見いたしました。

脳性マヒであるお兄さんに対する貴女の思いやりがしのばれて、何だか自分のことのように嬉しく思いました。

お手紙を読んで私はあることを思い出しました。それは私が十五、六歳ごろだったでしょうか。家へある若い夫婦が訪ねて来ました。子供が脳性マヒなのだけれど二人目をつくるべきかと私の母に意見を聞きにきたのです。母は答えました。「それはつくるべきです。二人目、三人目の子供が健全であったら、親の気が休まりますよ……」となりの部屋でこれを聞いて私はショックでした。「親は四人も五人も産めば、そしてその子供達が優秀であれば、気も休まるし埋め合せもつくかもしれないが、本人の俺は逃げ場がないじゃないか。勝手につくっておきやがって、そのうえ勝手なことを言いやがる」私はそれからよけいに親を恨みました。

私の両親は働き者で「働かざる者食うべからずだ。人間は働かなければならない。働く人間が偉く働かないやつはだめだ」というのが父の晩酌のたびに子供達を並べて言う言葉でした。そして妹や弟達は親の理想に近い線に成長したようです。

私はこの父の勢力圏からぬけ出すことが急務だと思い続けました。

私は自分の家庭や子供をもち、自分なりの生活圏をもつようになってから、前に述べた母の言葉を「まあ、そんなものだろうなあ」と思い、忘れるともなく忘れておりました。

親は子供に対して、いったい何ができるでしょうか？　それは子供に対し、申しわけないと思うことだけのようです。私達の親はそれでもまだぬけ道があります。誰も障害児だと思って産んだわけではないのですから（障害児と知って産んだとしたら御立派ですが）。しかし私達の子供にはそういう申し開きは通用しません。私の息子はこれから一生の間、障害者の親をもってどれ程苦労するかということは、あらかじめ予測がついているはずです。それでも私達は産み育てているのです。将来、子供になぜ産んだと問いつめられても一言もないのです。私が人間であるという証明のために、また私一人の自己主張のために子供が必要だったのです。

私の弟妹たちも私のような兄貴をもったことでそれなりに迷惑であり苦労したことで

しょう。今はそれぞれに家庭をもち自分の道にいそしんでおります（このことは今の私にとって大変な救いです）。それでも私のことはまんざら忘れているのでもないらしく、何年に一度かは古着など送ってきます。弟妹たちも迷惑だったかもしれませんが、私にとってとても小さい頃から私よりも優秀な者がそばにいることで迷惑をこうむっていたと思っています。夫婦・親子の関係をはじめ、人間相互のかかわり全てこのようなものではないでしょうか。

人はよく被害者のポーズをとりますが、また同時に加害者でもあることには、なかなか気づこうとしません。でもそこで自分が加害者であることに気づきおののくことが大切なのだと思います。そして更にそれをのりこえることが……。

いや、ちがいます。人間には「のりこえる」ことなどできない。そんな能力はもっていないようです。ただ時間がたつにつれ痛みは薄れ、他のことに神経を傾注することによって気がまぎれます。これは人間に与えられた特権（?）ではないでしょうか。私など人の気持ちを傷つけたことなどあまり気がつかないし、気がついてもまもなく忘れてしまいます。全く自分勝手なものです。だから前に書いた母の身勝手さも、まあ、そんなものだろうなあ、ということになるのです。

しかし今考えてみますと、親の勢力圏から逃げ出すことが私の悲願であり、前に述べたような事柄の細かい一つ一つは忘れるともなく忘れていたにしても、それらのうらみ・つらみが今の私をつくり上げ、障害者運動へと駆り立てているのだと思います。

貴女のお手紙にありました文集ができたら送って下さい。また機会がありましたらお会いしてゆっくりお話ししたいと思います。

寒くなりますのでお身体ご大切に

敬具

（『あゆみ』No.17　一九七三年一月）

差別以前の何かがある

横浜の脳性マヒ児殺しに関する意見書を作成した責任上、それを持って小山事務局長と共に横浜地検をはじめ各方面に出かけたのであるが、そこで感じたことは我々の考え方との大きなギャップであった。もともと例会でもいわれたように九九％の常識に一石を投じることなので、改めて驚くに当らないといえばそれまでだが、先ず横浜地検では全国の施設の状況などを調査し、それによって起訴するか否か検討するとのことであった。しかしこれはおかしな話で施設の状況などというものは、裁判の席上で主に被告の弁護側から主張される性質のものと思う。一人の子供を殺した事実がある以上、これを起訴するかしないかが改めて問題になるのだろうか。あるいは不起訴処分の理由を強いて求めるならば、加害者である母親の事件当時の心身喪失という以外、みあたらないと思うのだが……。

それから県民生部社会課、県議会の心身障害者政策懇談会、各党の県会議員と横浜市議、担当の金沢警察署などに対し、三日間にわたり我々の意向を話し意見書を手渡して歩いたのだが、そこからは「あなた方の気持ちもわかるが、もっと多くの施設があればあのような事件は起らないのではないか」「裁かれねばならないのは国家である」「できて了ったことは仕方がない。かわいそうなのはお母さんの方だ」「あれが果して罪といえるのか」等々という反撥が返ってきた。今までこのような事件が起きるたびに助命嘆願が始まり、施設不足、福祉政策の貧困、国家の責任などということで無罪となり、そしてまた同じことが繰り返され続けてきたのである。

その一方では東京の府中療育センター、高崎山国立コロニーなどバカでかい施設が作られつつある。府中センターでは一部屋に五十人ずつ収容され、入口には常に鍵がかけられ、職員の出入にもいちいち鍵をかけはずしする。入口の内側に職員の詰所があり、そこから五十人入りの部屋が一望できるようになっている。外来者はその入口までしか行くことができない。中にいる障害者はお揃いのパジャマ一枚（暖房付きの為寒くはないが）で、私物は殆んど持たされない。外泊、外出は親が二週間前に申入れを行い許可を得なければならず、保護者以外では許可されない。その他、五十人も一緒につめ込まれている為、ひとりになってものを考える時間も空間もなく、個人的自由など全く無視されているとのことである。入所者からの訴えにより、私も青い芝本部役員として他の役員達と共に、府中センター当局に対しこのような運営方針を改めるよう再三交渉に行った。が、いつも「私達は大事な子弟を預かっている責任上、当然のことをやっているまでだ。管理運営上これが好都合なのだ」と突っぱなされるのが現状である。私の会った横浜のある施設職員は「あの母親が無罪になるか有罪になるか既に問題ではない。まず施設を作ることだ」という意味のことを盛んに強調したが、親兄弟からも地域社会からも隔絶された施設というものが障害者にとってまた一般社会にとってどういう意味を持つのであろうか。昔から重度障害者は世間体が悪いなどということで座敷牢に入れられていた。今でも食事だけはどうやら運んでくれるが、あとは奥の一間に放りっぱなしという話を時々聞く。巨大施設、それは現代の集団座敷牢ともいえよう。アウシュヴィッツ収容所が当時の社会にとって何を意味したか、ヒットラーがどんな政策を行い何を目指したか考えてみよう。集団座敷牢が、自分の生活が手いっぱいで人のことなどかまっていられぬというマイホーム主義者からの要請と、労働力確保を目的とした企業側からの要請の合致を土台として権力者が目指すものは所謂国家総動員体制ではないだろうか。しかしながら施設はまたある意味で必要かもしれない。要は施設のあり方が問題なのでこれについては私なりにイメージをもっているが、横道にそれるので今回は触れない。

ある福祉関係者は「数年前西ドイツでおきたサリドマイド児殺しにつき某女子大生にアンケートを求めたところ、殆んどが殺しても仕方がない、罪ではないというように答えた」と語っていた。また「犬や猫を殺しても罪にならない、だから今度の場合も果して罪といえるのかどうか」と言った人もある。つまりこれらの言葉は殺された重症児を自分とは全く別世界の者と考えている証拠といえよう。普通、子供が殺された場合その子供に同情が集まるのが常である。それはその殺された子供の中に自分を見るから、つまり自分が殺されたら大変だからなのである。しかし今回私が会った多くの人の中で、殺された重症児をかわいそうだと言った人は一人もいなかった。ここで思うのだが、これを一口に障害者（児）に対する差別といってよいものかどうか、そう簡単には片付けられないものがあるように思う。これを説明するのに私は適当な言葉を知らないが、差別意識というようななまやさしいもので片付けられない何かを感じたのである。今回の事件が不起訴処分または無罪になるか、起訴されて有罪となるかは、司法関係者を始め一般社会人が、重症児を自分とは別の生物とみるか、自分の仲間である人間とみるか（その中に自分をみつけるのか）の分かれ目である。障害者を別の生物とみたてて行う行政が真の福祉政策となる筈がなく、従って加害者である母親を執行猶予付きでよいから、とにかく有罪にすることが真の障害者福祉の出発点となるように思う。

以上述べた如き我々の立場を主張するのは技術的に非常に難しい。意見書にも書いた如く母親を憎む気持ちはないし、まして重罪にしろというのではない。母親の苦労も私なりにわかり、かわいそうに思う。しかし我々の立場を主張する以上、この心の葛藤をのりこえて、「無罪にするな」と叫ばなければならないのである。

(『あゆみ』No.10　一九七〇年八月)

不合理な存在として

昨年は青い芝の会にとって実にいろいろな事がありました。厚生省・大蔵省・東京都など行政当局との折衝をはじめ、優生保護法改悪反対の運動、全国組織確立へ向けての支部作り、及び全国代表者大会、また北療育園に於ける広野かよ子さんの問題、府中療育センターの有志グループ、ウーマンリヴの人達との交流など多忙な一年でした。

それにまた、本年早々東京都に対して従来交渉を続け、当局との間に積み上げられてきた肢体障害者機能改善病院設立の為の確認事項を都当局が一方的に破棄したことに抗議し、その予算復活を要求して身障根っ子の会と共に一月十七日より三日二泊にわたる都庁知事室前での抗議行動（要求行動）を行い、一応の成果を収めることができました。この闘争は昨年十月に行われた全国代表者大会をふまえた形で青い芝全国組織をあげて行われたものであり、特に今まで一度も会報に発表されなかった（できなかった）事柄にもかかわらず青い芝関係だけで七十数名の人達が参加されたことは、一応の成果と共に全国常任委員会、各県青い芝役員、一般会員の相互信頼の賜であります。このことは青い芝の歴史の上で重要な一ページをなすものだと思います。

青い芝以外の障害者運動も活発で、○○と取り組む会、××問題を考える会などのような障害者とそれにかかわる健全者の小さなグループがあちこちでき、それぞれの活動を行いながらお互いに影響し合いました。

これらの運動は障害者、特に脳性マヒ者達が社会から、家庭から疎外され抑圧されていることへの怒りが噴出したのだという見方もできましょう。しかしながらそれらの運動に関わってくる「健全者」の人達は何を求めて我々のところへ来るのでしょうか。勿論人により考え方も違うし、目的もまちまちでしょうが近年とみに障害者問題がクローズアップされ変な言い方をすれば、障害者が一言わめいただけで一躍人気者になるという傾向があるのはそれなりの社会背景があると思います。

近代合理社会は、生産性を高め、利潤を上げるためにますます合理化、機械化、画一化への方向へ加速度を強めております。しかし人間は本来不合理なものですから、それへの抵抗が起るのは当然です。生産性の論理に疑問をもち、人間そのものが画一化され機械化というトロッコに積み込まれて、どこかへ持っていかれる社会体制に抵抗運動をしている人達から、服装や髪型を変える事によって僅に画一化から逃れようとする現象までを見ても明らかです。

ところが障害者はその症状形態から画一的合理化をする事が無理であり、むしろさまたげになります。故にますます現在の社会から疎外されているのです。しかしある意味では画一化されたトロッコに乗せられなかった事が、自由な素晴らしい事だといえないでしょうか。とにかく障害者は不合理な存在の典型であり、だからこそ人間とは何かという事を振り返るには格好の材料であり、生きた具現者である筈です。ですから少しでもものを考えようとする若い人達の中には、自分の生き方を模索する過程で障害者問題にかかわり、我々の問題提起を如何に受けとめるか、いや我々が受けとめられるか、障害者との連帯は如何にして持てるかなどと討論し苦悶する人達さえ現われているのです。我々がいたずらに「健全者」を崇拝し、あこがれるのではなく、合理化へと突っ走り人間性を省みない「健全者」の社会体制が我々障害者を規格にはまらないとして疎外し続けるならば、我々はあくまで不合理な存在としての自覚に基づいて、我々の運動を続けなければなりません。

そうする事が我々重度障害者の使命であり、最も有意義な社会参加だと思います。

（『青い芝』No.93　一九七四年三月）

脳性マヒ者としての自覚

一九七〇年は本会にとっても非常に目まぐるしい年でした。四月に行われた総会は本会初めての一泊旅行を兼ね、その費用十五万円を募金でまかない、役員の選挙も重なったので多忙を窮めました。五月には横浜で脳性マヒ児が殺され、それについての殺される側としての我々の運動は各方面に今まで見られなかった波紋を投げ、その後の関係者との話し合いにおいて、我々の言わんとするところ、また、我々の存在そのものが大分理解されたと思います。

目を転ずれば、経済成長を遂げた日本は、それに伴って公害をはじめ種々の社会の矛盾が大きく現われています。人間解放、緑の自然を返せ、人間の生きがいとは等と叫ばれ、世界的にも人種差別撤廃闘争をはじめとして人類社会のあり方について種々の問題提起がなされています。ましてや障害者問題においてはもっともっと根の深いものがあるように思います。

人間の進歩が重度障害者や精神薄弱者を含めての平等の世界を目指すとすれば、我々脳性マヒ者は如何なる態度で社会に接すればよいのでしょうか。徒らに自分を卑下し、傷をいやして貰おうと寄り集り、その同じ態度から出てくるところの自分の存在を無意識のうちに否定し、自分の立場とは全く異なった空想の世界を作ろうとするような生活態度ではいけないと思います。

脳性マヒ者としての真の自覚とは、鏡の前に立ち止って（それがどんなに辛くても）自分の姿をはっきりとみつめることであり、次の瞬間再び自分の立場に帰って、社会の偏見・差別と闘うことではないでしょうか。そこにおける我々の主張は単なる自分だけの利益獲得におわることはないでしょう。それは人類が過去何千年かにわたって取り組んで来た人間とは何か？　人間社会のあり方はどうあるべきか？　ということに我々自身の立場からかかわることであり、これが真の社会参加ということだと思います。

今年も皆さんといっしょに頑張りましょう。

（『あゆみ』No.12　一九七一年三月）

脳性マヒ者の社会参加について

近ごろ脳性マヒ者も一般世間なみに地域社会で暮らすのがよいとよくいわれる。しかし、それに執着するあまり、地域社会で暮らすこと自体が目的となってしまうのは問題だとは前号で金沢（英）氏が述べられた通りである。脳性マヒ者の結婚問題についても同様で、誰も彼も、結婚結婚というのはいいのだが、結婚それ自体が最終目標となってしまい、その結果熱が冷めると種々なトラブルが起って思わぬ破局を招くということを見聞する。結婚にしろ地域社会で暮らすことにしろ、如何に生きるかが先ず問題であって、それらのものはこれに付随するもの、或は単なる手段にすぎない。

我々脳性マヒ者の生き方は非常に難しいと思う。障害程度または教育程度に応じて一生を賭ける職業にありつけ、それによって経済的に独立し、妻子を養える者は極めてまれであろう。経済的にはとにかく各々の才能や好みによって、詩・短歌・俳句などを一生の仕事とするのもよし、また古典研究なども仕事になるであろう。要は何を目的として生きるか、どういう姿勢をとり、何をしてこの社会に参加するかということなのである。特殊の才能に恵まれない者、また寝たきりで身動きも適わない者などはどうしたらよいのか、私にもよくわからない。しかし、ウンコをとって貰う（とらせてやる）のも一つの社会参加といえるのではないだろうか。要は主体性ということが大切なのである。主体性のない者に参加ということはあり得ないのだから……。〃日本は民主主義国である〃かもしれないが、我々の存在は抹殺されている。或は未だ存在を認められていないといったら語弊があるだろうか。私などはアパート暮らしなのだが、周りの人々は「あの人達は一体何をして食っているんだろう。高い家賃を払いながら」などと不思議そうに、我々を見るのである。身障児施設・補導所・訓練所などの施設において十年ほど前は脳性マヒの占める比率は二〇％台だったものが、現在は約七〇％だということを聞くのであるが……。

他の障害者との話し合いにおいて彼等（ポリオ、切断等）は「お前達はやる気がない。誰でも一生懸命働いている。たとえお金にならなくても働くこと自体尊いことだ」等と言って、我々をヤリ玉に上げる。私など手足を傷だらけにして金にもならない物を作るのはまっぴらごめんだ。彼等の言うことを聞いてみると先ず一般社会というものがあり、それに合わない人間は人間として失格だ、働かざる者人に非ずだということになる。つまり就職できない者を蔑むのである。しかし、このことを彼等自身の方にかぶせたらどういうことになるであろうか。彼等の職場で障害者故に不当な差別を受けていることを是認することであり、同時に日頃のコンプレックスを自分より重度の者をみじめな存在に突き落すことによって償っているのではあるまいか。

障害児施設や養護学校などでも一般健常者に負けるな、他人の三倍も四倍も努力して健常者に追いつけというように、一般世間というものを一つの固定目標として教育しているようである。一体一般世間などというものが実体として、固定した存在としてあるのだろうか。私に言わせればそんなものはありはしないのだ。それぞれの立場、職業、収入、主張、みな千差万別である。その千差万別の混沌としたものが社会なのである。実体のないものを追い求めるように教育され、そして実体のないまぼろしの世間というものを至上に置き、それを追いかけるということは一生追いかけても追いつける道理はない。脳性マヒ者が世間一般なみにといって世間にあこがれることは不当な差別を助長するにすぎず、ひいては自己の存在そのものを否定する結果になるのではあるまいか（このことは脳性マヒ者が人間として生活するのに必要な要求もしないということではない。全く逆なのである)。

脳性マヒは増えているのである。社会性もなく何をやらせても採算ベースにのらず、これまでの社会常識ではあてはめようのない存在として増えているのである。一般常識にあてはまらないからといって人間の存在を否定することは本末転倒といわなければなるまい。既製靴に足を合わせろ、合わない足は切ったり削ったりして無理にでも合わせろというたとえは滑稽であろう。脳性マヒ者の社会参加(社会復帰といわず、あえて参加という)は世の中に融け込むことではなく、生活形態はどうであろうと社会に対し我々のありのままの存在――社会性のない、非能率的な存在――を堂々と主張することなのである。

(『青い芝』No.77 一九七〇年四月)

Ⅲ　ある障害者運動の目指すもの

ある障害者運動の目指すもの

一　殺される立場から

昭和四五年五月二九日横浜市金沢区富岡町でおきた重症児殺しについて、被害者の袴田秀子ちゃんと同じ脳性マヒ者の組織である日本脳性マヒ者協会神奈川県連合会より関係各位に対し意見書を提出することをお許し下さい。

現在多くの障害者の中にあって脳性マヒ者はその重いハンディキャップの故に採算ベースにのらないとされ、殆んどが生産活動に携れない状態にあります。このことは生産第一主義の現社会においては、脳性マヒ者はともすれば社会の片隅におかれ人権を無視されひいては人命迄もおろそかにされることになりがちです。このような働かざる者人に非ずという社会風潮の中では私達脳性マヒ者は「本来あってはならない存在」として位置づけられるのです。

本事件の被告袴田美保子においてもたとえ二人の障害児を抱え幾多の生活上の困難があったにしろ、この「本来あるべき姿ではない」という一般通念が彼女に実際以上の精神的負担となっておおいかぶさり、子供の将来・自分の前途を悲観し絶望的になってしまったものと思われます。

しかしながら真の社会福祉とは社会の一人一人が、自分とは異なった姿の者、自分より弱い立場の者に対する思いやりをもち、その立場を尊重することではないでしょうか。たとえ寝たきりの重症児でもその生命は尊ばれなければなりません。本事件の原因を施設が足りないこと、福祉政策の貧困に帰してしまうことは簡単です。しかしそのことによって被告の罪が消えるならば、即ち本裁判においてもしも無罪の判決が下されるならば、その判例によって重症児（者）の人命軽視の風潮をますます助長し脳性マヒ者をいよいよこの世にあってはならない存在に追い込むことになると思われます。

私達は被告である母親を憎む気持ちはなく、ことさらに重罪に処せというものでは毛頭ありません。それどころか彼女もまた、現代社会における被害者の一人であると思われます。しかし犯した罪の深さからいって何等かの裁きを受けるのは当然でありましょう。

どうか法に照らして厳正なる判決を下されるようお願い申し上げます。

昭和四五年七月十日

右の一文は当時日本脳性マヒ者協会神奈川青い芝の会が、横浜地方検察庁、横浜地方裁判所などに提出した意見書である。これは私が起草したものであるが、今、読み返してみると文章の拙さや思想的な未熟さが目立ち赤面の限りであるが、障害者運動の流れという観点からいえば大きな転換を画したものということができよう。

この事件は、二人の障害児をもつ母親が下の女の子（当時二歳）をエプロンの紐でしめ殺した、というものである。この事件が発生するや、新聞をはじめとするマスコミは「またもや起きた悲劇、福祉政策の貧困が生んだ悲劇、施設さえあれば救える」などと書き立て、これに呼応して地元町内会や障害児をもつ親達の団体が減刑嘆願運動を始めた。

そして県心身障害者父母の会（宇井儀一代表）は「施設もなく家庭に対する療育指導もない、生存権を社会から否定されている障害児を殺すのは止むを得ざる成り行きである」という抗議文を横浜市長に提出した。このようなマスコミキャンペーン、それに追随する障害者をもつ親兄弟の動き、そしてまたこれらに雷同する形で現われる無責任な同情論はこの種の事件が起きるたびに繰り返されるものであるが、これらは全て殺した親の側に立つものであり、「悲劇」という場合も殺した親、すなわち「健全者」にとっての悲劇なのであって、この場合一番大切なはずの本人（障害者）の存在はすっぽり抜け落ちているのである。このような事件が繰り返されるたびに、我々障害者は言い知れぬ憤りと危機感を抱かざるを得ない。

この問題は神奈川青い芝の例会にも提出された。或る仲間からは「殺した親の気持ちがよくわかり、母親がかわいそうだ」「施設がないから仕方がない」「あの子は重度だったらしいから生きているよりも死んだ方がよかった」などの意見が出され、これに対し「障害児は死んだ方が幸せというならば我々がここでこのように生きていること、そしてあなたが一生懸命今まで生きてきたこと自体、矛盾するではないか」「我々は我々の立場に立って主張しなければならない。自分の立場を主張できない者にどうして他人の立場がわかり、気持ちを察することができようか」「それらは全て殺した親（健全者）の論理であり、障害者を殺しても当然ということがまかり通るならば我々もいつ殺されるかもしれない。我々は殺される側であることを認識しなければならない」と反論し、時間をかけて話し合った結果、冒頭の意見書を作成するとともにそれに基づく一連の活動をすることに決定した。

まず意見書を携えて、横浜地方検察庁へ意見陳述に行ったのであるが、地検のこの事件に対する、また我々に対する反応は冷たいものであった。我々が地検を訪れた時、担当検事は「今、全国の施設の状況を調べて、起訴するかどうかを検討している」と答えた。この事件が起こったのは四五年五月、横浜地検が起訴したのが四六年六月であるから、殺人という事実関係が明らかなものに対して起訴するという極めて初歩的な作業に一年以上の日時を費やしたのである。普通の「子殺し」の場合ほとんどが一ヵ月以内に起訴されていることからみても理解に苦しむところである。しかもその理由が「全国の施設の状況を調べ」ることにあったというのである。「全国の施設の状況」などは弁護側が情状酌量を主張するために行うものと思っていたが、検察側がそれも起訴するか否かということで調査するとは……。また、起訴した段階で再び我々が訪れた時、担当検事は「君達の言う通り裁判にかけるのだから、それでよいではないか」と言い放つ始末であった。

それから、筋違いは承知の上で我々の立場をＰＲするために、意見書の複製を持って神奈川県庁へ行き、各党の県会議員などにもそれを手渡し我々の立場を述べて回ったが、そこでも誰一人として殺された障害者がかわいそうだ、と言う者はいなかったのである。それればかりか「あなた方に母親の苦しみがわかるか」「母親をこれ以上ムチ打つべきではない」とか「施設が足りないのは事実ではないか」などと逆に非難された。

なんと障害者は殺されて当然ということが社会の隅々まで行きわたり、それが「常識」として確立されていることか！　この社会常識を踏まえたところで行われた裁判において、検察側と弁護側がそれぞれの立場を主張し、激しく切り結ぶという極く一般的な裁判をわずかでも期待した我々の願いは全くの幻想であったことを思い知らされた。我々が裁判所に提出した意見書や、我々の生い立ち、生活経験を書き記した文書などの証拠物件は、弁護側の一方的要求になんら抵抗することもなく削除されてしまったのである。

裁判は起訴するか否かであれほど時間を費やしながら、第一回公判が開かれるや約一ヵ月間で結審してしまい、その結果は母親に懲役二年、執行猶予三年という判決であった。

刑法第一九九条に「人ヲ殺シタル者ハ死刑又ハ無期若シクハ三年以上ノ懲役ニ処ス」とある。つまり殺人の場合、最低限三年以上の刑に処せられるはずである。ところがこの裁判では検察側の求刑自体、懲役二年となっており、初めから元値を切った大安売りだったのである。

我々はこの事件を通じて、我々障害者の存在を主張するために横浜、川崎駅頭などにおいて数度にわたる情宣活動を行った。その中のビラ一枚を次に掲げてみよう。

まず表には、脳性マヒ者の男女が手をつないで歩いている写真を大きく載せ、その横に「我々の存在をいかに受けとめるのか！」と大書してあるだけという変わったビラであるが、裏には次の文章が印刷されている。


我々に生存権はないのか！

去る五月二九日横浜において、まだ二歳の重症児が母親に殺されました。そして地元町内会などにより、減刑運動がおきています。事件発生以来三ヵ月、横浜地検はどういうわけか加害者を起訴するか否か決めかねております。今までこの種の事件がおきるたびに施設の不備、福祉政策の貧困という言葉で事件の本質がすりかえられ、加害者は無罪となるのが常でした。加害者の無罪が当然とされるなら、殺される障害者の生存権は一体どうなるのでしょうか？

殺されるのが幸せか！

私達は本事件につき、例え動けない者でも、その生命は尊ばれねばならず、重症児抹殺を阻止するためにも加害者を無罪にはするなという意見書を提出しました。「重症児は死んだ方が幸せだ」という意見も聞きますが、これは生産第一主義の政策を続ける権力者の意志が、世間一般ひいては重症児の親にまでおおいかぶさり、働けない者は死んだ方がよいと考えるに至ったのです。この風潮は健全者といわれる人々にもふりかかっております。自然の小さな生命を無視した生産至上主義は、種々の公害を生み、人類全体を滅亡に導くかもしれません。

殺人を正当化して何が障害者福祉か！

「重症児を殺した母親を罰するよりもまず収容施設を作ることだ」ともいわれます。しかしこのような発想から作られる施設が、障害者の幸せにつながるはずはありません。なぜならそれは重症児の生命を奪ったことを曖昧にし、障害者の生存権をも危うくする思想から作られるものだからです。ここにこそ福祉に名を借りた親達や社会のエゴイズムと差別意識が潜んでいるのです。

裁判の傍聴、街頭での情宣活動、福祉事業関係者との懇談など、我々はたえず行動し続けた。その中の一つに「神奈川県重症心身障害児を守る会」との話し合いがある（守る会は先にあげた「県心身障害児父母の会連盟」の構成団体の一つである）。席上、我々は「この様な事件が起きるたびに減刑嘆願運動が起こり福祉行政の貧困、施設の不足が事件の原因とされ、加害者はあまり罪を問われないばかりか却って同情の的になる。それは生産第一主義の社会において、障害者は生産活動に参加できない故に『本来あってはならない存在』とされるのであり、あなた方が減刑運動に参画し、施設の不足を叫べば叫ぶ程、そのことによって我々とあなた方の子供は首をしめられることになる」と主張した。これに対して守る会の人達は「障害児をもつ親は、必ず一度は一家心中を考える」「殺すことはよくないが、それが起こる現実に問題がある」「施設が足りないのは事実であり、施設をゴミ捨て場のように考えるのは極端だ」などと反論した。また我々は「施設を必要としているのは親達ではないのか、親達の要求で作られた施設が障害者福祉だとすりかえられている」「障害者あるいは障害者（児）をもつ家庭は、社会から村八分にされるのであるが、この村八分にすること、施設へ入れること、しめ殺すことこの三つは全く同根の思想から出ている」と主張し、基本的には差別する側とされる側の相違からくる意識の対立となり、具体的には障害者収容施設（コロニー）というものの認識の違いが対立点となり、話し合いは平行線のまま終わった。
この重症児殺害事件に関する運動は社会的に大きな反響をよび、新聞、雑誌はもとよりＮＨＫテレビ「現代の映像」にもとりあげられ多くの人達をこれ以後の障害者運動に巻き込んでいった。

この事件の初めからつきまとい、また我々障害者の問題というと常につきまとって離れない「障害者収容施設」とはいかなるものであろうか。我々は「生産第一主義の現代体制下において、生産能力のない障害者を社会から隔離し、精神的に、物理的に現社会から抹殺するものである」と主張し続けてきた。これに対して「障害者収容施設は障害者福祉として善政の現われであり、君達の言い分は一方的な極端に片寄った考えではないか」などの反論があるが、私は決してそうは思わない。私の知る限りにおいて親がその障害児（者）を施設に預ける場合、最寄りの施設に入れるのではなく、なるべく遠い所へ入れようとする傾向が著しい。また私が街を歩いていると「どこの施設から来たのか」と言う。ひどいのになると「どこの施設から逃げて来たのか」と言う。

このような末梢的なことはとにかくとして所得倍増政策を打ち出したかの池田首相の肝いりで作られた社会開発懇談会は昭和四十年、次のような答申をしている。

一　心身障害者は近時その数を増加しており、障害者の多くは貧困層に属しているのでリハビリテーションを早期に行って社会復帰を促進せよ。

二　社会で暮らす事の難しい精薄などについてはコロニーに隔離せよ。

また四七年二月に経済審議会が新経済五ヵ年計画の中で「重度心身障害者全員の施設収容」を謳っている。

これらの答申を基として国立高崎コロニーが作られ、それをモデルとして全国各都道府県に大規模な収容施設が作られている。これがいわゆる全国巨大コロニー網であり、それが完成しようとしているのである。この答申でも明らかなように政府行政機関は、障害者収容施設を「社会開発」「経済問題」として発想企画し、経済計画の一環として実行してきたのであり、高度経済成長政策を進める上での労働力確保の意図の下に位置づけてきたのである。そして〇〇センターと称する収容施設(コロニー)には必ずといっていい程「研究所」が併設、または付属されており、ここでは脳解剖、子宮摘出、断種手術などの生体実験が医学の進歩の名の下にひそかに行われている。このことに関しては我々はいくつかの実例を入手しているが、これらは氷山の一角にすぎないであろう。

これらのことから考えても障害者収容施設とは、また養護学校、職業訓練校、授産所など全ての障害者施設とは、高度経済成長を支え、現社会体制を維持していくために、また一般庶民にマイホームの幻想を貪らせるためにこそ「必要」なのであり、決して決して障害者自身の幸せを願って作られたものではない。従って障害者がそこで自己の存在を賭けて、その生命を燃焼させるというような生活などは望むべくもないのである。

二　あってはならない存在？

我々は「重症児殺し」の事件と取り組む中から「障害者は、この世にあってはならない存在」として位置づけられていることに気がついた。それはこの事件の裁判を通じて、また我々の運動に対する各方面からの反応に接して行く中から、我々が肌に感じてきたことであり、更にそれは有名人や政府行政官僚の発言などから実例をあげればきりがないことである。

重症児殺し事件の際、我々の仲間の一人がいみじくも言った「あの子は重度だから殺された方がよかったのだ」というこの言葉はまさしく差別者の言葉であり、健全者（一般庶民）の障害者に対する感情をよく表わしたものだと思う。この庶民感情によって、我々は日夜有形無形の差別を受け、中には現実に生命の危険にさらされている者さえいる。その法的根拠ともいうべきものは現在その改定が問題になっている優生保護法なのである。同法第一章第一条に「この法律は優生保護上の見地から不良な子孫の出生を防止すると共に……」とある。ここでいう優生上の見地とは、また不良な子孫とは一体何なのであろうか。

第六八国会に提出されて以来、再三再四にわたって政府提案という形で国会に提出されている「優生保護法一部改定案」というものがある。この法案は現行優生保護法のうち、妊娠中絶を認める条項の中から「経済的理由」を削除してそれと入れかえる形で新たな十四条四項を設けることを骨子としている。

すなわち「その胎児が、重度の精神または身体の障害の原因となる疾病、または欠陥を有している恐れが著しいと認められるもの」。これは先の第一条の「不良な子孫の出生を防止する」と相まって障害者差別であり、障害者抹殺の思想をむき出しにしたものである。しかもそれが国家の法律として定められようとしている点に問題がある。このような考え方に基づき、我々は種々の運動を行ってきた。その運動の状況を「青い芝」

機関紙より引用してみよう。

障害児を胎内から抹殺することを主な目的として作られ、国会にも上程されたことのある「優生保護法改正案」が四八年五月十一日再び厚生省より国会に提出されました。

これに対し青い芝代表は急遽厚生大臣にあてた抗議文を作り、五月十二日厚生省にこれを提出、翌々日五月十四日には神奈川青い芝を主体に東京・茨城・栃木の会員約五十名でかねてより集めていた署名をもって国会に本法案反対の請願をしました。その直後、代表八名は厚生省において精神衛生課長以下数名の当局者に詰問しました。

詰問の第一点は改正案の中になぜ中絶できる条件として十四条四項を設けたのか？ 第二点は優生保護法第一条に「不良な子孫の出生を防止する」云々とあるがこの「不良な子孫」とは何を指すのか？　ということでした。当局の答えはわざと的を外したように支離滅裂であったが再三にわたる詰問に「最近サリドマイド児をはじめとする胎児性障害児が激増の傾向にある。両親に遺伝的素質がなくても障害児が発生する場合があり、それを防ぐために今度の改正案を作った」と答え、精神衛生課長は更に重ねて「私は医者でつくづく思うのですが障害者が一人もいなくなればこの世の中がどんなに幸せになるでしょう」と言い放ちました。
激怒した我々が机を叩き「だから我々障害者を全て抹殺しようというのか!」とつめよると「今のは失言でした。取り消します」という一幕もあり、更に我々が「公害などによって障害者がでてくることを防ぐにはそのもとを止めさせなければならないのに、それを障害児を殺す事によって解決を図るのは本末転倒ではないか」と反論すると、これには答えようとせず、詰問の第二点についてはさんざん堂々巡りをしたあげく「先天性○○症」というような病名を羅列し「要するに今の医学では治らないものをいう」との答えでした。
これに対しまたもや「ナオらないものは『不良な子孫』であり生まれる前から殺してしまった方がいいという訳だな!」と言ったのに対し「いやいやそんな事は毛頭考えておりません」「しかしこの改正案にはそのようにはっきり書いてあるではないか」「いや、そんなことは考えておりません」というような応酬の堂々巡りで時間切れとなりました。
……(中略)
エピソード
ある女性団体が厚生省にこの改正案に対して抗議に行き「障害者はいわゆるあっては

ならない存在か?」と質問したところ「全くそのとおりである」と言い、更に「あの改正案はあなたがた女性、また障害児を持つ親達には説明できる。しかし障害者の方達には説明することができない」と答えたそうです。これをみても「優生保護法改正案」は障害者として許すことができない訳です。

この後第七十国会において「靖国神社法案」などと共に自民党の強行採決によって「継続審議」となったため、我々はますます警戒の色を強めている。

我々は各地で開かれる集会に出席し、また我々自身集会を開き、我々の立場を主張し続けてきた。弱者救済をうたった四九年春闘においても各障害者団体の統一要求項目の中に青い芝の提案した「優生保護法改定案を撤回せよ」という項目を入れると共に三月二二日から二三日にかけて、厚生省内に坐り込み例の精神衛生課長と渡りあった。四月六日には斎藤厚生大臣に同法案に対する我々の立場、意見を述べなどしてきたが、このような強烈な自己主張は今までの障害者運動にも生活態度にもみられなかったことである。このような運動のバックボーンをなすものに青い芝の行動綱領ともいうべき四原則がある。それを次に示そう。

一　われらは自らがＣＰ者であることを自覚する。
われらは、現代社会にあって「本来あってはならない存在」とされつつある自らの位置を認識し、そこに一切の運動の原点をおかなければならないと信じ、且つ行動する。
一　われらは強烈な自己主張を行なう。
われらがＣＰ者であることを自覚したとき、そこに起こるのは自らを守ろうとする意志である。われらは強烈な自己主張こそそれを成しうる唯一の路であると信じ、且つ行動する。
一　われらは愛と正義を否定する。
われらは愛と正義の持つエゴイズムを鋭く告発し、それを否定する事によって生じる人間凝視に伴う相互理解こそ真の福祉であると信じ、且つ行動する。
一　われらは問題解決の路を選ばない。
われらは安易に問題の解決を図ろうとすることがいかに危険な妥協への出発であるか、身をもって知ってきた。

われらは、次々と問題提起を行なうことのみ我らの行ない得る運動であると信じ、且つ行動する。

この思想は突如として障害者運動の中に現われ、今やそれが運動の中核になろうとしているが、この考え方は一体どこから出てきたのであろうか。

三　崩壊からの出発

「善人なをもて往生をとぐ、いはんや悪人をや。しかるを世のひとつねにいはく、悪人なを往生す、いかにいはんや善人をやと。この条、一旦そのいはれあるににたれども……」

これは鎌倉時代にかかれた歎異抄の一節である。歎異抄は浄土真宗の開祖である親鸞上人の教えを弟子が書き記したものであるが、その真髄は悪人正機、つまり「悪人こそまず救われるべきである」というのである。親鸞のいう悪人——うみかはにあみをひき、つりをして世をわたるものも、野やまにしゝをかり、とりをとりていのちをつぐともがら——は自分が悪人だということを知っており、なおかつ悪業をしなければ生きていけない悲しみを知っている。それに対して善人は「善行」（心身の修業を行い勉学にいそしみ他人に施しなどをする）のできる、いわば恵まれた人達なのである。親鸞は当時修業勉学する機会に恵まれた人達だけが救われるとする旧宗派を捨て、庶民――その時代の底辺をなす人々――の中で生きた人といえよう。

現代において、人は無意識のうちに善い行いをすれば善いことがあり、幸せになれると思い、善い行いとは究極のところよく働くことだと素直に信じこんでいる。

「一生懸命働き、社会の役に立ち、金を残し、自分の家を建て、良い家庭を築く、このようなことが善人の手本であり幸せの見本とされているけれど、このようなことができない人達はどうなるのかね。それは『不幸な人』すなわち悪とされる。しかし歎異抄の『悪人』という言葉を障害者という言葉に置き換えてごらん」

これはマハラバ村（サンスクリットで大きな叫びの意）のリーダーであった大仏《おさらぎ》空《あきら》師の言葉であり、私と大仏師、歎異抄との出会いでもあった。父から常々働くことは人間としての資格なのだと言い聞かされ、現実の自分と比べ肩身の狭い思いをしながら、それに反駁する論理的拠り所を知らなかった私にとって、この言葉は衝撃であった。そもそもマハラバ村とは昭和三九年茨城県石岡市郊外、小高い山の中腹に建つ閑居山願成寺という古寺を中心に作られた脳性マヒ者の生活共同体であり、この寺の住職が大仏師であった。

「人は誰でも罪深いものである。知らず知らずのうちに人に迷惑をかけている。いや、迷惑をかけ罪を犯さなければ生きていけないのが人間である。それを償おうとすればまた一つ二つと悪いことをしてしまう。そんな罪深い自分に気がついた時に『助けてくれ』と叫ばなければならないだろう。その叫びを親鸞は念仏といったのだ。そして念仏を叫ばなければいられなくなった時、必ず阿弥陀様が救って下さるというのだ。障害者は被差別者であり、すぐに被害者づらをするが、同時に自分が加害者でもあることには少しも気づこうとはしない。つまり、皆もっと自己を凝視し、そこから自己を主張する必要がある。そうでないと自分達を差別しているものが何であるかがわからずに過ぎてしまう」

「障害者は一般社会へ溶け込もうという気持ちが強い。それは『健全者』への憧れということだが、君達が考える程この社会も、健全者といわれるものもそんなに素晴らしいものではない。それが証拠に現に障害者を差別し、弾き出しているではないか。健全者の社会へ入ろうという姿勢をとればとる程、差別され弾き出されるのだ。だから今の社会を問い返し、変えていく為に敢えて今の社会に背を向けていこうではないか」

このような話を数年間に亙って大仏師より聞かされ、また、討論してきたのである。とはいっても有難い法話を聞き経典の勉強などに勤しんだというものではない。障害者特有の社会性のなさ、お互いのエゴのぶつけ合い、社会で差別され、こづき回されてきた故の人間不信と妙な甘え、家に閉じ込められていたが為の気のきかなさ、男女関係のもつれ等が渦巻き、それは壮烈なまでの人間ドラマであった。だからこそ歎異抄の世界を地でいったといえよう。

とにかく電燈すらない山の中の生活であり、次々と落伍者を排泄しながら、初め三、四人であったものが二十数名にもなった。そして三年経った頃、四組のカップルが生まれ、三人の子供も誕生した。また、ようやく麓の村から電気が引かれ、螢光灯は勿論、テレビ、洗濯機等文明の利器がどっと入ってきた。しかしこの時から共同体は音を立てて崩壊していった。「私達は障害者だからこのような生活でも仕方ないが、この子達は健全者なのだから健全者の中で育てないと社会性が身につかない。子供達の将来のため一般社会の中で暮らした方が……」との言葉を残し次々に山を去っていった。私も四四年二月既婚者の最後として妻とともに山を下りた。

マハラバ村崩壊の原因をあげる場合、立場により人により様々であろうが、健全者社会への憧れ、思いがけずに手に入ったマイホームを守ろうとする意識、それから長年持ち続けてきた健全者への憧れを自分が我が子に乗り移ることによって満たそうとしたということであろう。しかしまた、角度を変えて言うならば、我々の僅かな抵抗（我々としては青春を賭けたつもりだが）も現代文明における価値観、社会常識に脆くも敗北を喫したのである。重症児殺し事件に対する我々の運動は、マハラバ村への挽歌であった。

マハラバ村で生まれた子供三人は今年それぞれに小学校へ入学した。私の子供はまだ二歳であるが、もう親より歩くのが速い。親が我が子に自分の生命の延長として希望をもち、自分のできなかったことを子供に期待することは人として親として当然かもしれない。ましてや我々のように一人前の人間として扱われてこなかった者にとってはなおさらであろう。しかし保育園の運動会を見に行き「うちの子のお遊戯可愛かったわ」と普通の親と同じく目を細めていてもいいのであろうか。親が子供にむかって「御飯はお箸できれいに食べなさい。こぼす子はおバカさんですよ」と言う。この極くあたりまえの言葉が我々の家庭ではあたりまえどころではない。親は匙をガチャガチャいわせながら、こぼしこぼし食っているのである。しかしこの子らは保育園、小中学校と進むにつれて健全者社会の教育をされ、常識をいや応なしに身につけていくであろう。そしてその常識をもって親を見、「先生が言ったよ」ということになるであろう。しかしながら我々はあくまで「それが何だ。常識の方がまちがっているのだ」と開き直らなければならない。でなければ我々の存在は抹殺されてしまう。我々は親としての自分と、障害者としての自分との相剋の中に生き続けねばならないであろう。

最近「福祉の街づくり」「障害者に住みよい街づくり」等といわれ、車歩道の段差を一部削ったり、歩道橋のスロープ化などが行政によって行われているが、これらは車椅子に市民権を与える、言い換えれば、生産帯に組み込むことのできるポリオ、下肢切断、脊髄損傷などの人達を労働の場に引き出すことで終わってしまうのではあるまいか。今までのまちは生産の為のまちであり、横断歩道橋一つとってみても生産性を上げる為に他のものを犠牲にしてきたといえる。基本的にはこれまでのまちが生産の為に犠牲にしてきた人間性を取りもどすために、まちそのものを作り変えていく、つまり健全者側が障害者をまちの中へ入れてやるのだというのではなく、健全者の側が今まで行ってきた事を十分に反省し、障害者もまじえてまちそのものを作り変えていくという発想でない限り真の福祉のまちづくりとはいえないであろう。

　障害者は教育の場、労働の場、地域社会から疎外された存在であると同時に、家制度、また現代の核家族化したマイホームからも疎外された存在である。逆にいえば、庶民の楽しいマイホームを守らんが為に、またこれを基盤に成り立っている社会体制をこそ守らんが為に、障害者収容施設、巨大コロニー網が必要なのである。我々が巨大コロニー網に反対し、社会変革を目的にする限り、例えそれが夢にまでみたマイホームであったとしても、これに執着することは自己矛盾であろう。

　我々は例え多くの人々がマイホームの夢を貪る地域社会にあっても、共に手を携えることができる人々と共に、心の共同体を足場に障害者解放すなわち自己解放を目指し、遠い地平線にむかって叫び続けなければならない。

（注）「優生保護法一部改定案」は第七二国会に上程され、十四条四項を削除する修正案が昭和四九年五月二四日に衆議院本会議において可決され、参議院に回された。
　しかし十四条四項が削除されたからといって優生保護法が存在し、すべての人々が障害者は生まれない方がよいと考えている限り、障害者抹殺の条項は現在すでに

行われている羊水チェックなどの技術が進歩するに伴い、いつか明文化されることは避けられまい。

（『ジュリスト』一九七四年十月臨時増刊）

募金活動をふりかえって

昨年十一月我妻会長が一身上の都合ということで辞め、同じ頃から会計も全然役員会などに顔を出さなくなった。今年は役員改選の年でもあり、もし総会が開けないとなると青い芝の存続すらも危うくなる。なんとしても総会を成立させるために必要な人数を集めることが役員の努めだと考えた。そこで残った役員とピンチヒッターを買ってでた補欠役員との間でしばしば協議した結果、一泊旅行と併せて総会をやろうということになった。旅行という楽しみがあれば大勢出てくるだろうと考えたからである。そこで予算をだいたい組んでみたが全部で十三万円程かかる見込みであった。これを五十人に割り当てるとすれば一人あたり二千六百円、もしこれだけの人数が集まらず三十〜四十人となった場合、負担は更に大きくなる。会から五万円だそうという案もあったが、それは欠員の分を穴埋めしたりボランティアの費用などで消えてしまうだろう。しかも会の貯金も残り少なくなっているのである。しかし二千六百円という負担は経済的にも恵まれていない我々脳性マヒ者にはかなりの額である。夫婦で参加すると小遣いを含めて小一万はかかってしまう。なんとかしなければということで脳性マヒのＰＲ活動を兼ねてカンパをすることにした。

役員選挙、総会、旅行などの準備、その上に資金カンパを短期間に行わなければならず、それに当たった役員及び会員の苦労は並大抵のものではなかった。

このような背景のもとに行われたＰＲ及びカンパ活動であったが、川崎駅前で「ふざけるな」「バカヤロー」などと罵声を浴びせた酔っぱらいが一人、二人いた他、外部的にはさして問題はなかった。がんばって下さいといって握手を求めた人が横浜、川崎ともに大勢いた。にもかかわらず内部的には少々批判があったようである。この運動に非常に協力的だった一会員は家族から「お前達はあまえているのではないか。健全者でも旅行に行けない人もいるのだ。障害者のくせに他人から貰った金で旅行するなんてとんでもない話だ」などと大分おしかりを受けたそうである。

この言葉の中には二つの問題があると思う。一つは障害者が旅行をするのは贅沢かということであり、もう一つはその費用をカンパでまかなうことの是非である。初めの問題は障害者だからこそ旅行も必要なのである。一般の人は学校の遠足や修学旅行にはじまり、社会に出てからは社員旅行、団体旅行などなど見聞を広める機会も多い。このような見聞を広め社会性をはぐくむ機会を与えられない重度者に向かって一般の方々から障害者の社会性欠如云々と批判されるのは片手おちというもので、だからこそ「我々にも旅行を」と主張したのである。

後の問題は経済的に恵まれない我々に向かって集めた金で旅行することが悪いというならば生活保護や年金で結婚し子供をつくるなどということは大変いけないことであり、成人して三十、四十になってもなお親に食わせてもらうのもいけないことになる。生活保護費は税金として強制的に国民から取り上げたものの一部であり、親の働きは本人の働きではないのである。そういうならば我々働けない者は生きていること自体贅沢だということになる。「なにもそこまで言ってやしない」と言うだろう。が、そのそこまでという言葉の中に残忍なまでの差別意識がひそんでいるのに気がつかないのだろうか。もう少し説明するならば「お前達は情けを以て生かすだけは生かしてやるが、基本的人権がどうの、勉強がしたいの、趣味を広めたいの、旅行に行きたいのなどと言ってはいかんぞ」ということ、つまり「庭先までは入ってもいいが、そこで土下座していろ、廊下や座敷へ上ることはまかりならん」ということなのである。この差別意識は今までの社会では残念ながら常識として通用し、我々障害者の上におおいかぶさってきた。「松葉つえや車椅子を買うのだからといって金を集めるのならわかるが、旅行に行くからというのでは……」というのもその現われである。私は我々が旅行に行きたいと要求することは経済的に旅行の費用がだせない、また旅行にもあまり行ったことのない脳性マヒ者の存在を主張し、常識化した差別意識に対してあえて挑戦しているのだと思いながら募金箱を持って街頭に立っていたのである。もし「あまえる」気持ちがあったとしたら駅前の雑踏の中に立ち、大声で大衆に協力をよびかけることは、たとえ一日でも私にはできなかったであろう。このことは共に募金活動をした仲間達も同じ気持ちだったろうと思う。

会員の中にも「あまえている……」云々という意見があるそうだが、それはその人自身の意見ではあるまい。それは世間（家族や周りの人）にしらずしらずに教えこまれたものであろう。我々が発言する場合考えなければならないことは、親兄弟から別れ一人ぼっちになった自分を想定した時、あるいは夕暮の雑踏の中に放り出された自分（今の障害のままの）を発見した時、いかにさけびいかに行動すべきかということなのである。そして一人ぼっちになった自分、ありのままの姿の自己を捕えた時、自ずから己れとは何か、脳性マヒ者とは何か、更に人間とは何かということに突き当たるであろう。人間とは何か？　それは人類が過去何千年かにわたって取り組み続けてきた問題であろう。科学も技術も芸術も文明・文化といわれるもの全てがこれに帰着するのである。「人間とは何か」に迫ること、取り組むことが即ち人類の歴史に参加することなのである。障害者運動とは障害者問題を通して「人間とは何か」に迫ること、つまり人類の歴史に参加することに他ならないと思う。我々の青い芝についても皆でもう一度考えてみる必要があるのではないだろうか。

（『あゆみ』No.9　一九七〇年六月）

我々の手で小さな施設を

「あゆみ」№11に「青い芝」の事務所を作ろうという矢田龍司氏の提案があり、そのことで討論会が開かれました。そこでは活発な討論が行われ、有意義な意見も多く出されました。しかしまた、自分の立場とはかけはなれ、あるいは家族、社会などから押しつけられた意見をそのまま述べる人もみられ、観客席から映画でも見ているような態度もみられました。この自己喪失型というのは脳性マヒ者の特徴であり、これから取り組まねばならない課題だと思います。

多くの脳性マヒ者は創造の喜びと苦しみ、それに伴う責任感を持てない状況にあります。それは今まで(生まれた時から、あるいは脳性マヒになってから)全てにおいてミソッカスであり、一方的にやって貰う側であり、何かを行う場合責任を負わされることが殆んどなかったのです。本会の運営においても、ある重要な任務を負った筈の人が肝腎の時(総会、役員会など)欠席をし、他処へ遊びに行ったり、家で寝転んでいたりするのです。歴代会長なども「脳性マヒは責任感がない」「人間的社会性がない」と言っておられますが無理からぬことです。しかし、このようなことをいくらあげつらってみたところで、我々脳性マヒ者の生いたち、現在おかれた社会的立場からして、ある意味で仕方のないことだと思います。では私達はこのままで良いのでしょうか。いけないとすればどうすればいいのでしょう。

私は、七、八年前から国立身障センター当時の恩師である田中豊先生の始められた東京久留米園に度々遊びに行き、教えを乞うておりました。そこには今では五十人ほどの重度障害者がおりますが、他の収容施設と違う点は、外泊、外出、面会、入所者の酒、たばこに至るまで大幅な自由が認められているということです。しかし時には入所者が外出先で事故を起し、ケガをして帰るようなこともあり、そのため警察等から「こんな重度者をなぜもっとよく管理しないのか」と言われるそうですが、「責任は各自が負うべきであり、また、園としては私が負う。運営規則など変えるつもりはない」と田中先生は突っぱねるそうです。事実、私もそこで多くの友を得ましたが、園での生活訓練により社会性を身につけて、好伴侶と共に、または独身のままでも、民間アパート・公営住宅などの独立した生活に入っていく人が大勢おります。この人達も園での自主性を養う生活がなかったならば一足とびにアパート生活などには到底入れなかったでしょう。「苦労は買ってでもしろ」と昔の人は言ったそうですが、人間その立場に立たないと社会性をはじめ種々な意味の力はつかないものです。そこで私は提案したいのですが、前述の事務所をもう一歩すすめた形で、施設(?)を作る運動を始めたらどうでしょうか。施設といっても今、国や地方自治体などですすめている巨大な収容施設ではありません。そのようなものは障害者を隔離し、障害者以外の人の目に触れさせないようにし、従って障害者の社会性やその他種々の可能性を摘み取ってしまう危険性のあるものです。我々の目指すものはこのような集団隔離政策に反対し、また、多くの脳性マヒ者がそうであるように家庭での個別隔離状態と取り組むため、次に掲げる如き種々の意義を持つものでなければならないと思います。

①世話をしてくれる親がたとえいなくても、生きていけるような生活の場とする。②そこで仲間や外部の人と触れあい、訓練の結果ある程度の社会性を身につけたら、本人の希望により民間・公営の住宅などに送り出す。③親や兄弟の都合で一時的に世話をして貰えなくなった重度者が宿泊できる。④規則などなくても日常生活に差し支えず、お互いのコミュニケーションが充分できる為に、人数は四、五人どまり。それ以上希望者

があれば別の場所に作る。⑤既に独立の生活を営む者にとっては、この施設を作り運営することによって、我々の最大の欠点である社会性と責任感を養うことができ、同時に創造の喜びをつかむことができるものとする。⑥この施設は地域社会と結びつけるため町の中に作られ、そこでの生活は可能な限り入所者の自主管理とし、その能力を養うものとする。⑦「青い芝」の事務所もそこにおく。

　まだまだ細かい問題点はいろいろあり、特に資金面とか、誰がそこでの仕事（炊事、洗濯など）を行うかなど難問が山積しております。しかし、この運動を始めることは脳性マヒの歴史に一大転換をもたらすことになると思います。つまりみそっかすからの脱却なのです。「青い芝」も始まってから十年、脳性マヒ児殺害が頻発し、それと表裏一体をなす形で巨大な収容施設が作られつつある今日、慰安の段階に留まるわけにはいきません。自分達の文化とでもいえるものを作っていく時であり、いつまでもやって貰うばかりの態度では我々の人間的向上は望めないと思います。

　これから皆様の提案、意見などもちより、施設建設実行委員会（仮称）を作るなどしてその問題と取り組んでいこうではありませんか。皆さんの建設的御意見をお待ちしています。

（『あゆみ』No.12　一九七一年三月）

優生保護法と私

去る六月、国会に提出され時間切れのためそのままになったが、次の国会にはまた必ず提出されると思われる優生保護法一部改正案とは我々脳性マヒ者にとって如何なるものなのでしょうか。

優生保護法は「優生上の見地から不良な子孫の出生を防止すると共に母性の生命・健康を保護するという目的のもとに優生手術・人工妊娠中絶・優生保護相談などに関し必要な事項を定めているものでございますが……」という提案理由の説明から始まり「その胎児が重度の精神又は身体の障害の原因となる疾病又は欠陥を有しているおそれが著しいと認められるもの」（第十四条四項）という一項を新しく設けることを骨子としております。

我々は一昨年、横浜でおきた重症児殺しについて殺される側から発言し様々な運動を行ってきましたが、その中から我々脳性マヒ者は「この世にあってはならない存在」として扱われていることを改めて思い知らされました。そしてそのことから現代の価値観を問うという運動に発展しました。この「優生保護法問題」は「重症児殺し」が世の同情を集め、裁判になっても無罪またはそれに近い判決という問題とも深く係わり、それ以上に脳性マヒ者にとって重大な問題といわなければなりません。「近年における診断技術の向上等によりまして、胎児が心身に重度の障害をもって出生してくることを、あらかじめ出生前に診断することが可能になってまいりました」（同法案提出理由説明より）とありますが、この改正案によると「障害児」とわかったとたん、しかも母親の胎内にまでさかのぼった状態で天下晴れて〝合法〟の名のもとに抹殺できるわけです。この法律でいうところの不良な子孫とは一体誰にとっての不良なのでしょうか。生産第一主義の社会においては、生産力に乏しい障害者は社会の厄介者・あってはならない存在として扱われてきたのですが、この法律は文字どおり優性（生産力のある）は保護し劣性（不良）な者は抹殺するということなのです。つまり生産性のないものは「悪」ときめつけるのです。

こんなことを言うと、またまた「とんでもないことを言う。そのような重症児は生まれてきても不幸である。第一この世が障害者ばかりになったらどうする。重症児になるとわかっていながら生むバカもあるまい」と例によって自分の存在そのものを否定する論理により非難され、また、抹殺しようとする側からはお叱りを受けるでしょう。しかしながらこの抹殺する論理とその論理を法律によって正当化する優生保護法改正案は、かつてナチスドイツがユダヤ人大量虐殺とともに、誇り高きゲルマン民族の強化という大義名分のもとに（劣悪な子孫をなくすため）数十万の身障者、精薄者を殺したことと基本的にどこが違うのでしょうか。

至極あたりまえのこととして「人間は〝進歩〟してきた」といわれます。そして進歩に貢献したものが偉人であり英雄とされてきました。それとは逆に、進歩の邪魔をした者あるいは進歩の足手まといになるとみなされた者は悪とされ、社会から排斥されてきたようです。近年いちじるしい科学技術の進歩により生産は拡大の一途をたどり、生活様式の変化とともに庶民の暮らしも一見豊かになってきました。しかしそれとひきかえに、物質に押し流された形での人間疎外が問題となり、大気は汚れ陸の緑は減り、海水は汚染されました。後数十年先あるいは数百年先には人類は滅びるかもしれないということが実感をもって語られております。今まで進歩進歩と夢中になっていたことが実は人類破滅の断崖に向かってひた走っていたのかもしれません。なぜ進歩進歩と先を急ぐのでしょう。いや誰かによって駆り立てられているのではないでしょうか。

最近、生化学といわれる分野では試験管ベビーをはじめ、人間そのものを変え、最終的には人工的に人間を生産することさえも可能になってきたといわれます。たとえば人間の喜怒哀楽のコントロールはもちろんのこと、ある一定の物を生産することだけに興味を示し、他のことには目もくれないといういわば働き蜂のような大勢の人間を作り、あるいは肉体的には一流のスポーツ選手のような人間を何千何万と作り出し、アインシュタインのような頭脳をもった人間も何万と作り出しては使い古し、また強力なものと取り変えるようになるかもしれません。そうなった時の社会においては、今地球上にいる人間の殆んどが、足手まとい、厄介者、この法律でいう「不良な子孫」として抹殺されることは至極当然なことです。問題はこのようなことを誰が設計し誰が管理するのでしょうか。それはごく少数の権力者のあずかるところとなるでしょう。この優生保護法をつくり提案し、その中である者を「不良な子孫」ときめつけているのも他ならぬ権力者なのです。権力とは常にある少数の者を悪として社会から排斥することによって、他の多数の者に優越感と差別意識を植え付け、幸福幻想をばらまきながら大衆を自らの都合のいい方向へと動かし、その上にのって自らの立場を強化するものなのです。これら権力者の発想からいわせると、不良な子孫を切り捨てることは「人類の発展のために必要な処置である」あるいは「これからの自然環境など厳しい条件の下で人間が生き延びるためには止むを得ない」ということでしょう。

このような言葉で世の多くの人は納得し、納得しないまでも口をつぐんでしまうかもしれません。しかしそれは自分が権力者の側、つまり「不良な子」ときめつけ切り捨て抹殺する側に無意識のうちに立っているから、あるいは少なくとも自分は消される側ではないと思っているからではないでしょうか。でも、どんじりを抹殺したところで次から次へとどんじりは出来て来て、それはこの世に人間がたった一人になるまで続くことでしょう。

私は、私自身を「不良な者」として抹殺したあとに、たとえどんなに「すばらしい社会」ができたとしても、それは消された私にとって知ったことではありません。

（『あゆみ』No.16　一九七二年九月）

優生保護法改正は阻止された

かねてより障害者抹殺思想の法制化であるとして反対運動を続けてきた「優生保護法改正案」が五月二四日衆議院本会議において十四条四項を削除した形で採択され、参議院に回された。これに先立ち五月十六日、二二日、二三日、衆議院社会労働委員会で審議、採決されたのであるが、二一、二三日は青い芝全国組織を動員して国会への抗議行動、各党宛要望書の提出、社労委傍聴（二一日には傍聴券が入手できず二三日に十一名傍聴）などを行った。私が小山副会長と共に十六日の社労委を傍聴した際、自民党議員の質問に斎藤厚生大臣は「十四条四項については障害者団体の人達が反対しており問題が多いのでこれには固執しない。国会の場で決めたい」と答弁した。

この答弁を聞きながら私の脳裡には種々の思いが去来した。我々の何年間にもわたる反対運動がほんの僅かでも国会という国家の最高機関にその影を届かせることができたのだ。また我々が味わってきた様々な苦難はこの一言で片付けられてしまうのか。しかし実は、私はこの一言を言わせたかったのである。

弱者救済がうたわれた今年の春闘において青い芝も積極的に参加し、その結果、年金生活者、生活困窮者、難病患者、障害者の統一要求項目の中に「優生保護法改定案を撤回せよ」という項目を入れることができた。それまで春闘共闘のなかだちによっていくたびか行われた厚生省をはじめとする行政交渉に、(ほとんどが経済要求という形で行われてきた場所において)ややもすると場違いな感を免れぬことを承知の上で、青い芝はこの問題一つにしぼって主張し続けたのであった。三月二二日には優生保護法を主なる議題として青い芝単独で厚生省交渉を行い、席上厚生省側は「あなた方の主張はよくわかります。しかし法案が既に国会に提出されているので私達の力ではどうにもならない。でも多分あなた方の心配するようなことにはならないと思う」と述べた。我々はこれに対し「物事にはやっていいことと悪いことがある。人の命に係わることはそれがたとえ多数の意見であっても行うべきではない。あなた方はこの法案をつくったことにより、してはならないことをしてしまったのだ。その責任を果してほしい。この法案が国会で審議される折には、〈障害者が反対しており、この法案には問題が多い〉という答弁を厚生省側がすることをここで約束せよ」と食い下がりそのまま厚生省内に一泊、二三日の春闘共闘主催の統一行動に参加した。この時もデモの先導車からの声にあわせて「優生保護法改定案を撤回せよ」のシュプレヒコールが繰り返された。そして四月六日に行われた春闘共闘前記団体と斎藤厚相との交渉においても、小山副会長が「この法案でいうと障害者は生まれてきてはいけないということになる。今生きている我々も死ねというのか」と追求し、厚相は答弁の言葉に窮したのであった。

このようにしてとにかく優生保護法改定案撤回要求は多くの障害者団体共通の要求となり、また春闘共闘が後にひかえている、つまり我が国組織労働者の大部分がこの問題を受け止めたということになった。このような状況によって、社労委での斎藤厚相の「障害者団体の人達が反対しているので……」という発言を引き出したのである。優生保護法改定案反対の運動を行ってきたのは数ある障害者団体の中でも青い芝のみだったのだから、青い芝が春闘共闘に参加せず総評をはじめとする大部分の組織労働者にこの問題を投げかける形がなかったならば、あの十四条四項は削除されなかったであろう。それは過去数年間にわたって改定案の中に十四条四項が生き続けたこと、そして我々が行ってきた重症児殺し事件、また十四条四項の削除要求の署名運動の中で、いやという程味わってきた「障害者は死んだ方がよい」といういわゆる「優生思想」が社会の隅々まで庶民の心の中に行き渡っていることを思えば明白なことである。このような木の根、草の根をつかみながら這い上る思いで続けてきた我々の運動に対し「十四条四項はあのまま成立した方が良かったのだ。そうすればみんなに優生保護法がいかに悪法であるかがわかるから」という一部新左翼系の支援者達からの意見もあったが、これは先に掲げた優生思想が貫徹していることからいって「……悪法であるかがわかる」ということは不可能であり、障害者運動のおかれた状況を余りにも知らない暴論というべきである。

青い芝が今年の春闘に参加し、また三月二三日の統一行動に全国動員をかけたことに対して、我々の運動に係わっていた一部学生、労働者（はとんどが未組織労働者）の間から「青い芝はエリート労働者のおみこしになったのか」「総評に利用されている」というような批判や不満がある。彼等は今の社会、政治に対し種々な不満、憤り、疎外感を感じており、我々青い芝が今までの運動の中で主張し続けてきた疎外者、被抑圧者としての立場に共感をもち我々と接触することによってますます共鳴し合ってきたのである。このことは我々の運動の中で高く評価し、社会的に注目されなければならない。しかし組織活動としては我々の主張を正しく受け止めてくれる限り、いかなる団体個人とも接触を持つということが原則である。〇〇に利用されたということは自らの主張する問題を持たずに相手側に名をつらねた場合にいえることであろう。我々は障害者があらゆる面で苛酷な状況にあるのは、ひとえに我が国労働者階級の認識にかかっていると主張し続けてきた。今年の春闘においておくればせながら障害者問題が表面に掲げられたことは、内実はとにかくとしてそれなりの評価はすべきであろう。たとえ総評などが我々障害者問題を取り上げたからといって、それが末端労働者個々の意識を変えていくには気の遠くなる程の時間と努力が必要だと思う。障害者問題というのは本人が自覚するか否かにかかわらず、障害者の存在そのものが社会問題であり、政治問題である。従って我々のいかなる身の回りの事柄も幾つかの段階を経て行き着くところは厚生省、労働省、文部省となり、国会ということになる。この幾つかの段階を経る過程で交渉相手も異なり我々に係わり支援する人達も異なってくるのは当然である。優生保護法改定案はその後、参議院社労委理事会において十四条四項を削除したことに対し「日本医師会」をバックにした議員が反対し、法案を通そうとする「生長の家」出身議員との意見対立があり、そのまま六月三日の会期切れのため審議未了、廃案となった。つまり我々が十四条四項を削除させたことが、自民党内部の意見対立を呼び、廃案につながったといえるのである。

しかし第七二国会において廃案となったからといって現行優生保護法が存在し、多くの人々——特に障害者自身——が障害者は生まれない方が良いと考えている限り、障害者抹殺の条項は現在すでに行われている羊水チェックなどの技術が進歩するに伴い、いつか明文化されることは避けられまい。我々はこの優生思想、すなわち、よく働ける者が、より強い者が、より速い者が、より美しい者が正しく偉いとするこの世の価値観に対し、共に手を携えられる人々とともに日常あらゆる面で自らの存在を賭けて闘い続けなければならない。

（『青い芝』No.94　一九七四年七月）

ボランティアに期待するもの

ボランティアとは、「自ら行う人」という意味だそうです。アメリカに行って来た友人が、あちこちの障害者施設を歩いてみた時の話では「設備などは日本と同じ位むしろ日本の方が良いようにも感じた。だがそれを支える地域社会の体制、人々の姿勢がまるっきり違っていた」とのことでした。アメリカとかヨーロッパは、いわゆるキリスト教国といわれる国であり、そのためもあろうが「奉仕」が社会人の義務として、子供の頃から教えられ、身についたものとなっているようです。ところが日本ではそういうことをやる人は特別な人だと思われ、まして施設へ勤めることなどは特別ないいことでもするように「感心ですね」といわれます。どうして日本ではこうなのかというと、日本的精神構造がある訳です。日本人というのは、福祉に限らずなんでもお上がやるべきだという考え方が強い。つまり自分の家から一歩外に出れば、全ては他人事なのです。なぜお上まかせが強くなったのか？　徳川幕府三百年が長過ぎたという説もありますが、それよりも古代から続いている天皇制にその原因があるようです。また違った見方をすると、政治・権力に対する考え方が全然違うということです。アメリカ、ヨーロッパでは、政治・権力というものを必要悪としているのに対し、日本ではそれが善であり正義なのです。なぜ必要悪という考えが出て来たかというと、ヨーロッパにおける国々の侵略、革命の血みどろな歴史の中から人間の尊厳を守るには個人が基本的に自由であるべきであり、各々の生命、財産を守るための秩序の維持のためにだけ、必要最小限の規制――行政権力が必要だと考えられました。つまり権力とは、個人の自由と相反するものであり、悪なのです。従って、ある者に人民が権力を与える場合も仮のものであり制限つきのものとして、選挙制度などが考えられたのです。これに反し我が国は、他国に侵略された経験も人民自らの革命の歴史もありません。従って民主主義も選挙制度も言葉だけの借物にすぎず、国民の精神構造の底辺におかれるものは、万世一系の天皇崇拝でありお上の政なのです。そこで我が国のボランティアを考える場合、いままで述べたごとき欧米の精神風土との違いから生じる日本的な特徴がみられると思います。日本のボランティアというのは、行政の足りない所を補っている。そのこと自体当然かも知れないけれど、心構えが違います。結果的には、行政の足りない所を補うということになってもいいと思うが○○奉仕団といった形は非常に危険性があります。やはりボランティアというのは、権力に密着してその「お先棒」をかつぐのではなく、時には政治・権力と戦う姿勢がなければなりません。それでなければ、せっかくのボランティアという存在は全く意味をなさない訳です。行政・権力とは別なものであることにより、行政のやれないようなことというより、行政のやってはいけない、入ってきてはいけない部分を、やっていくということが大切なのではないでしょうか。なにもボランティアがかかわるのは障害者に限ったことではないのですが——障害者問題に取り組んだとすれば、我々とのかかわりというのは、改まった場ということではなく日常的なかかわりであり、そのかかわりの中から何かを生み出していくことがなければならないと思います。言葉を変えて言えば、両方がかかわり合い衝突することによって、双方が勉強していく訳です。障害者——特に重度障害者は、世間一般の人が当然のこととして享受している教育、労働など全ての場からはじきだされております。つまり障害者は現代社会において、被差別的で被抑圧者なのです。今までのボランティア活動は、このような人達を「かわいそうな人達」あるいは「不幸な人達」と呼び「だから私達が何かやってあげるのだ」ということだったと思います。しかし、これは大変な心得違いです。なぜなら我々を、不幸な、恵まれない、かわいそうな立場にしているのは権力であり、今の社会であります。その社会をつくっているのは他ならぬ「健全者」つまりあなた方一人一人なのです。あなた方は、我々をはじきだした学校で教育をうけ、我々の姿のみられない職場で働き、我々の歩けない街を闊歩し、我々の利用できない乗物、エスカレーターなど種々の器物を使いこなしているのです。このように考えれば、一人一人が、いや他の人はとにかくとしてあなた自身が差別者、抑圧者といえましょう。このような自己反省をした時に「では何をなすべきか」「何をなさねばならないか」が問われ、その答は、「自ら行う者＝ボランティア」となるはずです。そしてその行動の方向は障害者解放であり、我々障害者自身の自己解放の闘いと手を取り合ったボランティア自身の自己解放でありましょう。

我々の新しい未来を切り開くためには、このような方向で互いに連帯しあい、具体的行動を押しすすめることが必要と思います。

（『ぽぷら』No.6　一九七四年六月）

鶏にみる「弱者考」

最近、障害者問題がクローズアップされ、特に昨年はいわゆる新左翼といわれる人達によって、差別の告発という形で種々の運動（闘争）が起り、それを受けて立つかの如く行政機関において福祉の街づくりなどが展開されている。

そして、それらに遅れてならじと思ったのかどうか、また自分達だけの賃上げ闘争にある種の後ろめたさを感じたのか、はたまた仏心を発揮して下さったのかわからないが、とにかく今年、七四年春闘において弱者救済がうたわれ、ようやく社会の底辺にうごめく私達にも経済的に制度的に、また労働者大衆の意識の変革といった観点からもいくらか御利益《りやく》があるのかとある程度の期待をしたのであった。それと同時に弱者とは何か、差別とは何かということを改めて考えさせられた。

私は二十歳頃から約八年間にわたり養鶏をしていたことがある。養鶏といっても私の体力などからいってそれは一番多い時でも三百羽程度のいわゆる「障害者の楽しみにでもなれば」といわれるものであったのだが、そのときの経験からおもしろい鶏の習性を発見したのである。それは例えば十羽の鶏を一つの囲いの中で飼っていたとする。すると必ずそのうちの一羽が、他の皆に、よってたかっていじめられるのである。皆にこづかれる。とさかにはいつも血がにじみ頭や首の毛はむしりとられている。いつも他の者の動きに気を配りながら、すきをみては餌や水をとるのであるが、それも他の者が満腹して餌箱を離れてからでないと餌箱にとりつくことができないのである。そんなわけでこの一羽の鶏は、大抵、障害者いや障害鶏であったがやせこけて卵も産まないし、肉にもならない。しかし、この何の利益も生まないごくつぶしが実は重要な役割を演じているのだということに気がついたのは養鶏をはじめてから大分たってからであった。

もし、仮に利益を生まないからといって、また皆にこづかれるのがかわいそうだからという理由で、その一羽をその群から切り離した場合、残りの九羽の中から必ずまた一羽がのけものとしての任務を負わされるのである。そして粛清は次々と続き、残りが二羽になった時、はじめて仲良く暮らすようになるのである。

これは餌の量や質、また管理のよしあしにもよるが、極端なことを除けば、あまり変わりがないのである。だから、できるだけ多くの卵を産ませ、より高い利益をあげることを願う養鶏家にすれば、十羽のうちの一羽を適当に保護しながらみそっかすとしての任務をできるだけ長く全うさせなければならない。いやむしろ時によれば意識的にみそっかすを作り出すことさえ必要なのである。このような習性は鶏に限ったことではなく、むしろ人間の方がより残酷で始末が悪いのかもしれない。

それはヨーロッパにおける魔女狩りや、ナチスのユダヤ人虐殺、また江戸時代における特定の宗派に対する幕府の弾圧や、関東大震災の際起きた朝鮮人大量虐殺をあげるまでもない。これらの行為は、ある時は権力によって、またある時は民衆の手で行われ、そのことによって体制を維持してきたのである。

思えば人間の歴史ほど迫害と虐殺に満ちたものはないであろう。そして今なお、世界各地で人種差別があり、障害者差別を始めさまざまな差別が存在する。さらに私達の身のまわりに気をつけてみれば、学校のクラス、少人数の職場の中に、また四、五人の気の合ったグループの中にさえも馬鹿にされ、からかわれ、あるいはいわゆる三枚目のような笑われ方をされるものが必ずいることに気づくであろう。

集団というものは、それが構成員の意志によって形作られたものであれ、個人の意志と関わりなく所属させられたものであれ、それはある一部の者を異端に仕立て上げ、差別することによってのみ存在が可能であり存在証明ができるのである。

人間というものがあり、人間という言葉ができたのだと思われるが、一旦言葉ができてしまうと、言葉によってものが規定されるのである。そしてそれは常にあるものをその類から排斥することによって成立する。例えば「あれは人間の皮をかぶったけだものだ」「あいつは人の風上にもおけない」、また江戸時代には「非人」という最下層が存在したし、更に重度障害者をはじめて見た人の驚きの表現として「これが人間といえるのだろうか」という具合である。

「国家」においても「非国民」という言葉があるが、「社会」という言葉に対するそれはあるのだろうか。それがちゃんとあるのである。「リハビリテーション（社会復帰）」

この言葉ほど障害者にとって屈辱的な言葉はない。他にそういう障害者をさげすむ言葉はあるにしても、それは障害者を罵倒し、はずかしめるものであることを障害者側もそれを言う側もよく承知しているのに比べて、リハビリテーション（社会復帰）は行政の行う福祉という観点からそれは善であり、むしろ正義として位置づけられているところに問題があり、言い知れぬ恐ろしさを感じるのである。

交通事故や産業災害などによって障害者になった者がある一定の訓練をうけてもとの

職場に復帰することを念頭につくられた言葉かもしれないが、私のように生まれてまもなく脳性マヒになったものにとっては何とも納得のいかぬ言葉である。精一杯生きてきて現にここに存在するものが、なぜ今更、社会に復帰しなければならないのだろうか。生産優先の社会であるから生産活動に携われない者（収容施設に入っている者や在宅障害者など）は、社会の一員ではないのだろうか。「巨大コロニーなどが障害者を社会から隔離するものだ」という指摘は、社会復帰という言葉のもつ意味からいっても当をえたものである。

障害者問題の難しさは障害者差別を自他共に差別と認識しない（できない）ことにある。そして人間の差別意識というものは動物的・本能的なものであり、究極的には人間の存在もまた生と死という本質的なものに関わるものであろう。決して〇〇主義や革命的（?）××セクトの革命路線に従えば、すべて解決されるというようなものではありえない。

しかし、また差別を意識として捉え、そこから自他の罪悪性を追求することができるのも人間以外の何者でもないのである。にもかかわらず自分達の罪悪性によって、また力不足によって社会の底辺に落された障害者を始めとするいわゆる弱者を、私達が救ってやろうという態度で私達に接してくる人達がいるのは一体どういうことなのであろうか。それは二重の罪悪だといわなければなるまい。この種の人達はいままでいわゆるボランティアといわれる人達が多かったのだが……。

国民春闘の名の下に弱者救済がうたわれた今年の春闘において、一般労働者の賃上げは平均月額三万円という史上最高の額を獲得することができた。これは年額になおすと三六万円、更にボーナス分を含めれば相当な額にのぼる。これにひきかえ救済されるはずだった弱者に与えられたものはインフレ手当の一時金二千円と、生活保護費のほんのわずかな増額であった。

これは初めの春闘共闘委員会の意気込みからいっても、あまりにも少なすぎる額であることはもちろんのことであるが、客観的にみていっても一般労働者と障害者をはじめとする生活困窮者の所得のひらきはますます拡大したわけで、これでは「弱者救済」どころか「弱者つきおとし」である。

新左翼といわれる人達もセクトごとにまた個人としても「障害者解放」を叫びながら障害者問題に関わってきた。しかし、その大半は結果として障害者の主体性をふみにじったり、障害者のおかれてきた歴史的状況などをよく把握しないままに、それぞれのセクトの「革命路線」に障害者を当てはめてしまった、あるいは当てはめようとしているきらいがある。

その結果、これらの人達にかつがれた障害者は、障害者として大切な自己確認ということができないままに、いわゆる健全者ペースにのせられてしまい、そのうちそれらを支えている人達にとっては単なるお荷物としてしか存在しなくなってしまうであろう。障害者運動の立場からすれば、一度健全者ペースにのせられてしまった者ほど始末の悪いものはない。

もちろん障害者問題に関わっている人達が、悪意を持っているのではなく、それどころかまじめに真剣に自分自身の問題として取り組んでいるのであるにもかかわらず、真剣に取り組めば取り組む程、相手に肉迫すればする程、相手を傷つけ窮地に追いこむ結果になってゆくのである。

このことは障害者と健全者ということに限らず、人間関係すべてにいえることであろう。このようにすべての行為を愛でも善でも正義でもないとした時に、あとに残されたものは絶望なのである。

障害者問題に関わることによって障害者問題の根深さを知り、人間の罪悪性と自己の無力さを知った時、多くの人はたじろぎ同時にそこから身を引くであろう。それは自己の罪悪性をみつめることが耐えがたいからである。しかし問題の根深さにたじろぎ、自分の力不足を理由に身を引くとすれば明らかに逃避であり、何よりも自己に対する裏切りであろう。

もし総評をはじめとする春闘共闘委員会が、いや、日本の労働者階級が「弱者問題」をこのまま放棄するとすればまさに食い逃げであり、既に一部でいわれているように、「自分達の賃上げを勝ち取るために弱者を利用し、ストライキに寄せられる非難をさけるためのカクレミノに使ったのだ」（『週刊新潮』八月二二日号参照）という非難を自ら証明することに他ならないであろう。

全ての行為が罪の積み重ねであり、差別を伴うものであるとしても、なおかつ人は（私は）生き続け行動し続けなければならない。それは行けば行く程、行動・失望、行動・絶望への道であり、絶望する己れに絶望した時、そこに悲しみがある。その「悲の場」に待って私は多くの人に逢いたいと思う。そこはこの上なくすばらしい世界であろう。

（一九七四年十月）

（生活書院編集部注：すずさわ書店版ではⅢ章に『優生保護法改正案』は廃案へ」が収録されているが、同じくⅢ章所収の「ある障害者運動の目指すもの」内の文章と同一【本書107頁2行から109頁4行】のため、割愛した）

Ⅳ　『さようならＣＰ』上映討論集

『さようならCP』とは……

障害者も人間なのだという言葉は、障害者の側からも健全者の側からもよくいわれる。果してそうなのだろうか。私（CP）の世界を具体的に示さない限り、今まで安直に使われてきたこの言葉――障害者も人間なのだという――の精神構造から抜け出ることはできない。〝視られる〟存在から〝視る〟存在への視点の逆転を試みたドキュメント映画である。

16ミリ白黒一時間二二分、疾走プロ製作

須佐上映会レポート

須佐の海は本当に美しい。ホルンフェルスのあの巨大な岩は自然そのものの姿を露呈している。そんな自然に取り囲まれて、私は解き放たれた思いではしゃいだ。それに反して、横塚氏の顔は重苦しく「明日の上映会は気が重い」と一言。

小倉に出てきて四年、田舎を美化してとらえがちだった私の甘い感覚では横塚氏の一言に隠されたものの大きさなどわかる筈もなく、ふたりの明暗の姿はそのまま上映会場に持ち込まれた。

〈前日打ち合わせ〉

当地出身の田中君より何分田舎のことなので権力などという言葉を使うと拒否反応を起して話にならないから、映画の内容なり一般社会での障害者の状況を中心に話してくれとのことで横塚氏了解。

〈当日の様子〉

障害児の親達がたくさん来るという話であったが、実際集まったのは殆んどが老人。

当地上映関係者の要請で急遽私が司会をやるはめになる。

上映が終わり討論に移る。横塚氏が話し始めるやいなや、言葉がわからないから通訳しろということでぶつかる。

司　会　それでは、横塚さんが話したことを適当なくぎりごとに私が要約致します。

（横塚氏、再び話し始める）

当地上映関係者（参加者の代弁）　ここに来ている人達はみんな言葉がわからないから、一つの文章が終わるごとに司会の人がそれと同じことをしゃべって下さい。

司　会　それはできません。

関係者　どうしてですか。

司　会　脳性マヒの人にとっては話すこと自体、非常に困難なことなんです。その上、一つの文章が終わるごとに通訳を入れることによって話を中断されることがどんなにきついことか考えて下さい。そういうことで、私が適当なくぎりごとに要約するという形で進めていきます。

（会場、ざわざわしはじめる）

関係者　どうしても一文終わるごとに通訳して欲しい。

司　会（かなり逆上）　横塚さんがこの上映会のためにここまで来たのは何のためですか。横塚さんの言葉を聞こうともせず、私に通訳しろと言うくらいならこの本（『偽りよ死ね』*）を読んだ方がよっぽどいいですよ……そのような態度がどんなに障害者を押えつけているか……

主婦　そんなに感情的になられたら困る。

（会場のざわめきは一層ひどくなり帰る人が続出。老人が数人、「かわいそうにね、頑張って下さいね」と横塚氏にお金を置いていく）

須佐での体験が私にもたらしたものは一体何であったのか？　それは未だ言葉となり得ず、ただ渾沌と私の中に存在している。ただただあれがどうしようもない現実の健全者の姿なんだな、という思いである。

（文責・室津）

＊『偽りよ死ね――脳性マヒ者の愛と闘いの記録』寺ノ門栄、一九七三年、参玄社）

防府養護学校上映会

参加者――小学部から高等部までの生徒。卒業生、職員若干名。

小山 それじゃ、皆さん方にできるだけわかる様に話をしていきたいと思います。

おじさんが生まれた時は、ちょうど戦争中なんです。その頃からの人間であるから例えば皆さん位の年頃の時にですね、学校へどうしても行きたいということで親やなんかに言ったんだけど、今みたいに養護学校というものがなかってねエ、ものすごく軽い人達だけしか普通の学校へ行けなかったわけですね。それで残念ながら学校も全然行ってないんです。行ってないから皆さん方より以上に苦労をして、それでここまで来たわけです。その中からの体験やなんかをおりまぜて話をしていきたいと思います。

おじさんは十歳位まで歩けなかったんですけど、歩ける様になって、一旦家から外へ出るとですね、いわゆる健康な子供達から見たらね、かなりおもしろい恰好をして歩きよったよ。そうするとその回りの子供達から石をぶつけられたり、捧で追っかけられたりね、そういうことをされて生きて来たわけ。そりゃ何故かというと、やはり養護学校みたいな所がなかったから。そういうことで親達が外へ出さなかったからですね。外へ出さなかったということは健康な人達の目の前にも見えなかったっていうことがあったわけね。この頃はそういった事もあまり無くなってきたわけですね。というのは皆さんがどんどん外へ出て行ったことにあると思うんです。健康な体を持ってる子供さんの中へどんどん自分の勇気を奮ってね、健康な子供達と一緒になってやったということがあったからこの頃そういった事がなくなったと思うんです。その上に立ってお互いの思いやりってものがあるわけです。そういったものが重なって、この日本の中での障害者はまあ、ちょっと言いにくいんだけど、ようやく理解されるようになったっていう感じになってきたわけですね。だからもっともっと皆さんがこの中だけではなくて、いろんな街の中へ勇気をしぼって出て行く事がどれだけ健康な子供達と連帯を結ぶことになるかということがわかると思うんです。だから是非とも自分の障害に負けないで元気よくやってもらいたいと思うんですね。

それでは、いわゆる学校では教えていない障害者の歴史というものがあるんで、簡単に障害者がどういうことをやってきたかってことを話してみたいと思うんです。

今の時代ではですよ、勉強が良くできて、優等生で、仕事が良くできて、という人間としての条件があるわけです。そういう人達が初めて社会の一員とされるわけです。だからこそ皆さんはここの中で一生懸命勉強してるわけですね。あるいはできるだけ手足が利く様にということで訓練してると思うんです。ところがですね、古代、まだまだ皆さんも生まれていない、おじさんも生まれていない、もっともっと大昔、人間が野山で獣を追ったりあるいは川や海に行って魚を獲ったりして暮らしていた時分の話になっちゃうんですけどね、その時代っていうのは自分の持っている財産っていうのはなかったわけです。みな何ていうかな、魚も獣も全部共有っていうかな、全部同じ様に使えた時代があったわけです。今は自分の家があって自分のテレビがあるという様に決められているけど、その頃はまだまだ決められていなかったんです。その頃にですね、人間が生活していくっていうか、生きていく上で一番大切なものがあったわけなんです。それは何だと思いますか？　その時代で一番大切なものは火だった。火がなければ獣を獲ってきても生で食べなければならない。で、その火だって今はマッチをスッとすれば簡単に起こせるけど、その頃は木と木を何回、何百回となく力一杯こすり合わせてその熱によって火を起こしてた。だからものすごくきついわけ。で、そのきつい火をですね、一回使ったからってすぐ消すわけにはいかないんです。それで一回使った火を長く保つために火を守る人達がいたといわれるわけです。それでその火を守る役目として老人あるいは体の不自由な人達があたっていたわけです。老人や体の不自由な人達は獣や魚を獲ることができない。そのかわりに火を守るという役目があったわけです。

それじゃ、何故そういわれるかということをこれから説明します。火をいじるから火をいじる人のことを「火いじり」そう呼んでたらしい。それでその「火いじり」がだんだん言い伝えられてきて、「火じり」となるんです。この「火じり」というのは皆さん方知ってるかどうかわからないけど、漢字で書くとこうなるんです。「聖」という字。この字を見てもわかる通り、火をいじる人は神という形で表わされているわけです。従って、火を守るいわゆる老人や障害者は尊敬されてたわけですね。

それじゃ、どうしてその火じりと障害者と結びつくのか？　火をいじる男ということで火いじりのことを「火男」と、こうもいわれていたわけです。それで「火男」をひ・お・と・こというふうに何遍も繰り返して言ってると「ひょっとこ」ってなるんです。ひょっとこっていうのは皆さんわかっていると思うんだけど口がとんがっててね、何故口がとんがっているかっていうと火をふいているからともいわれるし、別な事もいわれるわけです。それから目はギョロッとしている。ギョロッと、ちょうどおじさんの顔みたいな感じ。それからね、そのひょっとこの踊り、いやその前に日本の踊りっていうのはテンポがのろくて、すごく優雅な感じを持っているわけ。ところがひょっとこの踊りだけは手、足、身振りものすごくぎこちない踊りなわけです。つまり、今でいえばひょっとこってのは脳性マヒだろうと、脳性マヒじゃないかといわれるわけ。それから皆さんの中でよく歌われる「山田の中の一本足のかかし」、の一本足ってことは切断者ということである。そういう形でその頃の障害者ってのは多分、特徴あるものということでその分野、分野に置かれていたんだろうと。だから今言った様に一本足であれば田んぼの中でスズメの番をしているとか、そういう形で障害者はいたという事です。

おじさんの話はこれで終わります。あとは皆さんの中で疑問な点、わからない点があったらどんなことでもいいから言って下さい。

男Ａ（ポリオ）　このシナリオの中でどうしても納得できん所があるんですけど……。

小山　はい。

男Ａ　青い芝の行動宣言の中で「一つ、われらは愛と正義を否定する」と書いてありますけど、それはどういうことなんですか。この世にある愛と正義というものはもっと深くて永久なもので、一概にこういうところで否定するという言葉は出るものじゃないと思うんです。それから、そういう映画を作る以上はそういう愛と正義を肯定して何かを主張するからこそ、映画なんかを作って活動しているんだと思うんですけど……。

小山　皆さん方はこれからもっともっと考えていこうという中であるからちょっと答えようがないっていう感じがしてるわけ。と同時によくそこに気がついたなと思って感心してるんだけど、これはそのまま言っちゃうと……。

男Ａ　答えようがなかったらもっとこの言葉を変えるべきだと思うんですけどね。

小山　答えようがなかったらって……。

男Ａ　答えようがなかったらですね、あのもっとこの言葉を変えて何かを提起するって感じで、あの例えば愛を抱擁に変えるとか……（雑音のため聞き取り不能）……

小山　イヤ、答えられます。答えられるけど、さっきも言ったようにこの中にはこれから考えていく人達がいっぱいいるわけでしょう。その人達にこれはこうなんだと言っちゃうとまずい点もあるということで……。例えばね、愛という点を何故否定しているかというとね、皆さん方はここへ来る前にね、可愛い可愛いと親から可愛がられていたでしょう。あるいは体が不自由だということでね、可哀想だからということで自分は本当はこれをやりたいんだけどやらしてもらえない、親から危ないからダメだとされてきたことがあるんじゃないかと思うんです。あなたは手が不自由なんだから例えば鉛筆を削る時に小刀を持っちゃいけないよと言われるでしょう。そういったことが親の愛といえるんですけど、じゃ、そのことが本当に親の愛なのかということ。親の方から言わせると、私はこの子が可哀想だから危ない思いをさせたくない。可哀想だ、可愛いからということで親の方でやるわけでしょ。ところが、あなた方はどうしても自分で小刀を持って鉛筆を削りたい意志を持っている筈なんです。それを親のそういったものによって押えられちゃうということがあるわけです。例えば自分は歩けると思ってんだけどどちっとも外へ出してくれない。親から言わせれば車が通って危ないとか、道が悪いから危ないという。そういう親の愛は本物なのかどうか。

いわゆるあんた方にとって本当なのかということがあるわけ。むしろおじさんから言わせればね、手なんか少し切ったってかまわないからナイフを持たせてあげることがいいことだと思うんです。道でころんで足をけがしても外に出ることがあなた方にとっていいわけ。ところが親から見ると危ないとか、可哀想だからとか、そういう形であなた方はやろうとすることを否定されるわけです。

男A　その辺がよくわからないんですよ。愛ってそんなもんじゃないでしょ……（聞き取り不能）……

小山　だからわかりますよ。愛っていうことを一口には言えないってことね。だからこの中で否定するというものは、今おじさんが言ったようなものを指していってるわけ。

女A（CP）　ちょっと言わして下さい。

あのね、今言った事は矛盾してると思うんです。この世の中でね、このような生活でね、そんなことができますか。私はできないと思います。映画ではそんなことができるっていうけど……。

小山　あのね、そんな絶望的な物の考え方を……。

女A　絶望的じゃありません。

小山　イヤ、そんな絶望的な考え方じゃ将来もっと進歩していかないと思うんです。あなたは……。あなたは今、体が不自由だということで健全な社会から言わせれば健全な人達の社会でやってることがあなたには不可能であるといわれるわけでしょう。あなた方はこういう体の不自由な人達ばかりの学校なんか本当は好んで行きたくないと思うわけでしょう。やっぱり健全な子と同じような学校に行きたいと思うわけでしょう。

女A　私も小学校から養護学校に変わりました。だけど、なかなかできないが……何か言ってることが夢みたい。映画も夢みたいです。そんな事が世の中でできるでしょうか。

小山　だからあなた方ができないと思ってることがあるいはこれからはできるかもしれないんです。あなた方の考え方次第によっては……。

女A　社会が変わったらできます。

小山　イヤ、社会が変わったらじゃないの。あなた方と体の健全な人達の考え方が変わんない限りできませんね。社会が変わったからできるってことじゃないと思う。やっぱりようやくあなた方がこうやって外へ出ることができたってことは健全な人達の考え方も変わってきたわけ。それはあなた方の外へ出ようとする努力があったからこれだけ変わってきたわけ。それをここで一概に「そんなことはできませんよ」と言ってしまったらそれ以上先へ進むことができない。人間にとって不可能なことを可能にする方向へ持っていかないといけないと思う。そりゃ現時点を指して言うならばできないといわれるけれど、現時点から先へ先へと指して言うならば、それはできると言わなけりゃならない。そうでしょう。

女A　交通事故にあっても、けがをしても、手を切ってもそのように生きていかなければいけないのですか。

小山　あのね、もう一つ説明します。あなたの体ではできないとそうさせられたのはどこからさせられたのでしょうかね。あなたがね、現実に外へ出て行くこともできない、あるいは何もできないとそういうふうに言わせられる原因はどこにあるのかな。

女A　私は積極的に出ています。でも街へ出ると、あの何ていうのか、道でも車椅子で歩けないじゃないかということが……。

小山　車椅子で歩けない。

女A　はい。

小山　それはどうしてかな。自分は出ようとしてるんだけど、自分の足で外へ出ようと思ってるんだけど現実は出られない。じゃ、その現実はどうしてかなということをやっぱり考えていかなきゃ……。

女A　障害が多すぎるんです。

小山　だからその障害が多いのはどうしてかっていうこと。例えばね、横断歩道橋、あれ足の悪い人達には本当に苦労するね。あんなものない方がいいわけよ。今の世の中はね、車が優先なの。例えば横断歩道橋一つとってみてもね、車がスムーズに通れるようにやってるわけでしょ。従って人間がわざわざ上を通らなきゃいけないようになってるわけ。何故人間を優先にしないのかってことがあるでしょ。そんなことを考えたことないかなあ。人間を優先にしないからあなたが車椅子で外へ出る、出たけど現実は街の中へは行けないということになっちゃうわけ。

長崎大学上映会

男A　この映画を作った目的をお聞きしたいんですけど

横塚　目的というのはいろいろあるわけですけど、一つには今までの障害者を扱った映画というのは、いわゆる障害者というものをいわゆる健全者の側から撮るといった形で、そういったことは私達の考え方とはだいぶ違うわけ。それで、私達の考え方によって今までの障害者観というものを壊していくと、まあ大体そういうことかな。

司会　率直な映画に対する感想、自分がもっていた今までの感じ方と映画を見てからの感じ方の違いとか、そういうものがあれば話していただきたい。

男A　青い芝の会っていうのはですね、作られた時にプロダクションというのがあるわけでしょ、原一男とか、その人達と映画を作る過程でどんな討論をしたのかということを簡単に伺いたい。

小山　この映画を撮った仲間達といっていいですね。彼等は初め施設で働いてたんです。健全者ですよ、もちろん。施設に働いていて、私達がたまたまですね、マハラバ村という自分達で作っていた共同体ですね、共同体やってたわけです。茨城県なんですけど。それがたまたまマスコミなんかで報道されたわけです。これをみて、原一男と他のメンバーがマハラバ村へ訪ねてきて、そこからの出会いなんです。で、たまたま彼等は映画を作りたいって言ってたわけです。と同時にこの映画の主人公である横田弘、横塚君、この二人がやはりそういった考えを持っていたわけです。今までの障害者を扱った映画やテレビドラマというのは、いわゆる二つのパターンがあるわけです。一つはお涙ちょうだい、いわゆるおかわいそうに。もう一つは、そこにでてくる障害者の一から十まで、いわゆる努力してこうなったという形の映画あるいはドラマしかなかったわけです。そういうものを打ち破りたい、本当の生の障害者という生の映画を作りたいっていうのを横塚君あるいは横田君が思っていたわけです。一方、原一男の方は何か映画を作りたいと思っていた、その出会い。そこから始まったわけです。

男A　愛と正義を否定するという行動宣言が理解できないんですけど。

横塚　まず愛と正義とはどういうことかというと、正義というのはいわゆる勝てば官軍ということ。勝った方が正義で、正義に対して全く反対のものとして悪がある。悪とは何かといえば負けた方が悪。それでいわゆる正義である以上勝たねばならない。これは人より強いか弱いか、あるいは生産性が大きい、あるいは小さい、それから多数者対少数者というふうに比べてみれば皆当てはまること。で、我々の存在というのは絶対的に少数者である。だから我々はいわゆる正義の側には立てない。西部劇でいえば負ける方のインディアンである。西部劇の正義というのはやっぱり白人の側が正義である。これは日本の歴史ばかりでなく世界の歴史はすべてそうなっている。子供のテレビドラマに出て来る正義の味方月光仮面、あれは正義で絶対に負けたことがない。

もう一つ、愛について、キリスト教によるところの神の愛というもの、また仏教でいう慈悲と。慈悲と愛がどう違うのか。まあ愛というのは上から下へと、そういった上から下へ常に一方通行である。下から上へのそういうのは成り立たない。愛といったものはすべて上から下へ。それで愛というのはやっぱり人間でいうと人間の愛、それではないかと。それで愛と思っているものはすべて錯覚にすぎない。人間が人間を愛するなんてことはありえない。やっぱり愛だと思っているもの、例えば恋愛にしても親子の愛にしても、すべてそれはその人のエゴイズムである。そういったことで、我々障害者が愛をうけるとすればそれはさっきも言ったように上から下へくるわけだから、常に我々は下におかれる。

男A　正義についてはわかりましたけど愛についてはまだ……上からの愛というのを拒否するということですか。

横塚　はい。

男A　愛というのは神の愛といった、例えば常に上から下へといったそのような愛を拒否するということですか。愛というのをなぜ否定するのかということ、もう一度お願いします。

横塚　私達は愛という言葉によって押えられてきた。例えば障害者がよく殺される。障害児殺しが行われればすべてそれは親の愛、やっぱり子供にとって生きているより死んだ方が幸せだという一方的な判断がされるわけだよ。それでそれが——殺してやるのが——親の愛である。あるいはやっぱり愛によって作られたところの施設がいわゆる我々のような障害者を圧迫している。いわゆる愛によって人権が認められねェんだ、という場合が多いわけ。私達障害者と私達の親の関係というとその親はこの子のためにとやっていることが結局は私達にとって非常に抑圧になる。大体そういうことです。

男A　はい、わかりました。

先程のことと関係あるんですけどね、先程僕が映画を作られた目的というのを質問した時に、これまで結局障害者に対して権力の側からマスコミとか教育機関を通して、いわゆる健全者は障害者に対してはこうあらねばならないとされているわけで、それが今さっき言われた思いやりとかあるいは可哀想という意識で、そういうふうなものを打ち破るためにこの映画を作られたということがわかったんですけど、そしたら結局我々健全者というのはね、障害者に対してどうあらねばならないのかということ、障害者といわゆる健全者がどういう形で連帯できていくのかということをちょっとお聞きしたいのですけど。

小山　僕が最初に言ったことを思い出して下さい。我々、常に健全者の側からおまえら体が不自由だけれど心さえ清らかであれば私達と同じだと言われてきてるわけ。ところがここでは我々は明らかに違うんだ、健全者と障害者の世界、いわゆる世界観は違うんだということを先程言ったと思うんです。そういうことから健全者の持つ価値観、そういったものを障害者の持つ価値観と合わしても絶対合うはずがないんです。そこを無理に健全者の側が合わせようと、安易な形で連帯をもとうとしているわけ。だから結局我々は抑圧の対象としてしかないわけです。先程愛という質問があったけど、愛というのはエゴなんです。一方的なエゴイズムでできているわけです。それを皆さんは知らずして錯覚に陥って、これが全く自分の持つ愛であるという形でぶつけてくるわけです。ところが我々受けた方は面くらうわけですね。例えばおまえは働けなくて可哀想だからとか、家庭にいると兄弟達にいじめられるあるいはまわりの人達にいじめられちゃう、笑われたりなんかされる、だから施設へ行った方がいいだろう、こう押しつけてくるわけです。とんでもないですよ。施設に入って我々はどこがいいのかと言いたいわけです。だからもし安易な形で障害者と健全者が連帯をはかるなどと思ったらですね、我々はその部分に対して最高の敵対をもつということを思っているわけです。

男A　わかりました。

女A　あの、まとまってないんだけど感想だけ言わしてもらいます。何というかな、ものすごこう見てたらね、さっき小山さんがお涙ちょうだいとか何とか言ってたでしょ。私自分がなんでこの映画を見たかわからないけど、結局最後のシーンでね、最後のシーンというか横田さんが詩を読んでからあそこに伝えようと必死になってるでしょ。あの時結局泣いたわけね。なんで泣くことしかできんかなぁと思ってるわけ。みんなさ、例えばパンフレットとかなんとかかららね、ここはどうなって、どうしてこうなるんでしょうって聞くでしょう。聞くのはいいんだよ。私みんなが今の映画を見た時に絶対何かを感じてると思う。その生の声をもっと一人一人聞かせて欲しいと思う。私まとまりがつかなくて言うけど、昔、テレビで脳性マヒの女の人が出てたの、それでこうしゃべってるの。初めて見たのかな。その時、テレビのチャンネル回してしまったわけ。見れなかったわけ。その自分がさ、この映画を見てからこのあと何ができるんかなぁと思ってるの、自分自身がね。もっといろいろ話したいけど一応もっとみんなの生の声聞きたい。今見た時の自分達の感想をさ、みんな一人一人言って欲しいと思う。

小山　我々の行動宣言の中でＣＰとして「われらは強烈な自己主張を行なう」というのがあるわけ。従って、この映画も強烈な自己主張であるわけ。なぜかというと今まで自己を主張した障害者はいなかった。健全者の自己主張によって押えつけられてきた。我々ここにいるこのメンバーはあなた方健全者に向かってまさに強烈な自己主張を行おうとしているわけです。従ってお互いの自己主張をということ、そこには葛藤があるはず、葛藤がなければならないと思っている。そこから真の連帯が生まれるんではないかと思ってるわけです。ですから遠慮なく皆さん方の自己を主張してもらいたいと思います。我々に向かって。

男A　僕はこの映画を見た時にですね、愛と正義が感じられた。そして青い芝の行動宣言に対して非常に反発を感じた。というのは僕達は今まで障害者を見る時、やっぱりあなた方が告発してるような欺瞞性をもって、欺瞞的な連帯意識っていうのをもって見ていたわけです。それを直接ぶつけられることによってむしろ僕はその時に自分自身居直らざるを得ないということを直感的に感じたわけ。CPである人とそうでない人というのはやっぱり違うわけ、あなた方が言うように。でその違うということをハッキリ前提においた上であなた方がそういったことを言ってる時に僕はむしろ自分自身居直ってあなた方の自己主張に対して自分自身がまた逆に自己を主張する。ということは同じ地平で語りたい、同じ立場で語りたい、対等な立場で語りたいと思うからです。僕はそう思うわけですけどね。その時に僕等がその違いを越えて連帯していくのは何なのかという方向がこの時に語られるべきであろうと思うわけです。断絶して乗り越えられぬことを語ってもしようがないだろう。だからCPであるということと、ないということは違う。違うことを前提においてその上でなおかつ連帯できないか、連帯できるところまでできないか、そのことを話し合うことが討論であるだろうし、この場のもつ意味であると思っているわけ。だから「われらは問題解決の路を選ばない」ということ、更に「愛と正義を否定する」、そして「自己主張を行なう」ということはむしろ逆説的な意味があるのであって、むしろあなた方の言いたいことはその欺瞞というものを打ち破って連帯したいということじゃないかと思う。またそのことは僕自身もそういったことで連帯していきたい。だから今後どのような形で僕等は対応すればいいのかということをむしろ率直に言ってもらいたいと思います。

横塚　まあ今言われた方の意見に私達の思想は大体似ている。連帯というのはお互いがお互いであるという違いをハッキリさせた時に初めて出てくるんであると思う。障害者は障害者で健全者は健全者、はたして本当の健全者というものがいるのかどうかはわからないけれどもまあ障害者以外の人は障害者以外の人でしかありえない。ただお互いの違うところを認め合った時、初めて本当の人間関係が出てくるだろう。で、それは片方は障害者であり、片方は健全者であるということではなくて、そういったものを乗り越えた、まあ私はそこで私とあなたの関係と言うわけだけど、そういった全く個人的なつきあい、そういった中から出てくるのであって、そしていわゆるボランティアというような人達がおりますけどもああいう人達の場合、どうも片方は障害者として障害者を扱ってやるのだという形でしかありえない。そうでなくて私とあなたの関係、それはいわゆる友達というか、きょうは一杯やるかというような関係、そういったものを作っていかなければならない。で、そういった関係をすべての人に教えなければというこ と。お互い私達もあなたの友でお互いに考えなければならないんだ、そのことを言ってるわけ。

女B　先程小山さんのお話の中に自分達は障害者だ、障害者はやはり障害者の中での社会というものがあるんだ、そしてそこで障害者だけの世界、そういう生活があるんだってことをおっしゃいましたね。だから障害者の方の心の中にですね、そういうふうな考えが奥底にあるんだろうと思うんですよね。そしてここにこの行動宣言が掲げられてありますけどこの文を読んでみますとですね、何だか自分達の殻に閉じこもっているように感じるんです。だから私達が障害者の方の心の奥まで入っていけないことはよくわかるんですよね。ある程度までは理解できるんですけれどもそこから先はどうしてもわからないってところがあると思うんです。だから障害者の方々もですね、そういう考え方から私の方へ一歩近づく、私達の方からもそういうその理解をするっていうのかな、そういうこと大切なんじゃないかと思うんですけど。ボランティア活動のことさっき言われましたけど、私も聾唖者の方のための手話法ですね、そういう活動やっているんですけれど、別に聾唖者の方を障害者とかね、そういう感じでつきあっているんじゃないんです。いろいろ相談にものったりしてますけども。だからお互いにそういうことを何というかな、身近にそういう人達に接していくというかな、大きく考えたらなかなかやれないような気もするんですけど身近にそういう人がいたらお互いそういう人間関係を作っていくこともできるんじゃないかと思うんです。

横塚　俺達、理解するって言葉あまり好きじゃねェ。お互いに理解しようなんていうのはそもそも上から下への発想であると、だから人間が人間を理解するということはまずありえない。どこまで行ってもそれはその人の感じたことである。障害者も、それに対し障害者を理解してもらおうとする。そのことに一つ問題がある。

それから私達障害者の世界がある、あるいは考え方あるいは自己主張する場合の自己があるということを私達は言いたいわけ。ところが本当は障害者の自己というのはないわけで障害者がいかに自分を作っていくか、自己を確認していくかということがこの映画の筋書であるわけ。やっぱり私達が自己あるいは私達の考え方だと思っているのは、実はあなた方健全者の考え方に縛られてる。そのことをいわゆる健全者幻想と言っている。やっぱり障害者の考え方の中に自己の存在を否定し続けてきた、つまり障害者でなければよかったと。結局、俺も健全者でありたいと、あるいは俺も健全者になりたいと。そして養護学校から職業訓練所まで、障害者は徹底的に健全者に一歩でも近づくことはいいことなんだという教育を受けているわけだから、障害者自身の自己というものはないんだ。そして我々が障害者自身の自己というものを作り出したいためにどうすればいいかということですが、それは我々が街へ出ることとだ。さっき障害者の中に閉じこもっているというお話があったが、あれは閉じこもっているのではなくて、実は健全者に閉じ込められてる。だから閉じ込められていることを我々が断ち切って外に出たわけ。ところが実際出てみてまああの通り。やっぱり我々はこの家に、この社会に、この街に存在することを許されない。やっぱりどっか山奥に人里離れた山の中の巨大なコロニーというようなとこへ閉じ込められる。というのは我々が街へ出ると、おまえはどこの施設からきたのか、あるいはもっとひどいのになると、どこの施設から逃げてきたのか、とこうくる。つまり我々が街を歩いてはいけない。我々がこの足をもってこの街へ出るとどうしてあれ程までに抵抗されるのか、こういうことをこの映画で言ってるわけ。障害者が自分達の世界の中に閉じこもっているというそういう考えは全く間違っている。

小山　皆さん方もう一度我に返って考えてみる必要があると思うんです。我々が街の中を歩いていてそれとすれ違う時に必ず皆さん方は思っているんじゃないかと、ああ、あの人はどこの施設の人かな、あるいはどこの施設から出てきたのかなということを、まず最初に思うんじゃないかと思うんです。つまり障害者イコール施設そういうイメージを皆さん方は持ってると思うんです。それがですね、障害者を家の中へ閉じ込めることになるわけ。あなた方がじかに手を触れて閉じ込めるということではなくて、そういうあなた方の考えが障害者を家に閉じ込めたり施設に押し込んだりするわけです。そしてそのあなた方の考え方をまた利用して、生産能力がないということで権力は社会的なコロニー網をひいてきたわけ。そりゃ一概に権力が悪いということではないわけ。あなた方健全者と呼ばれている人達にも悪い点があるということ。例えばあなた方は何気なく昇り降りしている駅の階段、あるいは横断歩道橋、そういったものをとらえてみたらあれはまさに障害者を否定するもの。高層ビルにしてもそう。この街のあらゆる所に障害者を否定しようとしているものがあるということをまず皆さんととらえてほしいと思うわけです。いいですか、あのよくいるんですよ、私はちっとも障害者を差別しようなんて思っていません、その言葉にどれだけ障害者を差別してるものが含まれているかということを知って欲しい。

男B　僕は今精神病院に勤めているんですけど、先程連帯がどうのこうのというような話が、それから自分達も障害者の人を理解しようと思うから障害者の人達も自分達のことを理解して欲しいというふうなことが何か言われたような気がしますけど、僕の感じではとてもそういうふうなことを今の時点で言うのはおかしい様な気がするんですね。さっき小山さんが盛んに言われていたんですけども、現在の身体障害者にしても精神障害者にしても同じだと思うんです。自分達の本当にやりたいことを自分達の価値観に従って、自分達の世界に自分達のものを……(聞き取り不能)……それができないというのは、さっきの映画にあったように警察権力によってできなくされる側もあるでしょうけど、むしろそれ以上に、例えば障害者の人は可哀想だとか、いわば愛情の押し売りみたいな形で健全者の価値観をいわゆる障害者に押しつけると、で、そういう事が現在あってるわけで、そういう今の段階で連帯とか何とかいうんが出てくるのが非常にしらじらしいっていうような感じを僕自身は受けるわけです。それからもう一つ、やはりこの映画を見てると非常に当然のこととして入ってくる。でもそれがなかなか当然のこととして写らないところがすごく問題じゃないかというふうに今感じています。で、精神病院に半ばいわゆる治っているけれども帰れない人もいるわけ、沢山いるわけで、そういう人達のことを病院の院長とか看護婦さんとかそういう人達にどうして帰しちゃいけないのかと言うと、まあ理由はいろいろあげるわけですけれども、その中であいう人が出ると非常に社会が困るんじゃないかとか、あんな人が出たら何か薄気味悪いとか、そういうふうなことが出てくるわけ。で、これは精神病院だけじゃないと思うんですけれども、精神障害者といわれる人に限っていえば僕自身は精神障害者というのはむしろこの社会の中の犠牲者ではないかというふうに思ってるわけですけども、ある人が精神障害者になるということはそのまわりの家族なり地域社会なりが本来悪いのがまあ比較的弱い人に精神障害という形で顕在化するというか、そういうことだろうと思うんですけれども、その人だけの責任にしてしまう……（テープ交換）……そういう人に対して精神病院の院長とか看護婦さんの考え方というのは非常に独善的で、いわゆる正常者の価値観を押しつけるっていうか、そういうふうに感じるわけですけど、まあ感じるといっても僕自身いわゆる精神障害者じゃないし、何かおかしいとこで感じるところがあるだろうと思うんですけども、そこら辺が何かすっきりしないんですね。

松井　今言った人に聞きたい。今言われたことがよくわからん。精神病院で働いていると言われたけど、例えば精神病院で何をやるのかということについて聞きたいと思う。

男B　一口でいったら非常に矛盾してるわけですね。精神病院というのは開放病棟にも隔離的なところがあるわけで、僕自身の基本的な立場は今さっき簡単に言いましたけど、社会のある人が精神療法の患者さんとして連れてこられた場合にその人のまわり、家族とか職業とか地域社会とかあると思うんですけどね、その中でのいわゆる人間関係といいますか、そういうことにメスを入れてその場でその患者さんと一緒に、まあそれが治すということに通じると思うんですけど、そういうものにしなくちゃいけないとまあそういったことなんですけど。で、実際精神病院に患者さんは閉じ込められているわけで、そこに実際僕もおるわけですね。で、そこでやれるっていうのは家族なり、まあ今のところ正直いってできるのは家族ぐらいですけど、家族に対する働きかけ。そして精神病の患者さんをなるべく早く退院させること。でまあ僕自身の立場としてはできる限り入院じゃなくて外来でみていくと、隔離はしない。だけどもそこはある程度疾患的な何というか、こう隔離をする必要性は基本的にはあるわけで、ある程度そこで妥協するようなところは確かにあると。それからある期間そういう社会から隔離するっていうことがまあ一時的には非常に効果があるということは、ある程度は、まあそれは付随的なことじゃないかというふうに思っています。確かに矛盾に満ちているというふうに思いますけど……。

松井　そこで働きながらそういうことをやっていると言われたのがおかしい。そういうことはやっぱり働いていてはできないと思うわ。やっぱりいろいろな形でいろんなやり方というのはあると思うわ。そういうことやっぱりやめた上でやる方がええ、やっぱりそういうことやってる、そこで働きながらやるのはやめといた方がええと思う。

司会　すみません。ちょっと聞き取れなかったんで、もう一度。

松井　そこで働いていてもそういうことできないと思います。

司会　今の意見はそういう運動で働いて言ってたんでは本当に障害者、精神障害者の解放にはならないんじゃないかということですね。

松井　そう。

男Ｂ　非常にきびしい質問というか、指摘なんで。あの確かに、基本的に全くそうだというふうに思います。それをそのまま、まあ、あえて何故その精神病院の中で働くのかということ。それからさっき、社会が悪いんだと、精神障害者の原因というのは家庭なり職場なりそういう社会にあるんだというふうに言いましたけれども、そりゃ確かにそうだと思ってますけれども、まあ実際には何というか、いわゆる精神障害者の方が家の中にいて非常にこう、家の人がものすごく困っているという事態があるわけですね、で、かなり家の人が困っていても何ていうか医療の側と本人自身とある程度問題を解決するなり緩和するなりするよう努力はするわけですけども、それはどうしても現在の僕の力では早急に解決できないというふうな場合はよくあるわけです。で、そういう場合に、さっきちょっと言いましたけれどある程度そういう環境から切り離すっていうことが補足的には意味がある。精神病院に入院した方がいいとか悪いとかいうのはいいというふうには積極的には言えないわけですけども、現在の自分達の力と比較した場合にどうしても入院した方がいい、そうでないとその家族の人が困ることも勿論ですけども、やはり家族の人も人間であるということと、それから家族の人によって今度は逆に当人、その障害者自身がひどい目にあうということもかなりあるわけです。で、そういうことは絶対的な理由にしようというふうにはなりませんけど、現在の自分の力と比較した場合にはどうしてもそういうふうになる。しかし現在の精神病院ではそれ程の必要性があって入院してるっていう人は二八万人入院させられているわけですけども非常に少ないと、まあ一割にもならないいんじゃないかというのが僕の印象なんです。

横塚　あのね、身体的あるいは精神的障害者でもこの場合は同じに扱ってもいいです。つまり今の社会に適応できない者をこの社会から弾き出すと、こういうことだと思う。そしてそういった弾き出した者をそこから少しでもよくなればまた社会へ戻すと、こういうことになってると思う。身体障害者職業訓練所というようなものも全くこういうことで作られている。で、基本的には今の社会にあわない、あわせていくことができないということで、精神病院あるいは障害者の収容施設、大きなコロニーというような所に閉じ込めていく。じゃ、この社会とは何かといえば生産を優先させる社会でいわゆる経済成長主義、まあそりゃ資本主義だからそういうことは強くなるわけですけども、でも資本主義でなくてもやっぱりあるだろうと思う。そこらをどう考えるか。今あまりにも生産優先で、横断歩道橋なんてのは全くその典型的なもの。車を先に通すために人間が足で階段を上がらなくちゃいけない。

ところが階段を楽に上がれるやつはいいけど上がれないやつはどうなる。そういうことをこの映画で写している。そしてそれだけに我々障害者をより締め出してるいわゆるあんた方健全者といわれる人達はこのことを一体どう受け止めるのか。これでいいのかどうかということ。それでまた障害者、いわゆる精神障害者も家庭にいるとその家庭がぶちこわれてしまうと。で、その家庭を守るために障害者は弾き出される。

こういうことをやってるわけ。それで弾き出された者を自分で首を締めて殺す場合もあるし、あるいは大きな施設へ入れてくれということになる。じゃ、その家庭全部でその障害者を抱え込むか、これもおかしい。なぜその親なり家庭がそういったいわゆる窮地に追い込まれるのか。結局は障害者がいるとその家庭がまわりから爪弾き、いわゆる村八分にされる。その圧迫に耐えかねて親が殺す。だけど殺したやつは私達の都合で殺したと言わない。私達の都合で殺したんだ、そう言ってくれればまだこっちは助かる。ところがそういった自分の都合で殺しておきながらあるいは施設に入れておきながら、殺した方があの場合ためになった、あの場合生きているよりは死んだ方がよかったんだ、だから殺した、あるいはあの場合家にいるよりも施設に入れた方があの子のためなんだというようなことを言う。そのことに我々は非常に頭にくる。そりゃ縮めていうとね、てめえの都合次第で、例えば苦しいからということで殺してもいいことになる。そのことをもっと考えてみる必要があるのではないか。障害者の福祉といわれているけども、そういった考え方で追い詰められてくるわけです。

男C　健全者の社会の中で、生活能力のないそういう人間、いわゆる障害者ですね、その人達が施設の中に隔離収容されていくと、それがあえて何故もって施設の中に収容されていってるのかということは明らかだろうと思うんです。障害者が障害者として生きている社会を作りあげるということは即ち生活能力を身につけないで生きていける社会というのを作りあげるということですけれども、そのことは基本的にはなされなければならないと思うわけです。しかしながら、現在的には例えば歩道橋がやはり作られて、歩道橋を歩けない人間は施設の中に収容していくと、そういった現在の社会の中でやはり、リハビリテーションとかそのようなことっていうのはそれなりにやらざるを得ないんじゃないか。そのことが健全者の側からのある意味で押しつけであるというよりもどうしてもやらざるを得ないと思うんです。

小山　今の質問の答になるかどうかわかりませんが、今横塚君が言ったようなことを僕も思ってやってるわけです。この日本の社会っていうのは資本主義社会で生産を高くあげりゃいい。非常にその人間の生産性を重んじる社会なわけで、その生産の論理にあわなくなってきた者がいわゆる精神障害者あるいは我々障害者といわれるわけ。そしてそれをリハビリテーションという形でまた生産の論理にあわせようと必死になってやっている。その繰り返しをやったそのあげくの果て、最後に出て来たのはぶっ殺しの政策であると言わなけりゃならない。そうでしょ。保安処分にしても優生保護法改悪にしても刑法改悪にしてもみんな生産の論理にあわないやつをことごとくぶっ殺す政策として出てきてるわけ。だから今ここで皆さんは健全者だと思っていてもいつどこで障害者にさせられるかわからないということがかかっているんだと。だからそこで話は元にもどっちゃうけど、もう一度考えなければならないことは、健全者というのは一体何だろうか、そしてこの優生保護法に書かれている「優生上の見地から見た不良な子孫」とは、ということをやっぱり考える必要があるかと思う。この優生保護法一つとらえても不良な子孫というのはつまり生産性うんぬんではないかと思う。そうでしょ。

女B　先程の方がリハビリテーションというのがやっぱり今必要なんじゃないかっておっしゃったけど、今のリハビリテーションというのかな、それが障害者を訓練するってことになってるんだけどね、どんなに中途半端な形で行われてるかってことが考えられなければいけないと思うんですよね。リハビリテーションといったらものすごく〝いい事〟っていうイメージの中でね、どういうふうにやっているかといったら、社会復帰とかいうけどさ、訓練する人はその障害者の就職とかそこまでは責任を負わないと、そういう形でしか今のリハビリテーションはないわけでしょ。だけん一方では歩けることはいい事だっていう健全者の一方的な見方で訓練をすることで障害者が障害者として生きることを殺してて、一方では障害者を見捨てているっていうか、最後まで責任をとっていない現実があるんだということを踏まえないでリハビリテーションが現実には必要なんじゃないかっていうのはやっぱりおかしいと思うんです。

横塚　あの、リハビリテーション、つまり社会復帰という言葉自体非常に差別的である。つまり社会から締め出された者が社会へ帰って行くということなのである。どうして我々障害者は社会へ復帰しなければならないのか。じゃ、我々みたいなやつは社会人じゃないと、やはり復帰できないやつは社会人ではないということを意味してる言葉だ。即ち障害者の人達は社会的な市民権を奪われてるってことだ。どうして障害者はこの社会で社会的な市民権がないのか。そんなことは許されるのかどうか。基本的に間違っている。

女C　あの、皆様方がおっしゃったことよくわかるんです。しかし、リハビリテーション医学っていうのはアメリカから入ってきたわけですけど、これは今発展してる途上なんですよね。で、欧米諸国に比べたら二十年、三十年の遅れを持ってるわけです。それでリハビリテーション医学っていうのも広く取り入れられて発展している過程にあるってことに希望をもっていただきたいんです。で、まあ今おっしゃる問題点というのはですね、ある程度のところまで精神障害者なり身体障害者なりをそういう専門家と共にやっていってるんですけどその後の問題ですね、私達はその最終的なところまで身体障害者なり精神障害者なりの社会復帰を考えてるんですけど、あとは社会の受け入れ体制なんですよね。日本の国のあり方っていうのがその受け入れ体制の復帰までできてないんですよね。ここに問題があるんです。だから誰が悪いとかいわれたらちょっと私も悪いんですけど、そう私達を責めてもらっても困るんですけども、日本の政治のあり方、あるいは社会全体制のあり方をですね、これから家庭に返されていくように私達も努力し、また働きかけていこうと思うんです。

小山　あのね、とらえ方をもっと考えてみたらいいと思います。なぜその社会復帰を我々がしなきゃならないか、リハビリテーションとは社会復帰ということなんです。今、横塚君が盛んに言ったんですけどね、今置かれている障害者の現状も知らないでですね、そういうことを言うのはナンセンス。重度の人は選挙権も奪われている。選挙をする権利も奪われてるということは市民権まで奪われている。

横塚　ふざけるな。あなたはどういう立場でそういうことを言うのか。リハビリテーションは発展途上にあると、冗談じゃない。発展途上でどうして優生保護法改悪がでてくるのか。発達の論理、あるいは進歩の論理によって私達は殺されてきた。あなたの言っているその論理が今まで我々を押えつけてきたのだ。
　欧米諸国よりも三十年遅れているから仕様がない。私達何もそういった、いわゆる生活があるんだから当たり前だというようなことも出るわけだけども、生活を豊かにするために健全者は一生懸命働いてきたわけ。ところがその働く論理によって生産をあげるという論理によって我々は締め出されてきた。

男A　さっきリハビリテーションしてる方が言われたことは非常に僕は納得いかないんです。結局リハビリがうまくいくとかうまくいかないとかいうことじゃなくて、今のリハビリは生産ができるようになるかならないかということで進められてるだろうと思うんですよね。要するに、障害者をいかにして働けるような健全者にもっていくか、そういうことをやっているのが今のリハではないのかと思う。けれども具体的な問題として資本主義社会としては、働けるか働けないかということがすべての価値判断に優先するというかな、そういうことで今の障害者の人達は働けないということで非常に抑圧されているんじゃないか。だから僕なんかから見れば、身体障害者といわれる人を治す必要はまるっきりないんだというふうにはちょっといい切れないいんですけど。

横塚　あの、今のことで……。僕達はリハは必要ないと、むしろリハがある限り障害者差別がなくならない。それから障害者を治す必要があるかどうかということだけれども、障害者は治す必要はない。ただし手や足を自分の使いいいようにするぐらいのことはやってもよい。それはあくまで障害者でなくなる、つまりなくすことではない。例えば、足の不自由な横田君がある手術をすれば歩けるかもしれない。あるいは彼がもう少し若い時であればそれも可能だったかもしれない。だけど彼が例え歩いたとしても障害者でなくなるわけではない。治すということはあくまで曲がったものをまっすぐにするということだろう。更に健全者にさせることだろう。まあ風邪をひいたくらいは治す、そういったことだ。リハの構造というのはどういうことか、皆知っているのかどうか。あれは傷物の機械の部品を作り変えるってこと、しかも一旦作り変えちゃうといわゆる不良部品として安く買いたたかれ、つまり安い労働力を作り出す。安い労働力を作り出すことは他の労働者の賃金を押えることができる。こういう構造になっている。そのことを少しも考えないでいわゆるその、社会復帰することはいいことだ。健全者に近づくことはいいことだ、こういう考えがある。実はこの映画はこの考え方を疑っていると、そういったものをぶっこわすということだ。もう一度さっきの方、何か言っていたけど……。

男A　リハそのものは必要じゃないんです。要するに正常人に近づけるんじゃなくて、そういうのはおかしいんですけど、障害者を正常者の体にもどして……。

小山　わかる？　あのね、リハというのはいかに安い低賃金労働者を作り出していくかというところ。この証拠にだよ、リハ大というのはどこから出てる？　あれは労働省の管轄から出てるということを何故とらえられないんでしょうね。まさにリハというのはいかに安い労働力を作り出すか、その安い労働力によって高い利潤を生み出していくんです。いわゆる皆さんが働けど働けど安い賃金であるなんて騒ぎ出すわけです。その歯止めとして安い賃金労働者を確保しておかなきゃならない。そういう考え方でリハビリテーションがあるわけ。

女C　あの、リハビリテーションについてですね、ある一面から私の知ってる範囲内で先程申しましたけど、本当はリハというのは非常に広範囲なものであると思うんですよね。例えば教育リハとか経済的リハ、社会的リハとかあるいは今述べられてるのは職業的リハの分野だと思うんです。で、職業的リハ、今少し問題がむずかしくなってきておりますけど、私、そっちの方まだあまり詳しく勉強しておりませんのでよくわかりませんけど、横塚さん達の立場ですね、あの日本全体の国のリハビリに対する考え方といいますか、まあある精神的な面についての意見ですけどね、そういう人はさあ社会に出て何かやろうという気持ちが出てる時に……（聞き取り不能）受け入れようとするところがまだ今のところ少ないっていうことですね。そのところを言いたいんですけど。失礼しました。あの、今問題になっている職業的なものについてのことは私、あまりよく話せませんけど……。

横塚　今あげたところの地域的あるいは教育的あるいは職業的リハビリテーション、広範囲にわたって、広い範囲でもって行う福祉、それは一つの決まった方向がある。それはさっきから何遍も言ってるように障害者を健全者に近づけるということで、障害者を健全者の社会に近づけようというそのことが間違ってると私達は言っている。それならば受け入れ体制がどうのこうの全くそういったことは関係ないと私達は思っているわけです。現実にハッキリとここにいる我々を受け入れようとすることが、そもそもそういうことがとんでもない思い上がりである。受け入れるも受け入れないもないわけだよ。我々が、社会人でもない我々が、この世、この社会に生きていける権利ないし生きている資格はないんだ、という考え方の上に立ってあなた方が受け入れるとか入れないとか、そういった論理が成り立つわけがない。私達が取り組んでいるのはそもそもその考え方をぶっこわす、こういうことです。

小山　今、ここの学校はリハビリテーションということでやってるわけでしょ、リハビリテーションっていうのは社会復帰ということですけど、一体だれが要求しているのでしょうかね？

まさに今の体制の中で障害者はそれをやらなければ社会の一員ではないとされるわけでしょ。つまり健全者が出しているいわゆる社会人であるための条件があるわけです。その条件に当てはまんない限りは社会人ではないとされるわけです。だから障害者の曲がった足をまっすぐにしたり、障害者のもっているものをすべて健全者がもっているものに合わせようとするのが今のリハビリテーションという形ではないかと思うわけです。そういったところをもう一度考え直さなきゃいけないんじゃないかと思うんです。

第二びわこ学園の園児達がこういうことを言っている。「なんで俺達にこんなしんどい思いをさせんのか」と。子供達が大人達のやってることを批判するようなことをどんどん言ってるわけです。「なんで自分達の身体を大人達の考えてるものに当てはめるようにしなきゃいけないのかなあ」というふうに言ってるわけです。それらを聞いて、やっぱり僕等何ていうかなあ、ハッと驚くっていうか、まさに胸にささるようなことが感じ取れるわけです。全く大人が、いわゆる健全者がいいとしているものが障害者にとっては苦痛であったり、また悪いとされるわけです。そんなことがいっぱいあるわけです。

司会　今、訓練という話が出たんだけど、ここに来ている人は殆んど一年生と二年生であんまり実習なんか出たことないやろうと思うけど、ボランティアみたいな形で各家庭に行ったりしている人がいたら各家庭とか行ってみてね、どんなふうに感じるとか、何で自分はそんなとこへ行ってるんかとか、その辺をしゃべってくれんやろか。

小山　あのね、あなた方はリハ大の学生ですね。ということは同時に障害者との関係の末端にいるわけです。障害者と全然関係ないということではないわけですよね。ならばどんどん出てくるはずです。僕に対してこうだ、ああだという形で出てくるのが本当じゃないかな。またそういったことを勉強してるんではないかな。それともただ動けない障害者を健全者のペースに合わせることだけ勉強しているのか、そうじゃないと思うんです。だからやっぱり何か出てきていいような気もするんです。他の学校とは違って……。

学A　あのね、小山さんのお考えではですね、今のリハは必要じゃないと言われるんですか。

小山　リハがですか。今のリハの方向は間違っている。

学A　それはあくまでもね、CPだけが感じ取るものじゃないでしょうか。

小山　いや、そうじゃないですよ、障害者としてです。

学Ａ　障害者といってもね、いろいろあると思うんです。それでね、社会に復帰したいと考えている障害者も相当多いんじゃないでしょうか。

小山　ウーン、カチンとくるね。さっき僕が言ったことわかんなかったですか。社会復帰する。その「社会に復帰する」ということをしようとするのはだれなんですか。あなたなんですか、それとも障害者自身なんですか。

学Ａ　障害者自身でもそう感じ取ってる人が多いと思うんです。

小山　じゃ、障害を持っていたら社会の一員じゃないということを言ってるんじゃないですか、あなたは……。

学Ａ　それはあまりにも先を見すぎた言い方じゃないんですか。けがをした、治りたい、ごく当然のことじゃないでしょうか。

小山　治りたい？

学Ａ　はい。

小山　あの、「治りたい」ってのはどういうことです。いや、まさにそういうことを思っている障害者がいるということは事実です。しかし、その障害者がそういうことを思うようにさせたのはどこのどなたですか。

学Ａ　どなたですか？

小山　エー、そのことを強要しているのはだれなんですか。

学A　小山さんはだれだというお考えでいるんですか。

小山　ここでバッサリ言ってしまったら何の効果もないと思うんだ。そのための話し合いでしょ。僕はここに演説しに来たわけじゃないんです。あなた方と僕との話し合いの中で今度どうしようかという方向性を出していこうということをやってるわけです。それをここでいきなりバッサリ僕が言ってしまったって何の効果もないということです。権力が悪いと一言で終わらせてはいけないといっているんです。

男A　障害者の社会復帰っていう前提はですね、障害者が社会的な存在でないと、そういったことがあるからこそ障害者の社会復帰ってことがいわれるわけです。もし障害者が社会的な存在であれば社会復帰なんて言葉は全然ない。あなたは交通事故なんかでけがをして入院してまた元の職場にもどる。その仲立ちとしてリハビリテーションがあるってことを言いたいんだろうと思うんだけど、そこを考えてみても交通事故で片足切断して、そっからまた次の職場に入って働ければそれは悪いことじゃない。それが問題になるっていうことは、そこに働けないという事実があるからこそじゃないかと思うんだけど……。僕は今、三萩野の身体障害者職業訓練校にいるんだけど、そこなんかもやはり、けがをして前の職場には帰れないから新しい職種を探さなければならない。そのためには身体障害者職業訓練校に入らないと職業がみつからない。だからこそ入って来るんだろうけど、そういったことが何にもなければ職業訓練校ってのも要らない。まあ、うちの訓練校は障害者の訓練校って名前があるんだけど、実際中でやってることといったら健常者の訓練校とちっとも変わらない。それは当然であって、今の世の中っていうのは要するに働ける者と働けない者とは現実的に賃金の差別があるし、賃金が低いから高い所にいこうとすれば、そこでリハビリテーションなり職業訓練校なりってのが介在してきて一歩上の階段にあがっていこうとする。自分が障害をもっている、それで精一杯働いても低い賃金しかもらえないと、そういったことがなければ、精一杯働けば生活できるだけの賃金が保障されればそこにはリハビリテーションは必要ない。それがないからこそリハビリテーションなりってのが社会復帰ってことで出てきてる。障害者がリハビリテーションなりを希望するってのはやはりそういった社会の中で、自分が生活していくためには健全者に近づかなければ自分の生活ってのがよくならないし、今のままじゃどうしようもないってことがあるからこそイヤイヤながらっていうか、しょうもなくっていうか、リハビリテーションなりを受けなくっちゃならない。君が言ったことの答になっているかどうかわからないけど、僕はそういうふうにリハビリテーションってのを思っているわけです。

学A　確かにそうですけどね、まあ一応自分なりの本心から言ってみればね、すごくリハにケチつけられてね、これからの僕の職業としていくものに対して、ものすごく侮辱を受けたという感じがすごくするんですね。

学B　何かもう、精神的なものばかりに先走っててね。

あの、僕達がやってる医学的な面とか障害者に対するほんの些細な手助けでしかないんですよね、僕等のリハってのは。でも何か意外というか、あまりにも精神的な面が……。

それでも僕は精神的な面は抜きには考えられないけど……そればかり先走られて何か無視されてるような感じがしますけれどもね……何もおまえらは必要ないんじゃないかってような……。

学A　ま、いろいろ聞いて、今まで聞いた中でね、さっき権力ってことをあげられましたけどね、もしそういうことを考えていくならばね、この社会全体の個人個人の人生観とか、いろんな道徳面、すべてにおいて変えてしまえっていうような、まあ極端な言い方かもしれませんけどね、そういうふうに聞こえてくるんですけどね。

小山　まさにその通りなんです。

今の個人個人のものの考え方なんてのは個人個人でものを考えてるように見えるけど、実のことというとこれは統一されているわけで。そうでしょ。教育である、教育体制です。価値観の上では働くことがいいことのように思わせられているし、働かない者はやはり社会の一員でないということのようにされているわけです。

学C　働かない者は社会の一員でないという。働けるものならば働いた方がいいんじゃないですか。働けるのに働かないってのはおかしいんじゃないですか。

小山　働けるのに働かない？

学C　はい。だからもし障害をうけて、治療すれば働けるっていうのに障害をうけたままで、そのまま安易な生活っていったらそれは健全者から考える偏見かもしれませんけど……。（テープ交換）

小山　働ける者は働いたらいいじゃないか、そういう発言があったけれど、こらまさに働けばいいということは確かですよ。言えますよ。やはり人間として生まれたからには何か「こと」をやっていなきゃ生きられないっていうのも事実である。だけどね、弁当もって、職場に行って働いて、それで七千円だの四千円だのっていう給料をもらっている障害者はざらにいるんだよ。そこで働けるんなら働いたらいいじゃないかとバサッと切られたら、じゃ七千円や四千円もらっている障害者はどうするんだ。おまえらはまともに働きゃ四万だの五万だのとれるだろう。それで生活もできるだろう。じゃ、一生懸命、人の二倍も三倍も肉体を使ってだ、弁当をもってってそれで七千円だの四千円だのもらっている障害者のことをどうするんだ。そんなこと頭にちっとも入れもしないで、そういう発言をするとはよく言えたもんだと。

学C　ちょっと違うんですよ。そしたら働けるのに働かないってのはどうなるんですか。何もしないっていうことですか。

確かにね、働く価値ってのは、その障害者の方が一生懸命働いても安い賃金でしか報酬が返ってこないってことはそれはわかりますけどね、何かそれじゃ働いてもバカを見るから何もしない方がいいっていう……。

小山　今の価値観の中で働くということは悪いね。そうでしょ。今の労働の価値観ってのは健全者ペースの労働の価値観にしかないわけです。その価値観の中で肉体的にも精神的にも苦労して健全者の打ち出している労働の基準にあわせて働くのはバカらしい。そんなものなら働かない方がいい。

学C　そしたら障害者が一人ですよ、だれも頼る人がいなかった時、バカらしいから働かない。そしたらその人に死ねというのと同じことじゃないですか。

小山　あんた知らないんですか？　憲法っての。

学A　憲法だけで生活できるわけないでしょう。

小山　保障されてるんですよ。国家によって。

学A　その国から出るお金はどこから出るんですか。

小山　それは労働者と呼ばれる人達の払う税金でしょう。

学C　いや、それは国家に対する、憲法に対する甘えじゃないですか。そりゃ一生懸命働いてもこれっぽっちしかくれないのはおかしいと思いますよ。確かに。だけどこれっぽっちしかくれないから、働かなければちゃんと憲法で保障されてるから働かないってのはおかしいんじゃないですか。

小山　労働者ってのはてめえらの賃金のために労働組合を作り、賃金闘争をやってるだけ。それじゃ労働の価値観てのは変わっていかない。まさにその労働の価値観によって障害者はしいたげられてるんだ。そこに気がつかなきゃだめだと思うんだがね。皆さんの中でいいとされている労働の価値観がいかに障害者をしいたげているか、抑圧しているかということ。それにまず気がつくということが先決じゃないか。働くことがいいことであるとか、働かなきゃだめだとか、それから出てくることじゃないですか。

福岡県社会保育短期大学上映会

女A　障害者と健全者の関係っていうのはどういう関係であったらいいと思われますか。

横塚　どういう関係であるかというと、一つにはお互いの違いを認め合うことでしょうね。それからやっぱり違うというようなことでは困るわけ。本当の友達、あるいはたまには一杯飲みに行こうかというようなことで、そういった付き合いはできないもんだろうかと思うわけです。

女B　今、横塚さんが善意でやっている人というか、そういう人が障害者を最も押えつけている面があるのではないかって言いましたでしょ。何かそういうことで感じられた面というのがあったら。

横塚　例えばね、それはやっぱり施設に勤めてる人とか、施設を作った人とか、いわゆる障害児者を扱う専門家の人達に多いわけ。そういう人は例えばCPの人達に授産所で労働させとるわけだけど、いわゆる働くことはいいことだと、働く喜びを味あわせてあげようと、全くその人にとってみれば善意だろうと思う。悪意でそんなことやってるとは思わない。だけどその善意、結局大きく見れば何のことはない。障害者も働こうとすれば働けるんだという、例えば我々がこういった運動を続ける中で我々の内部の人達が「俺は働いているんだ。おまえたちは働いていないんだ」ということで腹立てるわけですよ。「俺の方が偉いんだ」と言うわけ。何でかって聞くと、働いとると。「これまでどれ程働いているか」と聞いてみると一カ月に五千円だって言うわけ。一カ月五千円で働いて何が偉いんだと言いたくなる。働きたいなら勝手に働いときゃいいわけで、それが内部の人達に向かって「俺は働いている」と威張るわけ。そしてもう一つはもっと大きな目で、社会的な目で見ると、障害者というのはCPの場合特にそうなんですけれども、そうでなくてもやっぱり賃金は一段安いですよ。みんなね。まあ、学校を出て、国家試験でも通って公務員になれた人、これは別です。公務員になれればこれは皆同じになる。それ以外は殆んど障害者が労働する場合、非常に安く使われると。それは障害者の月給分だけもうけるということばかりではないわけ。どういうことかっていうと、一般の労働者の賃金を押える役をかぶせられるわけ。一人だけあるいは二人かそこら極端な差をつけておけば、他の人達はそれで満足できる。俺達も安いけどあいつよりはましだろうと。こういうことで心理的に一般の労働者は押えられるわけ。そういうことでうまく安く使われている。そういった背景がある日本にもかかわらず、善意の人達は一生懸命障害者に働く喜びを与えてやろうとおっしゃるわけ。ところがそういう人は一カ月働いたら八万やそこらすぐとれるわけ。でもやっぱり障害者は五千円で使われる。それでも働く喜びをと、一生懸命努力していらっしゃるわけ。そういった現実がある。

女C　この大学に入って来る時ですね、施設で働こうと思って入って来たわけですね。そういうふうな気持ちで入って来て、いろんなことに関わる中で施設ってものに疑問をもちはじめてですね、ただこう何か、そういう疑問をもった段階で、そしたら施設で働かなかったらいいのかっていうか、初めそう思っていたんですね。でもこの頃そんなもんじゃないというような気がするんですけど……。

横塚　あのー、何かこの、施設に勤めるとか、障害者のことで働くことなどは社会的には非常にきれいごとで通るわけ。

「あの人は偉いんだよ」と、あるいは「あの人は大変でしょうね」ということで通るわけ。だけど、そういうことが通っているうちは障害者の本当の幸福というか、そういうことは考えられないわけですよ。なぜならば、障害者は一番低い存在、あるいは極端にいえばみじめな存在であると。そういう前提でその言葉は成り立つわけ。そのみじめな人達のことで働くことは偉いんだ、ということになる。だからそういうような言葉が通ってるうちは全然その、障害者問題というのは明らかにはならないわけ。障害者の幸福っていうのは成り立たない。じゃ、あなた方が施設に行くのをやめればいいのかっていうと、そうでもないだろうと。あなた方がやめたって他の人が行くまでのことである。で、そのことはさっき、地域の人達が障害者問題を認識するってことを言ったけど、それは施設だって同じことだと思う、施設で働く人達が障害者問題をどう認識するかということが障害者の側の幸せというか、障害者福祉というか、それを少しでもよくしていくにはそれが絶対の条件だと思う。だから施設に働く人達が無自覚なままであればいくらたっても障害者はうかばれないということになる。それで何を自覚するかといえば、自分達が健全者として障害者を抑圧する立場にあるんだということを自覚して、そのことを自覚しながらなおかつ障害者の施設で勤めるということは非常に辛いことでもあるだろうけど、やっぱりやってもらわなきゃ困る。どっちが障害者を抑圧する立場にあるかというのは例えば、あの映画の中で重度の横田君をおぶっていくというようなことでも、あるいは僕に何かをやってくれるということでも、障害者にとって、まあハッキリいって障害者の施設で何をやるかといえば、障害者の着替えとか、あるいは障害者のおしりの世話をするというようなことなんだ。その他ないよ。あるいは飯を食わせたり、飲ませたりということでしかないよ。本当はそんなことをやるのに資格なんか必要ないと思うんだ。ケツを拭ってやるのに何で資格が必要なのかと思うわけ。やっぱりそこは何とか理屈をつけなければならないらしいから、そのことはそっとしておくとしても、そういうことをやっていくということは障害者にとっては非常に必要なことではあるけれども、また非常に迷惑なことでもあるわけ。例えば、その立場を逆転してあんた方のケツの始末を他の人がやってくれるとすれば、あんたにとっちゃそいつに対する抑圧感というのはすごいもんだろうと思うわけ。で、なおかつその人に助けてもらわなきゃ生きていけないということがあるわけだ。だからある障害者が「俺が一番憎らしいのはシビン。俺のしょんべんをとるシビンだ」というような詩を作ってるけれど、全くその通りだと思う。そういったことで障害者のためにやってる、俺はいいことやってるんだということでは済まされないだろう。同時にその障害者の主権も犯してることなんだということを常に考えてやってもらいたいということです。それでないとどこかの施設みたいなことになるわけだ。どこかの施設みたいなことというのは、「何だこのやろう、自分のケツの世話もできないくせに生意気なことを言うんじゃねェ」こう言ったという、そういった職員がいるということなんだ。そういうことじゃ全く障害者を助けてることよりも抑圧してることが明らかなわけだからさ。そのことからいうと、初めのあなた方の目的、つまり障害者の福祉のためにといった目的と全く反対な結果になる。まあ、最初にそこで働こうと思ったその人だって、やっぱり初めはそうだったんだろうと思うわけ。障害者のために私も役立ちたいと思った。そのことで自分の生きる道を見つけたということじゃなかったかと思うんだけど。それがいつの間にか「自分のケツの世話もできないくせに理屈ばかり言いやがる」こういうことになるわけだから……。

それで自分のやってることは、ある一面役に立ってるけども同時にその障害者の主権を犯しているんだということも自覚してもらわなきゃ。こう思ってる。

八女上映会

男A　施設の中の状況なんか全然知らないで人に勧められて施設に勤めていたんですけど、実はハッキリいって入ってる人の自由意志というものは十分反映されない形で施設が運営されていると思うんです。表面的には本人のためにしてやっているといいながらも民間施設でいえば経営者がもうけるためとか、そういう形で行われていますし、二重帳簿でやっているということは常識になってしまっている程なんですよね。それがたまたま施設が新聞などで問題になると「あの施設は悪いんだ」ということになりますけど、実際は僕が知ってる限りでは全部の施設がそういう実態であるわけです。その中で普通の社会から隔離されている状態ではないかと思うんです。それで卒園生なんかと一緒に話したりする中で施設の職員にどういう気持ちを持っているかというと、園を出る時にはぶんなぐって出てやるとか、ぶっ殺したいとか、そういうことを皆言うわけで、そのような実態があるわけですね。

男B　あの、質問しますが本当の福祉は今ある国家がなくなればそれが完成するということですか。でもないわけですかね。

小山　でもないですね。

男B　そしたら何ですかね。同情とかいうことは私達の中に優越感とかいうものが確かにあるような気がするけど、それを非難されても仕方ないけど、その同情ということの前に何かあるような気がするんですけど……。ようわからん。

男A　どげなふうな問題なんかようわからんけど、ただ一つ言えるのは福祉とかそういうものがいわれなくなったら一番いいと思うんですけど。障害者が普通に生活ができれば特別に何かやらんでもいいわけでしょう。そういうふうになったら一番理想的なんだと思うんですけど。

小山　あのね、どんなに世の中が変わろうが基本的なものが変わらない限り障害者は差別され抑圧される存在にしかないと思う。それで、今の福祉の現われというのはいやらしいものがあるわけ。ここの駅で降りてバスに乗って早速目についたのが老人用の席が二つ設けられていること。あのことを見て皆さんは何を思います。あんなことが福祉だと思ったら大間違いだとは思いませんか。あれは一種の働ける者の自己満足だと思うんです。あんなことは大企業の先取り政策みたいな形でしかないと思う。ここにもあったと俺はびっくりした。こんな所にもそういうものがあるのか、もうそういった形で企業なり権力なりが先取りやってきているわけ。その先取りも全くいやらしい先取りできているわけ。それに皆さんは気がつかないのでしょうかね。

男A　今度、県の合同庁舎ができるのにですね、僕が中心になって障害者が来れるようにと要求して設備の改善をさせたわけですけど、それがその福祉事務所に来るまでの過程でもう障害者が来れないような実態があるのにですね、我々が要求したこと自体は間違ってなかったと思うんですけど、できてしまってからやはり、これで福祉事務所は障害者のことを考えているみたいに宣伝されて、実際にはだれも来れないということになったらちょっとまずかったんやないかなと思ってるんですけど……。結局宣伝のためにしか使われないというようなさ、道路の入口からは入れるようにしたわけですよね、だけどそれまでは全然ノータッチでしょ、バスでも何でも。ただそこだけをちょっとしたからって「いいのができました」というように宣伝されるんじゃないだろうかと思う。

男C　映画の中にあったでしょうが、街頭でカンパしよるところ。あの時「どうしてカンパしましたか」と聞いとったでしょうが、あれ皆どう思った。

女A　もうムカムカしてた。

男C　皆どう答える？

男D　俺も正直いうて、あんな時俺だったら何て答えようかなと思って……。

男C　考えるなあ、やっぱり。

男D　やっぱり正直いって答えようがない。可哀想だからとか、あんなのただ聞かれたから言ってるんじゃないかな。本心はちょっと違うんじゃないかな。何か何ともいえんような。

男C　カンパ活動やったってことも何かちょっとおかしいような気がしますけど。カンパちゅうのも一つの同情みたいな気がしますし、同情を自分達自身で買ったというのもおかしいと思うんだけど。「あなたは何故カンパしたんですか」って聞くこと自体おかしいんじゃないですか。

小山　おかしくはないです。

男C　おかしくないっていっても我々健全な者と障害者をあの映画の中でハッキリ区別するような気がするんですけど。

小山　冗談じゃない。区別されてるのはこっちだ。

男A　障害者の人と話す機会は今まであったですか。

男C　なかった。

小山　ないでしょ。ないってことはつまり健全者の側から障害者を否定し続けてきたってことでしょ。

男D　いや、そりゃそんなことはない。

男A　いや、僕達はもう自分が自覚しないうちから差別するようにさせられてるわけたい。目の前から消すことによってね。だから障害者がいないつもりで僕達は生活してきたわけやろ。だから当然その中に障害者が入って来たらああいう形にしかならんわけたいね。小さい時からずっと障害者と一緒に生活してきたらさ、こういう映画にもならんかったやろうしさ僕等ももっと日頃話していてお互いに問題点やら感じとるやろうしさ。

小山　また冗談話になるかもわかんないけどね、八女のバスにこだわってるんだけどさ、じゃ八女の町には障害者はいないのかということになる。小倉なんかに行くと「身体の不自由な人とか老人に席を譲りましょう」というふうに貼ってある。ところがここには老人用の席だけ。じゃここには障害者はいないのかと。

男Ｃ　じゃ障害者用の席も設けてほしいと……（笑い）。

小山　小倉なんかは国家から出されてきた福祉の街づくりの指定都市になってるんだけど、指定都市といったって街のあるデパートの中に車椅子のマークがついているだけの話。あとは道路はガタガタ、あんな街の中、車椅子でデパートに行けるかっていうと疑問なわけ。で、バスの中でもデパートでもそういうもの貼らなきゃ障害者は街の中で生活できないのかって、それからそういうマーク貼るのは健全者の自己満足でしかないと思う。どうして障害者と健全者と差別しなきゃいけないのか、一緒に隣の席に座ったっていいはずだ。それからもう一つは、そうまでしなきゃ皆さん方は親切にできないのか。思いやりとかいうものは自然に出てくるもんでなきゃいけないと思うんです。老人がいたらスンナリ席を譲れるようなね。ところがへたな福祉の街づくりなんてやられているもんだから障害者と老人に対して特別に席が設けられている。そんなのないよ、ナンセンス。

男Ａ　僕等は世知辛くさせられていると思うんです。都会やったら陸橋は多いし電話なんか三分で切れるからそういうので障害者は殆んど生活できないようになってきてるわけです。車もワンマンカーでしょ。それらは僕等にとってもマイナスになってきてるんですけど、一番先に切り捨てられるのが障害者なり老人だと思うんです。その中でそういうことについて、いちいち気にせんで生活せないかん程、僕自身にゆとりというものがなくなってしまってるんじゃないかと思うんです。もう僕自身、電車なんか乗っとって老人が前におっても替わってやる気せんですもんね。もうフラフラに疲れてしもて、もうなるべく顔みらんごとして……（笑い）。

それが実状やないかと思うんです。そこんとこから考え直していかな、道徳的に席を替わってやらないかんと思っても仕様がないんやないかなという感じがするんですよね。

施設の労働者なんかそれに似ていると思うんですけど、ものすごい重労働やし頭にくるけんエイクソ「自分でやれ」と園生に対して言ってしまったり、いうこと聞かん時には暴力ふるっていうこと聞かそうと思って、その方が手っ取り早いですからね。いちいち説明する余裕がないわけですね。一人で何人も見ていたらせからしゅうなって。だから僕達がそういうふうにおかれていることのしわよせが下にいってるんやないかなという感じがする。

男C　福祉っていうことをいろいろと考えてみると、いろんな権力の面なんか否定されてるし、今さっきむこうも言われたように自分達自身が考えていることは、資本主義社会体制の写しであると。だからそれを否定するならば一般の人達の中にある権力とか体制なりを変えないかんのじゃないかということです。だから福祉も今の福祉を否定されるならば権力っていう意味を考えてみると権力を変えることが本当の意味の福祉になるのかってこと。

小山　どんなに国が社会主義国になろうが共産主義国になろうが今の人間がもってる意識が変わらない限り真の福祉にはならないということを言ってるわけ。だから俺は社会主義、共産主義になったからって真の福祉が現われるなんて思ってない。現代の人間達の意識が変わらない限りダメだ。

ここにいる人達の中に福祉の末端にいる人達がいると思うんですよね。ところがそこんとこの話が何も出てこない。社会主義国になろうが共産主義国になろうが真の福祉にはならないと、そこまで出てきてるんだ。じゃ、どうしたらいいかというところまで出て欲しいな。

男E　私は精薄施設に勤めているんですが、精薄者にしろ身障者にしろやっぱり本当の福祉というのは一般の社会ではできないんじゃないかと思うんです。やっぱり精薄者は精薄者だけの集団に入れん限りですね、一般の社会ではちょっとやっていけんし、やっていけんちゅうことやったら本当の福祉じゃないと思うんです。で本当にさっき言われていたように社会主義になっても共産主義になってもですね、心構え一つちゅうことやったけど、いくら心構えがあってもですね、現実の社会じゃできないと思うんです。そこにやっぱり施設が福祉行政がうんと力を入れてもらってですね、そして本当に住みよい集団を作らん限り真の障害者の幸福というのはないと思うんです。それで障害者殺しの減刑嘆願についてですね、決して障害者だからというこ とで一般の者を殺した場合よりも罪が軽くなるというのはおかしいと思うんです。で、その減刑するというのは絶対に筋合いじゃないと思うんです。現実の社会で結局そうせざるを得なくなった時、だから本当はそんなふうな減刑とかあったらいけないことですね。本当にその減刑がなくなるためにはやはり社会がそれだけ福祉の方にしっかり手を回しとかんことにはできないことです。だから結局のところ社会がまだ福祉の方に全然力を入れていない、全然切られた社会っていうか、それだけが原因だからですね、さっき言われた心構えといいますか、やっぱり私としては社会主義そりゃ体制を変えた方が違ってくると思う。ただの気持ちだけじゃどうにもならんと思います。

小山　あの、お言葉をお返しするようで誠に悪いと思うんですけど僕等は殺した母親もこの世の中の被害者だと思っている。殺された障害者も勿論だけど殺した母親も被害者だ。もう一つは精薄の人達がこの社会では生きられないと言われたけどどうしてこの社会では生きられないのかってことをやはり考えるべきじゃないですか。パッと現実の社会じゃ生きられないんだと、そういう人達はそういう人達だけのところへと言わないで、どうしてこの人達はこの社会で生きられないんだろうかということを問い返すべきじゃないですか。

女B　私は愛媛県の片田舎で生まれ育って、そこから小倉のあんな車の多い所に来たんだけど、そこに来て田舎と都会のスピードの差をまず最初に感じたんですよね。だけど何というか私はやっぱりいつの間にかそれに慣れたわけですよ。歩道橋だって私は今だってあんなもの渡るよりは車が来たって下の横断歩道渡った方が楽だって思いますよね、実際。だけど、正常な人っていうのはそこで妥協してしまう。自分は使いにくい、住みにくいけど何とかそれについていけるわけですよ。車のいっぱい通る道路でも横断できるとか、段差があっても渡れるとか、そういうふうについていけるということで何も言わなくなってしまうようなところがあると思うんです。

で、先程やっぱり身障者は身障者集団でなきゃ、精薄は精薄の集団でなきゃ住めないとか言ったけど、それじゃ田舎の人は田舎の人でなきゃ住めないのかということですよ。今の世の中というのはみんなスピードとかそういったものにどんどん慣らされていってるわけでしょ。だから障害者とか精薄者とかいわゆるついていけないから施設でなきゃ住めなくなってるんですよ、今。そこの辺を考えたら正常な人間だから障害者とは全く別の人間だなんて言えないと思うんです。

男E　最終的には一般社会に適合せんといかんけど、それまでが慣らすまでが施設が要るんじゃないですかね。

女A　その適合とかいうことがおかしい。

男A　昔、「パカと気違いは食いはぐれせん」ちゅうてですね、いわれとったわけです。今はそれが生活できんごとなっとる。ちゅうのは文化が進んでできんごとなったちゅうことから今はバカとか気違いとかいわれている人はどんどん精神病院とか精薄施設に入れられとるんですよね。そこを考え直さにゃ。昔やったらそういう人はだれかが食わしてやりよったわけでしょ。やっぱりそこを考え直さにゃいかんのやないかと思う。精神病の場合、ちょっとでもおかしい奴はどんどん精神病院に入れようというように社会がなってきとるわけです。で、やっぱり施設がどんどんできたらですね、どんどん入れられる人が多くなるだけで、実際に働いていたらわかると思うけど、社会に出していくための作業というものは全然なされてない。そして外に連れ出すことがものすごく困難でしょ。今の施設のあり方からして……。僕なんか施設で働きよった時、子供等が「外に遊びに行っていいか」ちゅうて来た時、「ああいいぞ」というと責任かぶせられるわけです。「事故があったらどうするのか」とか「本人のためにいかん」ちゅうようなこととかで。あと一つは施設があって一番問題になるのは施設の外にいる人が施設に入れられている人のことを忘れてしまうわけです。そういうの抜きにして生活しちゃうわけです。それでたまたまそういう人が自分の家にひょっこり現われたらものすごく苦痛になると思うんです。今までの自分達だけの生活なら車に乗って遊びに行ったりできていたのに全然身動きができんじいちゃんがきたり、子供が生まれたりするともうバッタリそれができんごとなるわけでしょ。それがいつもそういう人達が回りにおったらですね、そういった人も含めて遊びに行ったりなんかしてるんだったら特別に苦痛を感じんけど、そういうことが全然ないところで急にそういう事態に出くわしたら苦痛に感じると思うんですね。だからそこが一番こわいと思うんです。だから一度入れたらもう戻る所がないと思うんですよ。一番典型的なのが老人ホームに一度入れたら、あと家庭が引き取るとかもう殆んどないですよね。今の施設に関して具体的に僕なりの考えを言うと、今ある施設をつぶしたってまたもうけたい奴が作るだけの話で、そうやなくて今の施設で今は園長が実権を握ってると思うんですけど、それがやっぱり一つ労働者なりが実権を握っていって待遇なりを改善していく、そういうことがこう、労働者が自由になれば園生に自由を認めていくという意識が目覚めてくると思うんです。自分が全然自由がないのに園生にだけ自由を認めるのはそりゃキリストかなんかやったらそうするかもしれんけど……。普通やったら自分が家にも帰らんで働きよっとに園生が外に行きたい、遊びに行きたいちゅうた時にいいでしょうということにはならんと思う。遊びに行く金もあって、小遣いが欲しいちゅうたら理解ができると思うんですよね。その意味でやはり僕は今ある施設についてはその中の労働者なり、園生なりが立ち上がっていって、管理されとるんやなくて下からやっていくようにせないけんのやないかと思う。

小山　今ある施設がね、それを利用する当事者が必要とするから建てたんでしょうか。それをちょっと考えてみて下さい。

僕等から言わせれば、今ある施設は都合のいい、いわゆる働ける健全者の考え方で建てられてるわけよ。もっと強調すれば権力や資本家が自分達の都合のいい方向で建ててるわけ。障害者がいることは確かだから障害者が真に必要とする施設もまたいることも確かだ。だから障害者が必要とする施設を何で建てないのかということなんです。そういうことがなされないから障害者は抑圧され、あるいはその中で身体や脳を切り刻まれてしまうわけです。もし本当にその当事者が必要とし、また労働者も一体となって建てたとしたら、また違った意味での施設というものになってくるんじゃないかと思うんです。

男A　僕等の生活には全く余裕がないわけですよね。余裕を作っていく社会を考えていきよかないと、例えば十人おる障害者の中で一番邪魔になるという障害者をのける。そうするとビリから二番目の人が今度は一番邪魔になるわけで、それが抜け出していくと。そんなふうにしてどんどん抜け出していくと今まで普通の仕事ができるといわれとった人が一番鈍い人になるわけですね。そやけんもっと働けということになる。そういうことからして、一番ビリの人を守ることが自分にとって普通通りやっていくことを守ることになると思うんです。それだけで障害者の人達の問題解決にはならないんだけれども、僕達にとってはプラスになっていくんじゃないかと思う。

柳川上映会

女A　弛緩性小児マヒの年頃の娘を持つ母親ですけど、まあ弛緩性小児マヒだから遺伝性じゃないと思いますけど、……私の職場は盲学校の炊事場なんですけど、皆さん盲学校を出たらどんどん結婚していらっしゃるんですね。で、そういうのを見ながら、障害者の娘を持つ母親として、まあ今優生保護法で実際に差別されてるってお話も出ましたけど、その問題も含めて小山さんご自身はどんなお気持ちで、どんな方向をもって結婚されたのか、で子供さんのことをどのように考えていらっしゃるのか、ちょっとお聞かせいただけたらと思いますのでよろしくお願いします。

小山　どういう気持ちで結婚したかっていわれるとこうパッと言われてパッと答えるのにちょっと苦しむんですけどね……。あの、言えることは今の世の中の結婚というのは一つの条件があるわけです。つまりお金があって、働けなければ結婚ができないとされているわけですね。敢えて今僕がここで言うならば、そのパターンを打ち破りたい。そんなことで果して結婚ができないということなのか、どうなのか。それは一方的に働ける者、いわゆる健全者の側から結婚というものの常識として打ち出されているわけでしょ。だから、僕ら今の世の中で働けない者の結婚に対するものの考え方っていうのは、やはり皆さん方が打ち出してる結婚という一つのパターンを壊す以外ないんです。じゃ働けもしないでね、金の入る道もないのに何で結婚したかっていうと、不幸中の幸にもですね、この日本には「国民は最低限度の生活を営む権利を有する」ということで保障されてるわけ。だから最低限度の生活を営むという気持ちで結婚すればできないことはないと。

女A　経済的な問題でしょ、それは……。

小山　ええ、結婚というものはもうそれしかない、現代においては。あなたは自分の子供がこう万が一間違って、遺伝して障害者になったらということを言いたいんでしょうけれども、そのことは全部が全部そうなるとは思えない。それで遺伝的な問題についてはいろいろあるわけですが、僕らは現代の世の中では遺伝というものは体制的に作られてきてるものだと思ってるんです。今おっしゃった方の子供の時分はね、血族結婚とかいう形で遺伝というものはあったけれど、現在は殆んどないと思っていいくらいだと思うんですよね。

女A　遺伝からくる障害はないとおっしゃるんですか……。

小山　ないと思います。あったとするならば企業のたれ流しだとか、薬害だとか、そういった形で出てくると思うんです。それ以外に僕らは遺伝というものは考えていないんです。その証拠にですね、あの映画の中に何組か夫婦が出てきて、その夫婦は皆脳性マヒですね。で、その子供が皆健全な子供なんです。健全者のあなた方が生み落とした子供よりむしろ健全であるといっていいくらいなんです。

女A　絶対そう、言い切れますでしょうか？

小山　ええ、あのー僕は言い切れます。

女A　その次の時代は考えられますか？

小山　次の時代、と申しますと自分の子供の時代ですか？　そんなこと考えてたら、今の方に対しては全く失礼ですけど、そういった考えがあるから我々障害者はいつまでたっても救われないという感じがするわけです。

女A　考え方ではなくて、実際そのようなことはございませんか？

小山　ないです。あり得ないです。

女A　医学的に……。

小山　僕は医学の関係者じゃないから医学的に言えっていわれたって言い様がないですけど、僕はここで再度断言します。そういうことはないと。

女A　あの、全盲の方でもどんどんやっぱり結婚してらっしゃるんですかね？

小山　あのね、こういうのがいるんですよ。聾唖、いわゆる耳が聞こえない、話せない、この人達は遺伝と見られてきてるわけです。その人達が堂々と結婚してですね、健全な子供を生んでるんです。

女Ａ　あ、それよく見ます。

小山　見ますでしょ。そういうことで遺伝というのはごくなくなってきてるんです。

男Ａ　我々が一般的に遺伝というふうに考えてることは例えば、精神病っていうのは遺伝するという形でいわれてきてると。で、これは奈良の医療問題をやってるところからパンフが出てるんですけど、学校の教科書は科学的には明確なデータが出てない、むしろ反対の方がデータとして出ているというにもかかわらず、保健体育から家庭科、その他いろんな小中高の教科書の中にそれはもう当然遺伝するという形でですね、書かれているのが随分あると思うんですよね。そういう形で我々が科学的根拠もなくして遺伝するという形で思い込んでいる、思い込まされてるものっていうのはかなりたくさんあるんではないかというふうな気がします。

男Ｂ　いいですか。精神病は遺伝するとはよく聞きますですよ。そういうようなんはハッキリ医学的にはないんですか。そういうのは……。

男Ａ　だからそれはね、遺伝するというデータがハッキリ出てるんじゃないわけ。今までは一般にそういうふうにいわれてきて、それが通用してたけれども……（テープ交換）……例えば、そういう障害をもっている人の子供で、たまたまそれが出てきた場合にはね、すぐそれを見て「見ろ、遺伝だ」というふうに見るけど、本当にデータ取ってやった場合に我々がそういうふうに思い込んでるものは随分ひっくり返るんじゃないかというふうに現在僕は考えてるんですけどね。で、もう一つは現実のこの社会は先程あったように生産が中心でしょ。だから生産に適さない人間ていうのは全部消えちゃうわけですよ。そんな中でやっぱり生きていかないけんわけです。そうするともし自分や子供がそうなった場合に生きていけるのかどうかと、そのことが今いわれている問題、あの質問ともつながってくるんじゃないかと思うんです。結局、現在の社会の中では特に家族という形で分断されてますからね。小家族の中で、確かにその中でひとりでもそういうハンディキャップを負ってくれれば、現実的に破産するというふうな状況におかれているということが、ますますそういった者を差別し、切り捨てていかざるを得ないという形で家族単位、親子して切り捨てていくといった構造というか、循環をもってるんじゃないか。で、僕が今考えてるのは老人の問題も含めて考えてみるとやはりそれぞれがそれぞれの条件に応じてまあある種の分業を集団の中でやりながら、尚かつその集団として生き抜いていくというね、そういうふうな関係といいますか、集団を我々がもたなきゃ、そういった問題自体もまた解決していかないって気がするわけです。

北九州大学上映会

男A（ポリオ）　ええと、青い芝が出しているこの四つの宣言ですね、「一つ、われらは自らがCP者であることを自覚する」「一つ、われらは強烈な自己主張を行なう」と形ではなっているんですけど、この自己主張といったものは確かに必要だと思うんですよ。例えば、僕なんかいうならば障害者の場合かなり自己というものを殺さなければ生きていけない、今の社会においては……。そういった観点から出ているものであるのかということですね。

横塚　要するに今までの障害者は全く自己を主張したことがないわけ。そういうことから我々が自己主張していくという宣言は今までの体制側から要求されてきた障害者像というものをこちらから主体的に変えていく、自分自身を変えていくということ。今までの障害者のスタイル、いわゆる「おとなしい障害者」からさようならすると、そういうことです。

男A　具体的にですね、強烈な自己主張を行うということでどういうことをやってきているのか若干聞きたいんですが。

横塚　具体的には優生保護法反対運動とか改悪阻止ということであるけれども、改悪を阻止すれば片がつくといったもんでもないだろう。その他に施設反対運動とかを具体的にやらなきゃ。

どっかの施設で障害者が不当な扱いをされているとか、人権問題が起きたとか、そういったことになると我々がそこに押しかけてガチャガチャやるというようなこと。あとは経済問題。細かい事では歩道の問題とか、今行われている街の改造論に対して、我々からの要求というか、我々の見解というか、そういったものを行政の中に取り入れていくとか、そういったことをやっています。

男Ｂ（ＣＰ） 僕は今、救護施設で暮らしてるんです。そしてつくづく考えるのは障害者には今の生活保護法は適していないということです。で、その対策として、障害者生活保護法という全く別の法律を作らなくちゃならんと思うのです。そして、その中に同時に特別老人ホームのような施設を作らなくては障害者の問題は解決しない。また施設に入る必要のない障害者は、健全者と同じような暮らしができるようなタテマエを取ってもらわなくちゃならんという考えを持っているんです。我々障害者にしても一個の人間です。差別するとはとんでもない話ですよ。人並に結婚もしたい。恋愛もしたい。デートもしたい。その希望はもっているんですよ。僕も実のところ二、三人好きな人がおったんです。しかし、どうしてもプロポーズができない。その理由として、第一に自分のこの身を考える。第二に経済の問題。この二つの大きな壁が立ちはだかっているんです。僕は施設を作るという運動の前に身障者生活保護法という法律を制定してもらって、生活保護適用を受けなくてすむようにしてもらいたいと思うのです。いかがですか。その制定運動はできないもんでしょうか。

横塚　全くその通りだと思う。今の映画に出てきた人達はみんな殆んど生活保護を受けているわけです。それで、生活保護法というのは全く障害者用の法律ではない。生活困窮世帯に対する法律であって、あれを受けているとよくわかるんだけれども非常に制約が多い。あれは一時的に例えば、家庭で働き手が倒れたとかいう場合に一時的に間に合わせるという法律なわけです。ところが、障害者はそういう法律では全くどうしようもないんじゃないか。障害者年金というのがあるんですけれども、その障害者年金というのはどうも所得保障の一環としての考え方では作られていないわけです。十月までが五千円で、十一月から七千五百円になったんだけど、そういったことでわかる通り、五千円であろうと七千五百円であろうと、それは所得保障ということではなくて、ただ単なる手当、障害者手当というような感じがするわけ。何か、スウェーデンに行ってきた人の話だとスウェーデンでは一ヵ月八万円の年金が出ると、それで公的なアパート、公営住宅の中で連続二四時間勤務のホームヘルパーがつけられていると、こういうことを聞くわけですけれども、所得保障というものは我々にとって非常に重大な問題であります。どうして我々が生活保護法に無理に当てはめられなければならないのかというと、いわゆる働けない者は一番下のギリギリのところで生かされているということがあるわけです。そういったものの考え方を変えていかなくちゃならないと。

男Ｂ　はいわかりました。今のと当然関連してもう一回質問致します。僕の考えとしては障害者福祉年金なんかいらないと思うんです。もし、それを無理においとくならば、今厚生年金がスライド制になっているように福祉年金にもスライド制を取り入れてもらいたいと思います。物価はどんどん上っていくんですよ。聞いてきた今月の物価上昇率は政府の計算で一〇パーセント、僕自身の計算では二五パーセント以上上っている。そのような中で福祉年金はどうですか、僅か二千五百円の上昇じゃないですか。私はきょう私の居る施設から高坊までタクシーで来たんです。タクシー代はなんと片道四百十円。これから見てもわかるでしょう。タクシーは僕達の足ですよ。そこらのまあ百メートル位離れた所なら満足な人は歩いて行くでしょう。しかし、僕等にはそれができない。たったそれ位の拒離でもタクシーを利用しなけりゃならん。それにタクシー代を年一回上げるという噂が流れている。もうガマンできない。なら障害者は出歩かんでもいいじゃないか、部屋の中にじっとしていたらいい、金は残るじゃないかという人がある。もっての他だと僕は思う。そんな馬鹿げたことを言う前に何故根本的な事を考えてもらえんのじゃろうかと思う。だからどちらかというと僕はスライド制を取り入れてもらいたいと思うんです。いかがでしょうか。

小山　えっと、僕は大変主観的なものの言い方を致します。確かにこの青い芝の会の行動宣言の中に「われらは自らがＣＰ者であることを自覚する」というのがあるわけです。これはＣＰ

に限らず障害者全部の人に言わなければいけないと思うんです。障害者として自覚したところから障害者としての生き方が生まれてくると思います。絶対に健全者と一緒にはならないということ。これは何故かというと、今おたくが言ったようなこともあるわけです。生活保護法というその保護基準というのは公務員がもらっている給料との差があるわけです。この差は絶対に縮まることはないんです。上っていくことはあるけれども、これが縮まることは絶対にないんです。従って、どこまでいっても我々は最低限度の生活を営むことしか許されていない。というのは、今の社会そのものの価値観によってそうされているわけです。従って僕が考えているのは今の労働の価値観、ものの価値観、すべての価値観を変えない限り、その差は絶対に縮まることはない。どんないい法律ができたところでこの差は絶対に変わることはないと思うわけです。だから我々はこうやってあがいてみても仕様がないと結果論としてはそうなるわけです。だからといって黙っている必要はないわけです。声を大にして叫ばなければならないと僕は思っているわけです。この声を大にして叫ぶのにはどうしたらいいか、まず自分がどういうものであるかということを徹底的に自覚しない限り、声を大にして叫ぶことはできないと思っているわけです。特に障害者の人には言いたいんです。

男C　質問というよりも障害者運動のことについてですけれども青い芝の方達の生き方がすごく踏んまえられなければどうにもならん、という一つの話なんですけれども、これは医学的には早くからわかっていることなんですが、未熟児網膜症といいまして赤ちゃんが保育器の中に入っておりまして「めくら」になってしまうんですよ。で、実はつい最近、被害者の親の訴えを受けて、私は全国的にこの問題をアピールして広めていくために北九州で親の会をバックアップして、全国各地から集まりまして「未熟児網膜症から子供を守る会」というものを一応作ったわけです。医学的には二十年位前にわかっていた問題ですけれども、今まで全く社会の関心の外におかれておった。現在一年間に百人は生まれてくるといわれているわけです。この問題が出ましてからですね、報道されました後で盲学校に勤めておられる方なんかからも情報が入りまして、かなり古くから被害者の方が居るということなんですけど、結局全然保障されていないんですね。やっとこの頃全国的にみんなの関心を呼ぶ程度のところまで来ているわけです。実は私、この運動の当初、北九州で「守る会」の全国の会を作る時にバックアップした一人として、いつも原点として考えておかなければならんと思うのは、親とか支援者がやっておるのは子供達が大きくなった頃、どこで、どうするのかということ。この問題にいつも突っかかっているわけです。正直いいまして、ストレートにですね、ストレートにいわゆる青い芝の方が言われる健全者の感覚で「余計生まない」「余計生まさないようにしましょう」とかですね、下手なことにとると妙なことになってしまうんですよ。そこんところで実はお願いがあるんですけれども、実は下関の彦島に本部がございまして、主体は現在小さな赤ちゃんですから親の会なんです。そこで青い芝の人がもっているものをですね、どうしても親の会にぶつけてもらいたいんです。

横塚　今の問題は非常にむずかしい問題なんです。私達は「われらはＣＰ者であることを自覚する」ということで、あるいは映画のように私達は開き直りです。我々が障害者でどこが悪いんだと。障害者でいいじゃねえかというようなことを言っているわけです。それは我々がＣＰだと自覚して、その上で開き直るということなわけですけれども、今のあの薬害だとか、水俣病だとか、そういった問題であの人達が言っていることはよくわかるわけだけども、果してあれでいいのかなあ、という気がするわけです。私達は「我々は本来あってはならない存在なのか」ということを言っているわけですけれどもまさに水俣の人達やなんかは「元の体に返せ」ということを言っている。やっぱり胎児性の水俣病の人達は本来あってはならない、あるべきではなかったと、こういう扱い方を受けているわけです。確かに我々のように「障害者でもいいじゃねえか」「障害者でどこが悪いんだ」と言い切った時にはその人達の企業追求という基本的な線がでてこないわけでしょう。そのことはよくわかるんだけれども、やっぱり途中から障害者にさせられたという場合にはさっき言った言葉はよく当てはまるんだけれども、お腹の中から障害者としてでてきた人達が果していつまでたっても「私は本当はこういう体ではなかった」という、いわゆる自己の存在を否定するという気持ちで運動が続けられるのかどうか、私達もそういう人達と我々の大きな葛藤の接点はどこにあるのかということで非常に興味があるわけです。これは私達としてもそういう人達とよくよく話し合ってみる必要があるんじゃないかと思っているんです。私達の主張が正しいかどうかわからないんだけれども、まあ私達は私達で「障害者でどこが悪いんだ」と言い続けなくちゃならないというような気がするわけです。そうしないと、私達は自分自身から自分の存在を否定し続けなければならない。そういうことだと思います。これからいろんな人達と話し合っていきたい。

女A　さっき障害者年金をスライド制にしてもらいたいとか提起があったと思いますけれど、今の生活保護の現状というか、平均的な金額と青い芝の会として障害者年金といったものをどう要求しようとしているのか、そういうことについて聞きたい。

横塚　あの、スライド制だとかそういった細かい事は正直いっていわゆる技術的な面だと思う。ただそういった意味からすればこの際はどうでもいいことだと。それともう一つは私達の障害者年金が二千五百円アップされた時の労働者の賃金は二万円あがっている。そして、小山君がこの差はいつまでたっても変わらないと言ってたけれども、実は変わっている。どういう具合に変わっているかというと、その差は片方は二万円、片方は二千五百円と、しかもこれが我々の基本的な生活が低い。だからどんどん差というのは広がっていく。所得の差というのは……。それからもう一つ、生活保護法でどれ位もらっているのか、という質問だと思いますけれども、私のところで親子三人で四万円です。親子三人で四万それと家賃が加わって、ですから生活保護というのは全く命をつなげているというだけのことである。青い芝の要求は、実際的にはその年金のこととか、あるいは××をよこせとか、そういった細かいことまでやんなくちゃならないわけだけれども、やっぱりそういうことばかりではどうしようもないんだと、そういうことばかりやって来たのは今までの障害者のスタイルで、やっぱり社会に出ていろんな意味で問題提起をしていくということが青い芝のやっていくことだろうと思う。その基本は「障害者はこの世に在ってはならないのか」という問いかけを常に続けていくことだと。例えば、障害児殺しの時に障害者は本当に在るべき存在ではないんだという社会意識があるということに気がついて、そのことを問い続けてきたわけだけれども、国家権力の答はちゃんと出てきているわけです。やっぱり障害者は在ってはいけないと、本当は在るべきでないと。そのことは優生保護法改正案の十四条四項だと思います。これは障害者がこの世に生きていてはいけないんだということを国家が法律として定めたことであると。今まで社会常識であったものが、今度は常識の枠を乗り越えて国家の法律として明記されたということに対して我々は反対し続けなければならない。こういうことだと思います。

男A　今、優生保護法の問題が出たわけですけれども、これは言葉としてはものすごく安易なんですけれども、優生保護法の問題が出る前から被爆者の中で優生保護法の問題が若干出てきたわけです。「私は奇型児が生まれるから、子供を生みたくない」と、そういった発言を被爆者の女性がやったわけです。それを聞いておって僕は障害者なんだけれども激しい怒りというものをあまり感じなかった。それに対して僕らの仲間の障害者がそれは差別じゃないかと、つまり、今障害者が生きていることそのものを否定していく、胎児までさかのぼった形で否定していく、そういうことが現在行われようとするならば、現存している障害者そのものも否定されていくと、そういった論理を展開して激しい糾弾がなされたわけです。僕自身としては被爆者の言った言葉がものすごく重いものを帯びていたし、単に健常人とかいわれる人達が優生保護法反対ということをやったとしてもなかなか言葉としても重みがでてこないわけです。被爆者の人達は実際、自分が奇型児を生むという前提に立った形で結婚している。そういった形に対してものすごくその言葉というのは重かったわけ。

あと一つ、施設の問題に関していうならば、僕は施設というのはゴミ捨て場と思っているわけです。昔、姥捨て山というのがあったわけなんだけれどもまさにその通りだと思う。実際的な感覚といった形において僕達は、あるいは健常者という言葉を使うとすればそういう人達は実際問題としてなかなか受け止めることができないだろうと思うわけですね。

僕はまず始めに障害者がどういう状態にあるのかということを知るべきだと思う。そして、健常者の中でもとりわけ障害者に敵対してくるのが施設労働者であると思う。この北九大においても障害者問題が起ったわけなんだけれども、つまり北九大の法学部が増設されることになって、養護学校のグランドを取り上げてしまった。その時の反対闘争でも僕は感じたわけなんだけど、やはり身近におる者、障害者に接している者、そういう人達ほどものすごく差別的である。で、まあ施設の労働者になるっていう人が来ているわけなんだけれども、やはり障害者問題をどう把えるのかという形でやはり疑問も出ると思うわけなんですよね。そこからもどんどん出してもらってまた討論を進めたらいいんじゃないかと思うんです。

女B　あの、私、今度三月に保育科を卒業して施設に就職しようと思っているわけなんですよね。で、今の方が施設、実際障害者の人達と共に歩かなければならない人達がそういう偏見をもっていると言われましたが、私自身はそういう偏見はもってなくて、一緒に歩いていこうと思って今、努力しているんですけれども。施設から来てる方がいらっしゃるでしょう。あの方にお聞きしたいんですけれども、施設のあり方という問題を今投げかけられた中で、あなたが考えていらっしゃる施設の形はどういうものであって欲しいのか、ということを教えて欲しいんですけども。

男B　まあ職員対収容者という考えを捨ててもらいたいと思うんです。今、僕の方の施設では「自分は職員だから自分の言うことは無条件で聞いてくれ、守ってくれ」と、こういう大状況があるんです。そして「何でもかんでも守らなければいかんのか」と言うと、「お前達は保護されている」「これを守らなければ寮内の秩序は保たれない」「院長先生の体面にかかわる」こういったことを言う。そういうことを言うこと自体失礼も甚だしい。本当に収容者に対して愛情をもって見るならばそんなに言う必要はないと思う。本当に職員が親がわりになって収容者を見てやったら、収容者は「あ、あの人が言うことなら自分達から守っていこうじゃないですか」ということになると思う。僕はそういう形の職員の心構えが欲しいというんです。ハッキリそう言います。「私は職員だから」という考え方を持たないよう。相手も同じ人間だ。自分も人間、収容者も人間、一緒になって遊ぶ時は遊ぶ、仕事する時は仕事する、そういう職員であって欲しい。

横塚　あのね、あの女の方、私は偏見もってないとかおっしゃったけどそれはおかしい。そういわれるとこっちはまあ、頭にくるわけ。よく「私は差別していない」とか「私は偏見がない」そんなことを言う人があるわけだけれども、そんなことは言えないと。「私は差別していない」とか言うけども、知らず知らずに差別しているわけなんです。あの映画の中で、横田君が這いずっている。その横をきれいな女の人達がサッサと通り過ぎて行く。そのことが我々にとっては非常に頭にくるわけ。それから私は「障害者を差別したことがない」ということがあるけれども、差別していないということはあり得ないわけだ。第一、我々は小学校も行ってない。小学校も行かせられなかった。ところが、施設の正式の職員となる方は勿論大学まで行ってる。あなたが大学まで行く間にどれ程の人達を蹴落としてきたか。まず第一に小学校にあがる時、その時から我々は蹴落とされている。そういうことを少しも考えずに「私は偏見がないんだ」とそういうふうに言い切る。そう言い切った時に我々にはその言葉だけでもすごい抑圧になるんだと。僕らは何らかの意味で障害者あるいは障害者を取り巻くみんな、人間というのは差別をやっているんで、そういうことを自分自身に問いかけて下さい。

小山　あの、大変困った話なんでしてね、特にこれは健全者の中でも福祉労働者という部類の人間はとかく錯覚に陥るわけです。「私はさほど障害者に差別はしていませんよ。そんなことやっていません」どの福祉労働者からも聞かれるわけです。まさにこれは差別であるということを知ってもらいたい。

我々は僕を含めて、まず第一に差別者であるということを自覚しなけりゃいけないと思うんです。今言った方ばかりを責めるわけではないんですけれども、今言われた方はですね、髪をのばし、きれいな洋服を着、その行為がいかに障害を持った女性を差別しているかということ。施設の中では自分の思う通りの髪の形もできない。自分の思う通りの服装をすることもできない。そういう障害者の女性がいる。パジャマ一つで三六五日暮らしている、そういう人達がいるということをまず福祉労働者である皆さんに知って欲しいわけです。

何故安直に「私は差別してはいませんけど」という言葉を発するのか。こうやって僕が立って話している時にもやはり立って話していることが立てない奴のことを差別しているんです。従って自分も含めて差別者であるということ。いい恰好してここで立ってしゃべっていることがもうすでに差別者だということをまず皆さんに知って欲しい、自覚して欲しいわけです。

横塚　まあさっきから施設労働者のことが出ているんだけれども施設労働者というのは施設に勤めることでまず否でも応でも障害者を抑圧する。何故なら障害者の要求ばかり聞いていたら施設は成り立たないでしょう。そして、施設労働者になるまでの教育というのはいかに障害者をうまく扱うか、ということを教えられる。常にいかに上手に障害者を押えつけるのかと、その押えつける技術を教わってくるわけです。そういったことからそういった自分、教え込まれた自分、ちょうど私達が障害者として教え込まれた自分があるように、やっぱり施設労働者はいかに上手に障害者を扱うのか、そのことからして抑圧する立場の教育を受けてきた自分というものをしっかりとみつめて欲しいと。これっぽっちも本当の「良い職員」であろうと、これ以上はないいんだという面はない。例えば、我々生活保護を受けていると福祉事務所のケースワーカーがやってくるわけです。どんな生活をしているのかと。そしてたまたまその時にウィスキーの瓶を見つけて「おまえら毎日飲んでいるのか」と、そういう形で抑圧してくるわけです。その人がどんなに個人的には良い人であってもやはり公務員である。いわゆる権力の尖兵であることに絶対に間違いない。じゃ、施設に勤めなければいいのか、あるいは施設に働いている人は施設をやめればいいのか、そういうことではないだろうと思うわけです。いくらあなたがやめたところで他の人がやるわけです。ですから我々から要求することは自分が常に抑圧する立場であるということを自覚しながら、それで我々とケンカをやりながらやっていくということでしかないだろう。

男A　若干生意気みたいなことになるかも知れませんけれども、何か他人にしてあげようといったことそのものが差別であるだろうと、ものすごくそのこと自体が罪悪的な結果を生み出していくわけですよね。例えば、自分が何かしてあげる、その代償として服従といったものを必ず願っているわけなんです。僕が言いたいのは、誰かに何かしてあげようといった形そのものが差別であり、自分自身が障害者であるから若干そこら辺の所があるんですけれども。僕は部落問題をやっているわけなんですけれども、僕自身、部落問題をやっていて最初ボランティアな形で「外」からやっている間はものすごく楽であった。実は「内」に入ってみると自分と部落の人とが同一視される。世間的な眼から同一視されていくと。それについてものすごく自分自身が苦痛に感じたわけです。それを裏返して言うならば部落の人達は常にそういった眼で見られていたということになるだろうと思うわけです。自分自身が差別者であるという形の関わり方を僕自身やってきたわけなんだけども実際的な形としてぶつかった場合、やはり自分が差別者であるんだな……そういったことをものすごく謙虚に考えてくる。

男Ｄ　つまりこういうことだろうと思うんですね。ＣＰが「われらは自らがＣＰ者であることを自覚する」ということから運動が始まってるとするならば、私達がＣＰを理解するということはつまり、自分が健全者であるということは一体どういうことなのかということを自分の場で振り返っていく、そういうものじゃないかっていうように感じたんですけどね。

男Ｃ　よろしいですか。私は北九州医療市民会議をやっているんですけれども、先程青い芝の方から「われらはＣＰ者だということを自覚するところから始まる」というふうに言われましたけど、実際、私は健康であるということ自体が差別であるというふうなことを日常生活そのものをぶち破って……（聞き取り不能）……逆にですね、ある意味でズバッと言いますと、我々が差別したということをあまりつきつめて、心情的に中まで入ってきますと正直いいますと、健常者はみんな障害者にならにゃいかん、同一にならないかんとなります。これはまた逆な問題になると思うんです。私はそうじゃなくして、おそらく両者一緒な同志として闘う時しか実はないはずだと思うんです。それは同志だと安易に言いますと、それこそ障害者の方から非常な反発と反感がでてくると思います。ただ自分の中の差別観をのぞくということを心情的にズバリ一つ言いまして、いかに我々が自分の意識を変革し、自分の差別観を直してもですね、絶対に応えない勢力が現実に存在するわけです。この映画を見てですね、我々が非常につまされる思いで自分の存在の根源までゆさぶられたんもですね、ケロッとして応えない勢力が現実に存在しているからだろうと。この勢力と現実にどう闘うかということしか他に答えようがないわけです。そこで初めて、青い芝の会の人達が闘う青い芝の会であることに意味があるし、だから基本的に我々は徹底的に現実的に具体的に闘うんです。「私は差別観をどう克服しようか」とか内部でグチュグチュしたってどうしようもない。現実に維持している勢力とガタガタ闘わなけりゃならん。そこで初めて本当に出てくるわけです。それをやらなければいかに我々が内部の中にこもっておって差別を越えよう越えようと思ったって越えられる問題じゃないわけです。闘ううちにどっかでつながり、了解が出てくるわけなんです。そういう方向で論議が進むことが私はあわれ（原文ママ）だと思う。実は私は精神病の問題を追及しておってもですね、事実、私は精神病院の事務長をしておって非常に犯罪的な立場だったんです。その中で飯を食っている自分がたまらんようになりましてですね、やっておるうちに飯を食う場をなくし、しまいには正直なところその周辺の保健所のあたりから今でも「頭がちいとおかしくなったんだろう」と言われたり、私自体が「精神病かな」という聞き方をされている。現実にやっておりましたらですね、正直いいまして飯を食う場をドンドン追い詰められていくし、最近は時々仕様がないから人夫をやっているわけですけれども。そうやっても現実闘わなければ差別を越えられないわけですよね。だから助けようとか、助けられるとかの問題じゃなくしてですよ、なんの問題でも反射的になんか言ってくるからワッとやるという形で精神病の問題を取り組んでいるだけなんですよ。おそらくそれが青い芝の方達と他の方とつながる必然だろうと思うんですよ。どうでしょうね。

小山　全くその通りです。やっぱりね、これだけ健全者と呼ばれる人達がいる。わずかこれだけの障害者が、これだけの健全者と葛藤があっていいはず。ところがこれがない。我々が言いたいことを言ってしまうだけで返ってくるものがない。これじゃね、いくらやってもきりがない。やっぱり健全者は健全者としての主張があるわけです。だから言いたいことを言ってもらって「おまえらはそんなことを言うけど、俺らはこうなんだ」というような、いわゆる葛藤がそこになきゃいけないと思うんですよね。僕らは二十回位九州でやっているんだけど、終わったあと何か空しさが返ってくるわけ。その空しさが今わかったわけ。あなたが言ったこと、まさにそのことがないから終わったあと全く空しさを感じるわけ。そういうことで今後、もっと我々と葛藤を演じようということでやってもらいたい。

（「『さようならＣＰ』上映討論集」より）

あとがき

このたび本多勝一氏より私の今までに書いた文章をまとめてみないかというお話があり、いささか迷いながらもお言葉に甘えることにした。

私は幼い頃、両親の元を離れ、父方の祖母に育てられた。この祖母が私に歩行訓練（当時まれな）をさせ、またカナや簡単な漢字の読み方を教えてくれたのだが、なにしろ小学校にもろくろく行かず、これといった特別の教育を受けたことのない私が文章を書くようになったのはつい四、五年前からのことである。

十七、八歳頃には明治・大正文学等を少し読み、それから歴史や民俗学の本を好んで読んでいたのだが、読むのと書くのとでは大違い、しかも私は自分の手で字を書くことができないので誰かに口述筆記をお願いしなければならない。口述筆記の場合特に私のように文章を自分でまとめるという作業をあまりやったことのない者にとっては、書いてくれる人とのコミュニケーションがなかなかうまくいかず、相手との人間関係に非常に左右されるのである。

私の文章は障害者運動に携わるようになってから『青い芝』等の機関紙に発表したものが殆んどである。運動を続けていれば書きたいことが浮かび書かずにはいられなくなる。ここに集めた文章に内容の重複が多いのは運動の進展に伴い、その時々の時点で同じ問題を扱ったためである。

文章の稚拙さはいうまでもなく、特にはじめの頃の文を今読み返してみるとこのまま本として発表することがためらわれる程のものであるが、それはそれとして私の歩んできた道程として読んでいただければこの上ない幸である。

過去障害者問題といった場合それが行政の立場から語られるにしても、個人的市民レベルで語られるにしても、また障害者自身からの要求や提案という形をとるにしても、それはすべて障害者を一般社会即ち「健全者」に溶け込ませる、あるいは近づけるという視点で語られてきたように思う。この考え方は現在の社会機構、そしてその中で営まれている一般市民生活やそれらを支えている常識、「健全者」の考え方、いや「健全者」そのものが正しい存在であり、そこに仲間入りできない障害者は間違った存在としていずれは駆逐（解決）されるものだという前提のもとでのみ成り立つものなのである。この傲慢でどうしようもない考え方が我が国においていつの時代に確立したのか定かではないが、多分有史以前から人間の心の中にあったものが国家としての形体を整え成長していく過程でそれと共に育っていったものと思われる。

最近「福祉元年」等といわれ障害者問題があちこちで語られるようになった。しかし高度経済成長をとげた我が国は機械文明の発達に伴う人間疎外とともに、ますます障害者の住みにくい状況になりつつあることは自動販売機、ワンマンバス、横断歩道橋等をみれば明らかなことである。このような機械文明の発達は人間の画一化を要求し、それらのマシンを使いこなせる者のみが生きのびられる方向を示している（しかも我々障害者がこのマシンの前でもたついた場合、うしろに長い人の列ができる。そしてその中から「よたよたしているくせに何もこんな所に出てこなくても……。みんな急いでいるんだ。迷惑だよ」というような言葉がささやかれることは私自身、日常的に経験するところである）。

このような障害者問題を論じる場合、これに加わる人達はその大部分が学生、養護学校教師など福祉関係者であり、障害者はほんのお飾り程度になってしまい、問題の捉え方も労働運動あるいはマルクス主義革命路線の一環としてしか捉えられなくなってしまうのは一体どういうことなのだろうか？　これらの学生、労働者は障害者問題に関わることによって自分達がいいことをやっている、自分達こそ正義の味方なのであり悪いのは全て政府、権力なのだというような発言をする。しかも障害者に向かっては「自分達は障害者差別などしたこともなく、そんな意識もない。我々と手を結ばなければ何も解決しないし、良くはならない。我々がやってあげるのだ」というようなことを言葉の内外に現わしているのである。この鼻持ちならない傾向はある特定政党の下部組織などに特に強く現われている。しかし「健全者」が日本の労働運動などにおいて障害者のために一体何をやったというのだろうか？　彼らは障害者を弾き出した学校で長年教育を受け、障害者から労働の場を奪ったばかりか、障害者抹殺を目的とする優生保護法改正案を内心歓迎し、障害児（者）を殺した親に安易な同情を送ったではないか。また、自分達のマイホームを守るため巨大な収容施設を作ることを要求し、能率優先の教育制度から弾き出された者を養護学校という隔離差別教育の場に集めようと奔走してきただけではないのか。それともこれらのことは全て権力と資本家がやったことであり、障害者を蹴落して入学、入社したことも資本家の仕業で俺には何の責任もないと言い切れるのであろうか。このようなことをいささかも省みず、我々と連帯しなければ何もできないなどとはおこがましい限りである。

障害者差別の根元は生物の本能的なものに根ざしており、それに取り組むことが全人類に課せられた課題であると思う時、また障害者の現状と労働者をはじめとする「健全者」の認識の現状を思う時、「障害者問題は解決する時にきた」などとはとてもしらじらしくて言えたものではない。

これといって教育らしい教育を受けたこともなかった私に歴史や民俗学などを通して障害者としての自己の立場を認識させ、更にそれを思想的な裏打ちができるまでに目を開かせて下さったのが大仏空《おさらぎあきら》師であった。大仏師との出会いは私の一生にとって大きな転期となったのである。大仏師から私が学んだものは歴史、民俗学、仏教、キリスト教等のいわゆる知識ばかりではなく、ひとりの男として、人間としての生き方、何か物事にあたった場合のとるべき態度、決断といったものだったように思う。それは四、五年間にわたって苦楽を共にしたなかから自然に学んだものであり、今、青い芝全国会長としての役割を努めさせて頂くうえで、また私個人の生き方を模索していく中で痛切に感じるこの頃である。

最後にこの本を出すにあたって本多勝一氏をはじめ、多くの方々にお世話になったことを深く感謝いたします。

一九七五年一月

横塚晃一

〈付録〉

亡き夫の介護ノートより

一九七八年七月二十日、午前十一時四十分、夫晃一は細網肉腫加療中併発した気管支肺炎のため、都立駒込病院の六階十号室で、四二年の生涯をとじました。

約一年間にわたる闘病生活のあいだ、何人もの健全者の方たちが夫の看病にあたってくれました。そして介護者たちのなかで書きつがれた介護の記録は大学ノート四冊になり、一九七九年五月『はやく　ゆっくり――横塚晃一最後の闘い』（送料共、二千円）として介護ノート編集委員会（横塚りゑ気付）の手で刊行されました。

その中から、私が書いた分をここに転載させていただくことにしました。二六二ページの「健全者集団に対する見解」は、青い芝の会会長として夫が病床で口述したものです。

なお、「はやく　ゆっくり」というのは、夫が死の前日、青い芝の会の友人たちに向かって、最後の力をふりしぼるようにして語った言葉です。

一九八一年一月

横塚りゑ

駒込病院入院のこと

一九七七年の春頃から、夫の胃痛はますますひどくなり、青い芝の常任委員会をはじめ、五四阻止共闘の会議、「さようならＣＰ」上映後の討論会などに痛みを押して出かけても、家に帰ればどっと寝込んでしまう毎日が続くようになりました。私は七五年の三月頃から二回の入院をはさんで約二年間、ずっと通院を続けながら、あまり詳しい診察も検査もしようとしない近くの病院に業を煮やして、とうとう夫に言ったのです。「虎の門病院にまた行ったら?」それまでは私の言うことなど聞こうともしなかった夫も、あまりの苦痛に耐えかねたのでしょう。あっさりと虎の門病院に行くことを承知しました。

実は虎の門病院へは二年程前、青い芝の仲間である磯部・寺田両氏の紹介で通院し、寺田さんの伯父さんに当たる松本医師の治療により、一時大変よくなったことがあったので、再び診察を受けることにしたのです。

今、当時のメモを繰ってみると、五月十一日に虎の門病院へ行き投薬を受けております。薬によって痛みは弱まるものの、食物のつかえる感じがひどく、七月十一日虎の門にて胃のレントゲン検査を受けた結果、手術（それも非常に困難な大手術）が必要と言われ、松本医師より生保でかかることのできる東京都立駒込病院の院長宛紹介状を書いていただきました（都立駒込病院はガンについて権威ある病院であり、技術、設備の点で日本有数といわれている）。七月二六日、黒田さんの運転する車で駒込病院へ行き、院長及び早川医師の診察を受け、一週間以内に入院の通知をするからということで、いったん家に戻りました。しかし病院の都合で入院の日がなかなか決まらず、家で寝ている夫はおかゆも日々に通らなくなり、折からの暑さも手伝って衰弱がひどく、ついに水を飲むことも困難になりました。パンが割合に通りやすかったのが不思議です。また、肌が全くつやを失っていやに青黒く、三八～九度の熱が上り下りし、胃かいようなのに熱の出るのはおかしいと、本人も会いにきてくれた友達なども気にしておりました。病院からは、入院がのびるから点滴にくるようにと言われ、そのたびに黒田さんをたのんで高速道路を走っても約二時間の道のりを病院へ通いました。三、四回通院したあげく、ようやく八月十二日になって入院が許可され、私、黒田さん、清水まり子さんが付き添って八階の十二号室へ入りました。当日、私達（晃一、黒田さん、私）と病院のケースワーカーとが次のような話し合いをしました。

「晃一はCPであるために手がきかないので食事を一人で食べられない。緊張すると胃に負担がかかるので、面倒をみるための人が必要である。医者も、付けた方が良いといっている。その費用はどうなるのか」

「出ない」
「では看護婦が日常介護をすべてやれるのか」
「この病院は完全看護である上、看護婦の定員も他の病院の倍である。最低限の看護が保障されている以上、それ以上看護のための費用は出ない」
「でも医者が必要だといっているのだから何とかならないのか」
「今まで、他にも障害者が入院したことがあるが付き添いを付けた前例がない」

こんなやりとりの結果、食事の介助はこちらでできる限りやるが、どうしても行けないときは看護婦にたのむという結論で医者と病棟の婦長との間にも話し合いがつき、やっと入院することができて私もほっとしたのでした。これが私の、夫が死ぬまでの約一年間にわたる病院通いのはじまりであり、介護の健全者の方達とのかかわりのはじまりでした。

折しも翌十三日には第二回全障連大会が東京で開かれましたが、夫はベッドの上で手術にそなえて体力をつけるための点滴に明け暮れ、一方私は医師より夫の胃の上部に大きな悪性腫瘍のあることを知らされて、前々からの疑念が現実となったことに強いショックを受け、これからの闘病生活の厳しさを覚悟したのです。

十三日の介護者、玉井さん、十四日、黒田さん、風間さん、十五日、風間さん、十七日、黒田さんとメモされています。

（一九七七年八月）

手術及びその後のこと

今日（九月五日）はいよいよ手術日、私と黒田さんは車で病院へと向かいました。途中、道路が混み、いくらいらいらしても前へ進まず、病院へついた時は既に病室のベッドは空っぽ。午前九時、最初の軽い麻酔をかけられて地下一階の手術室へ運ばれたということでした。

夫の父母と妹、妹の主人、それに黒田さんと私は手術室の前の待合室で待つことになりました。その間の長かったこと！「あまり手術の時間が短いのは手遅れの証拠だよ」などと話しながらもだんだん不安がつのって、ただもう無事に手術が終わることを祈るばかりでした。黒田さんが何かむずかしい雑誌を熱心に読んでいたのを覚えています。

待つこと約六時間、手術の終了を告げられた時は午後三時を過ぎていました。それから白衣・白帽をつけ、はきものもはき替えて、ＩＣＵ室（手術後、四六時中看護婦の監視の下におかれ、特別な設備をもち、できる限り無菌状態を保つ部屋。面会は一日五分間）に入ったのですが、夫は酸素テントをかけられ、口と鼻からも、脇腹のあたりからも管がさしこまれ、まだ意識の戻らぬ土気色の顔は一まわり小さくなったようにみえ、まるで生きているというより無理矢理生かされているという感じを受けました。薄暗い大きな部屋にベッドが三つ四つ、青い制服の看護婦が数人、目に入りました。何しろ私も気が動転していたため、後になってその時の様子を思い出そうとしてもあまりはっきりしないのです。

それからすぐ、栗根外科部長と共に執刀して下さった竹下医師に話を聞きましたが、それによれば胃の噴門部に意外に大きい腫瘍があり、そのために胃を全部と、食道の下部、それに脾臓と横隔膜の一部も取り除いたということで、一週間から十日が危険な時期といわれて何ともいえない気持ちでした。

翌日面会に行った時はベッドの上に指で文字を書き、何か訴えたいようでしたが、まだ酸素テントの中でもあり、指もよく動かせないため、とうとうわからないまま一緒に行った甥にせかされて病室を出ました。

次の日は黒田さんと共に面会し、もうテントがはずされていて、二人がかりで文字盤をもってこいという指文字を読みとり、手術前にあらかじめ用意しておいた文字盤をもっていきますと、一字一字非常な苦労をして指さした言葉は「きのうもこれがほしかった。察しの悪いやつだ」に私は泣きたいような気持ちで笑い出してしまい、僅か五分間の面会を終わりました。「これで、もとの横塚さんにもどった、もう大丈夫」と黒田さんは思ったそうです。

四日目ごろから、口に入っていた痰をとるための管がはずされてしゃべれるようになりましたが、まだ声がよく出ないので、何を言っているのかはっきりせず聞きとるのに苦労しました。

一週間を経て、やっと病棟に戻され九階のリカバリー室（看護婦室の前でガラス越しに患者の様子がみえる）に移されましたが、傷の痛みに加えて両脇腹にさしこんだ管のため、あお向けになったまま身動きができず、そのためCP特有のけいれんが激しく、夜も昼も眠れず、さすがの夫も、痛い苦しいと呻きどおしでした。手の指の先を一寸押さえてくれるだけで、けいれんが起きた時、おさまるのが早いといわれて、午前中から夜七時に面会時間が終わるまで夫の指を握りつづけていたこともありました。

「こんなところでくたばってたまるか」と言いながらも、一方「俺はもうだめだ」などと気弱になるのです。しかし、日がたつにつれて傷の痛みも徐々に弱まり、脇腹の管もはずされて前向きにも寝られるようになり、手術後半月あまりで、おもゆが食べられるようになりました。おもゆをスプーンで寝たままの夫の口へ入れるのがとても難しくて困りました。最初食べた時、ひどく下痢した事を覚えています。胃を取ってしまったので一時にたくさん食べられず、おやつが出ました。おやつは初めのうちプリンとかヨーグルト、ホットケーキのようなものが出てきましたが、だんだん五回食、六回食となり、朝の献立がそのまま十時にも出てくる様になって夫のご機嫌が悪く、十時、三時の食事を断って、こちらで適当に用意して食べさせたこともありました。おやつにマカロニグラタンが出たことがあり、うまいうまいと喜んで食べたのですが、これは無理だったらしく後で吐いてしまいました。おもゆから三分がゆ、七分がゆ、全がゆと割合早いペースですすんだように思います。

　リカバリー室から六人部屋に移ったころ、元気のよい看護婦から「横塚さん、もう歩いてかまわないのよ。歩かなくちゃだめよ」とはっぱをかけられ、夫は傷の痛みをこらえながら、歩行器につかまってそろそろと看護婦室の前までいったところ、「まあ、私がそう言ったから歩いたのね。困っちゃった」などと笑いながらいわれました。その後、トイレや休憩室までは歩いていけるようになりましたが、二階の売店まで行きたいという望みはなかなかかなえられませんでした。

　外科ではリハビリテーションということから「今朝は一人で食べられたわね。なるべく一人で食べるように練習しなさい」とか「一人で着替えられないの？」とかいわれて、頭にきた夫が看護婦とやりあうこともあり、こちらははらはらしましたが、「やりあった方が後で仲良くなれるんだよ」と夫は言い、また事実そのようになったように思います。夫に歩くようにすすめた看護婦も、最初「俺の言うことをちっとも真剣に聞こうとしない。ＣＰを差別するのか？」と夫にかみつかれた人でした。

　九月二十日過ぎになって食事も割合きちんと食べられるようになり、入浴の世話、トイレにいくときの介助などが必要となったので、また介護の人を頼むことにしました。

（一九七七年九月）

介護者への手紙

前略

昨年夏の入院以来、私の夫晃一は、大勢の健全者に介護されてきました。こんなにいろいろな人達から世話を受けられる私達は本当に恵まれていると感謝しています。介護の事について妻である私が文句をいう筋は一つもないのです。私達がこの世で少しでも人間らしく生きるために、健全者と関わり、介護する健全者を集め、健全者を使っていかなければならないという考え方も、よく承知しております。

でも失礼をかえりみず、正直に言わせてもらえば、私はこの約半年間とても悲しかった。夫が重病だからというだけではないのです。重病の夫が私の目の前で介護の健全者におかゆを口に運んでもらったり、オシッコをとってもらったりしているのが何故かたまらなかったのです。私は夜遅く家へ帰ると、なかなか寝つかれない床の中で幾晩もこっそり泣きました。「今度は食べさせてやれるかな」と思っている食事の直前に病室に現れた介護の人に夫の口に運ぶスプーンを手わたす時の何ともいえない気持ちがおわかりでしょうか。

実をいえば、私はこういうことにはもうなれっこになっているはずでした。私がやろうとしていることを、周りの人々が、危いからとか、あんたは無理だからといってやめさせてしまう（それは大抵の場合、善意から出ているのですが）。幼い時からこんな経験の繰り返しだったのです。だから介護の人にスプーンを手わたしたって、もう不感症になっているかと思ったのに……。十年あまりも夫を世話し続けて来た私より、たった一日初めて顔を合わせた健全者の方がきちんと介護できるとわかった時の悔しさ！　私は今までCPに生まれたことを恨んだことはあまりなかったのに、今度ばかりは本当にCPになんか生まれてくるんじゃなかったと思いました。夫と私との間が介護者のために遠くなっていくような淋しさ、もどかしさに、私は山手線の電車の中や、小杉駅からのバスの中で人目を気にしながらよく涙を流しました。いったい若い介護者達は、夫婦という特殊な関係をどう考えているのかしら？　私が自分の身体のことなど考えもせずに看病したがっているのがわからないのかしら？　これからは夫は私のやることでは何も満足しなくなり、常に健全者ならばもっとうまくやるのにと思うにちがいないという疑念が私を苦しめました。

しかし、冷静に考え直せば、私一人では夫を介護しきれないことはわかりきっているのです。体力も続かないし、殆んど歩けなくなった夫を入浴させることもできません。病室から離れている湯沸し室で夫の欲しがるウドンを煮たとしても、それを運んでくるのが難しいのです。第一、私一人では夫を病院へつれていくこともできやしない。介護してくれる健全者がいなかったら夫の命はつなげないのです。私は自分の女々しい感情をつとめて押さえ込もうとしました。そしてようやく、このごろになって健全者の介護を割と平静な心持ちで受け入れられるようになりました。私が落ち着いたきっかけは「健全者は電気洗濯機みたいなものだと思えばいい」ってふと思ったことなのです。手でゴシゴシ洗っていたところへ洗濯機が入ったら、だれでも「ああ楽になってよかった」と言うでしょう。電気洗濯機を使って泣いたりおこったりなんて聞いたこともありません。

でも本当は洗濯機だから健全者を使うのではないのですね。青い芝が何年も前から取りくんでいても、いっこうに減りそうにない障害児殺しの原因を思うとき、子供を自分一人だけの腕にかかえ込んで、その重荷に耐えきれず、それが自分のエゴであることにも気づかずに我が子を殺していく母親の像がうかびあがってくるのです。その母親と、夫を私の手にだけとどめておきたがる私と、どこが違うのでしょうか？　幾人かの他人がその子に関わっていくことが、殺されようとする障害児を母親のエゴから解き放つ道であると、理屈ではよくわかっていたつもりなのですが……。

結局、今まで私は長いひとりずもうを取りながら、自分自身の感情に甘え、また介護してくれる人々に甘えていたのです。結婚以来、私は夫の手となり、口となること、あるいは手や口になっているとうぬぼれることが私の生きがいみたいなものでした。でもそれは間違いだったのかもしれない。「間違っているとわかっていてもやらなくてはならないこともある」と夫は言ったけれども、本当にもう過ぎてしまった歳月は、どうしようもありません。

これから先も、いままで通りのどうしようもない私でしょうが、どうかよろしくおねがいします。

一九七八年三月

敬具

追伸

この手紙を書き終わってから、私は重要なことに気がつきました。それは私の夫の介護は、健全者が勝手にやったのではない、ということです。健全者にオカユを食べさせてもらうのも、身体を洗ってもらい服を着せてもらうのも、全て夫の意志から出たことでした。夫は自分の闘病生活までも障害者運動の中に生かそうとするのでしょう。私の愚痴など健全者の貴方に当てるべきものではなかったと、今思っています。

妻沼《めぬま》行き

五月四日、前々からの念願であった妻沼（埼玉県大里郡妻沼町出来島、夫の生家）*へ行くことになりました。夫は、もうほとんど歩けなくなっていたし、体力もないので電車では無理、黒田さんに車でつれていってもらうことになりました。ところが、前日、全国常任委員会があって、関西からきた鎌谷、三宅のお二人が川崎に泊まっており、黒田さんが介助していたのです。

「いっそのこと三人ともつれてってしまえ」

夫の意をうけて私は妻沼の姑へ「私達家族三人と運転手の黒田さんと友達二人と計六人で出かけます」と電話しました。姑は、はじめ「えっ、六人泊まるの?」とびっくりしましたが、すぐ「田舎の家は広いし布団もあるから大丈夫よ」とこころよく承知してくれました。

四日の夕方、生家についた私達は先ず庭の真っ盛りのシャクヤクの花に目を奪われ、息子の信彦は池の緋鯉に大よろこびでした。今年八八歳になる夫の祖母は風邪気味で床に臥せっていましたが、突然の訪れを喜び、夫に向かって「俺より先に死んでしまっちゃしょうがねえぞ」と繰り返していました。この祖母は夫が幼い頃、職をもつ姑に代わって面倒をみたのです。庭に杭を打ち棒をわたして、お手製の平行棒をつくり、歩行訓練をさせ、また十六歳まで就学しなかった夫に忙しい畑仕事の合間をみて字を教えたのだそうです。

「俺が歩けるのも、本が読めるのもお祖母さんのおかげだ」と夫はいつも言っていました。

その夜は姑の心づくしの筍御飯に、ドライアイスならぬアイスノンと一緒に包んで持っていった（夫はこんな一寸した工夫が上手でした）カツオのおさしみで夕食をとり、楽しい語らいに夜の更けるのも忘れました。

翌日も気持ちの良い五月晴れ。午前中、家の裏を流れる利根川を越えて太田市まで車をとばし、夫の言うところによると、新田氏を祭ったという呑竜様にお参りしました。その境内を散歩しながら何枚も写真をとり、信彦は大きな飴をねだって大よろこびでした。帰り道、利根川の堤防を下り、水辺に車をとめ、夫は車椅子の後輪を川の水に浸して、しごく満足そうでした。夫は生家にいる頃、ここらで弟とよく釣をしたのだそうです。午後、帰途に着きましたが、途中、関越自動車道路より少しわきにそれて森林公園に立ちよりました。ちょうど、山つつじが真っ盛り、草むらには蛇が出るから注意！　などの立て札もみえ、木洩れ日の

横塚信彦氏提供

ちらつく林の間のでこぼこ道を夫の車椅子をかわるがわる押しながら歩きました。距離が長いからと公園の入口で借りた車椅子には私と鎌谷さんが交代でのり、私は車椅子を信彦に押してもらって嬉しいような、うら悲しいような変な気分でした。鎌谷さんが丸太で組んだジャングルジムにはいずり上って、なかなか下りようとせず、皆からあきれられたり、大きな黒田さんが丸太のブランコに乗って「綱が切れるよ」と冷やかされたり、本当に楽しいひとときでした。

夜遅く川崎に帰り着いたのですが、疲れが出るかと心配した夫も意外に平気で、後日入院してからも、この二日間の楽しさを私に語り、大変よい思い出となりました。

（一九七八年五月）

＊二〇〇七年現在は埼玉県熊谷市出来島

健全者集団に対する見解

全国青い芝の会総連合会　横塚晃一

昭和五十年の第二回全国大会の活動方針で青い芝の会主導の下に健全者組織を作り育ててい

くことが採択されてから今日まで、私達は青い芝の会の全国的広がりに伴って数多くの健全者組織を作ってきました。

私達はこれらの健全者組織と青い芝の会との関係を「やってやる」「理解していただく」というような今までの障害者と健全者の関係ではなく、むしろ敵対する関係の中でしのぎをけずりあい、しかもその中に障害者対健全者の新しい関係を求めて葛藤を続けていくべきものと位置づけてきました。

その位置づけの下で、今年になって関西青い芝の会と健全者組織グループ・ゴリラとの相互関係のあり方をめぐっての内部闘争が顕在化し、それに続いて関西青い芝の会がグループ・ゴリラを解散させるという事態を招きました。そしてこの事態は関西における健全者の青い芝ばなれを招き、自立生活を送っていた障害者、特に歩けない人達、身の回りのことができない人達を追いつめているという状況を引きおこしています。

この関西における事態を重くみて、全国常任委員会でも再三にわたる真剣な討議が行われておりますが、全国常任委員会では障害者自らの生命をも危うくするような状況を予測しながらも、健全者にこびへつらうことなくゴリラを解散に追い込んだ今度の出来事こそ、障害者対健全者の新しい関係を求めての真摯な闘いであり、今後、健全者を変えていこうとする青い芝の会にとっては避けて通ることは許されない試練の道として受け止めております。

一方、このような事態を引きおこした総括として、健全者を友人というあいまいな位置においてきたこれまでの健全者組織のあり方が問題となり、一度全健協を解散させ「青い芝の会の手足となりきる健全者集団」という位置づけのもとに健全者集団を再出発させるという結論に至ったのであります。

このたびの全健協解散という結論は、もとより、全健協自体が青い芝の手足でなくなったとか、青い芝の考え方にそむいたとかいうことではなく、あくまで、関西で露呈した問題を全国的にひそむ問題として捉え、同じ過ちをくり返すことのないよう、再度新しい関係を摸索するためのワンステップとしての意味をもつものであり、全健協を支えてきた健全者達は、現在、青い芝の会の方針及びそれに基づく指示の出される時を待っているのであります。そして、青い芝の会が全国組織として全国的な行動をしていく以上は、今後もそれと共に行動しなければならない健全者の側の全国的連絡機関といったものが必要欠くべからざるものであることは無論のことであります。

しかし、常に健全者というものが私達脳性マヒ者にとって「諸刃の剣」であることを私達は忘れてはなりません。つまり青い芝の会（脳性マヒ者）がこの社会の中で自己を主張して生きようとする限り、手足となりきって活動する健全者をどうしても必要とします。が、健全者を私達の手足となりきらせることは、健全者の変革を目指して行動しはじめたばかりの私達脳性マヒ者にとってはまだまだ先の長い、いばらの道であります。手足がいつ胴体をはなれて走り出すかもわからないし、そうなった時には脳性マヒ者は取り残され生命さえ危うくなるという危険性を常にはらんでいるのです。

このことが脳性マヒ者が存在してこの方、自己を主張することもなく健全者のいいなりになってきたゆえんであり、青い芝の会の歴史を振り返ってみても健全者とまともに関わりきれなかった原因なのです。

今こそ、私達はこの危険性をはっきりと自覚し、また健全者に対しても己れの恐さをこれまで以上に自覚させること、障害者も健全者も表面的な関係に己れを許してしまうことのないよう問い続けなければなりません。その自覚の上に立って、青い芝の会と健全者集団は相互不干渉的なものではなく、健全者の変革に向けて激しくぶつかりあう関係であるべきです。

今や、私達は健全者とまともに向かいあう関係をつくり、自己を主張し生きていく路を進んでいるのです。いかなる危険性があっても決して健全者にこびへつらうことなく、健全者との関係を断ち切ることなく、私達「青い芝の会の手足となりきる健全者集団」づくりを各地で推し進め、一歩変革された健全者の全国集団化を目指していかなければなりません。

今こそ、青い芝の会と健全者集団との質的関係を高めていく時なのです。

そのことなくして、私達青い芝の会の目指す社会変革も、健全者一人一人を変えていくこともできるはずがありません。

一九七八年七月六日

（『青い芝』No.104　一九七八年九月）

心の共同体

制ガン剤投与の治療により一時小康を得た夫の病状が再び悪化し、三たび目の入院をした頃、夫が語った言葉のうちに〝心の共同体〟という一言があり、私の記憶にとどまっていることを、ノート編集の折、喋ったところ、皆から「ぜひ詳しく書き留めておくように」と言われた。残念なことに、この言葉だけが強く印象づけられ、前後の状況があまりはっきりとは思い出せないのであるが、たしか介護者がしばらく席をはずされて、ベッドに横たわる夫と、私と二人だけになった時のこと、夫の看病に介護者が携わるということに対する長い心の葛藤の末、ようやく共通の願いの下に健全者と協力できる喜びと感謝とを素直に感じられるようになったという私の言に応えたものであったと思う。

夫の障害者運動における闘いをふり返ると、それはCPの生存権の主張であったと同時に、養護学校義務化反対などに明らかなように隔離に対する拒絶であった。CPが隔離を拒むならば、この社会の中でCPの仲間と交わるとともに、多くの健全者とのかかわりの中で生きるしかあるまい。そのかかわり方の姿勢を追求し、共にCPとかかわり合える健全者をつくり出そうとした夫が、自分のまわりに集まる同志、とりわけ夫を少しでも長く、苦痛少なく生かそうと努める介護者との結びつきを言い表そうとした言葉が〝心の共同体〟であったと思われる。

夫はしばしば「CPにかかわろうとする健全者は、常に自分の属している世界にはみられない何かを知りたい、何かを得たいと思ってやってくるのだ。その要求を満たしてやれないCPは健全者を使うことはできない」と言い、〝思いやりは相互に〟と繰り返すのであった。「健全者に思いやりを要求するだけではいけない。こちらも健全者のことを思いやらねば……」と言うのである。思いやるというのは、健全者に遠慮することではない。思いやった上で、それでもなおCPとしての主張を通さなければならない。時と場合によれば、健全者がぶっ倒れるのを承知の上で、健全者を使い切らなければならないというわけである。

次に私がよく聞かされた言葉に「オチンチンの先まで洗わせろ」というのがある。介護者といっしょに風呂に入って、前の方をタオルで隠すようでは、とても本物の関係をつくることはできないのだと言い、更に「ＣＰと一緒に平気で飲み食いできるというのは大事なことだ。介護者の〇〇君は、俺のたべ残したオカユを食べてしまうが、意識してやっているんだろう。子供の食べ残しを食うのにためらう母親はいないけれど、他人どうし、しかもＣＰの病人のなんだからな」と感激し、またドジをする奴ほどかわいく（どうも失礼……りゑ）、別れがたいとも言った。私も夫も、介護者が夫の排泄物や吐物の始末をする時、いやな顔、きたならしいといった顔をしたのをみたことがなく、「△△君なんか、かえって嬉しそうに俺のウンコを始末してる」と喜んだものである。

夫は一期一会という言葉が好きであった。一生にただ一度出会えた因縁の不思議さを思い、若い介護者との出会いを大切にしようとしたのである。

『歎異抄』に「よきひとのおほせをかふりて信ずるほかに別の子細なきなり」としるされたのに続けて、この人と定めた人についていって、たとえだまされて地獄におちても、一向に後悔しない。他の事をして仏になれるならともかく、地獄におちると定まっている身であるから、自分がこの人と定めた人には、どこまでもついていこうという意味の言葉があるが、夫が心の共同体を口にした思いの中には、若き日より心のよりどころとした『歎異抄』の一節がこめられているように、私には思われるのである。

（一九七八年十一月）

（生活書院編集部注：ここまで、『増補版　母よ！殺すな』［すずさわ書店、一九八一年］を底本とした。明らかな誤字誤植は訂正した。現在では使用が不適切とされる表現も散見されるが、底本のママとした）

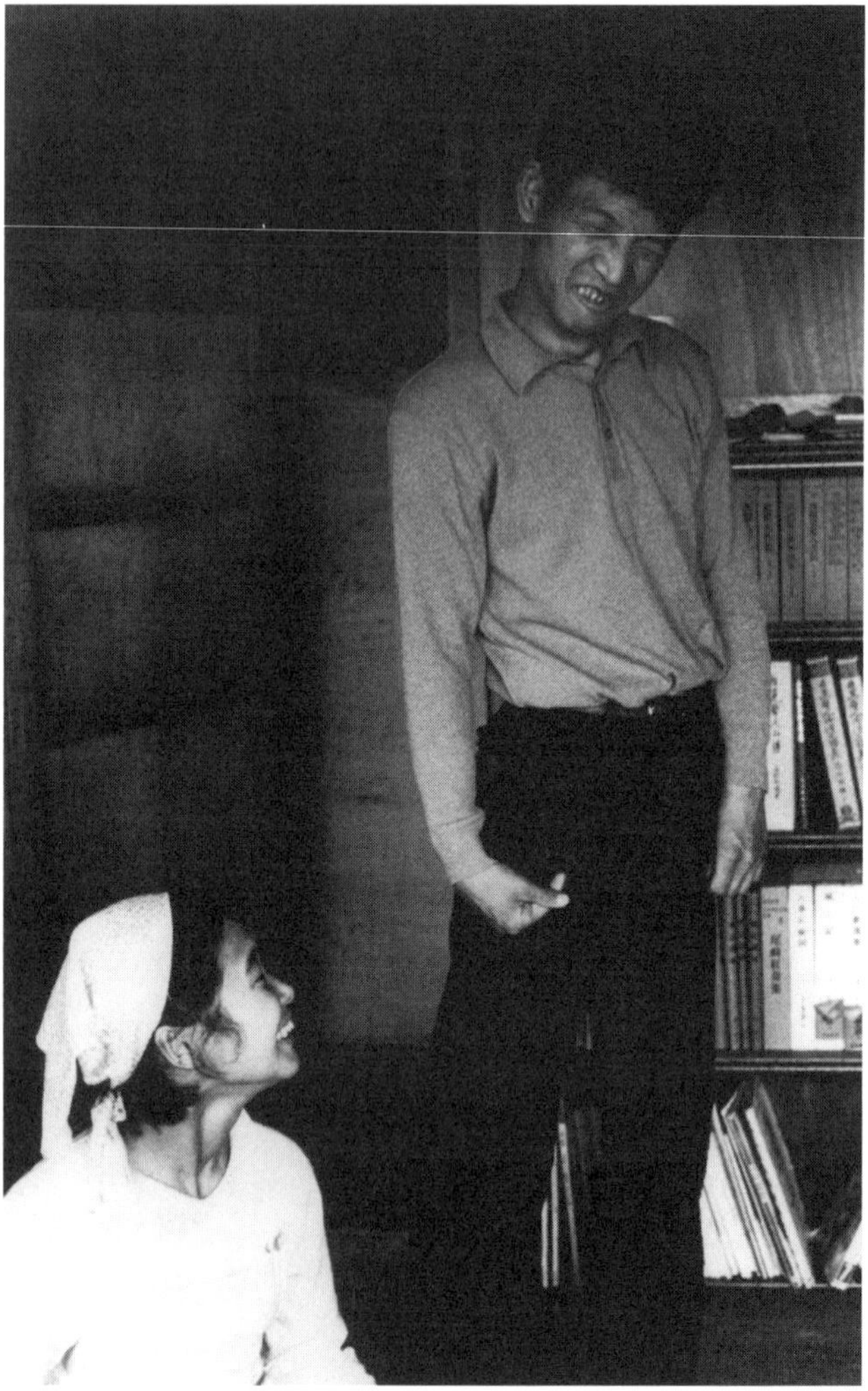

© 原 一男

補遺

1　横塚晃一　未収録の書き物と発言

『増補版　母よ！殺すな』未収録の書き物と発言から収録した

（生活書院版第二版にて更に九編「回想」「地域社会と障害者の姿勢」「重症児殺害事件その後」「キャンプ報告」「役員推薦を辞退します」「青い芝再出発にあたって」「団結こそ解放への道」「文部省の方針と法律」「77年年頭にあたって」を補遺した――協力・廣野俊輔氏）

雇用促進懇談会に出席して

九月十八日、川崎市の労働会館において、市の職安の主催による心身障害者雇用促進懇談会が開かれ、小山会長とともに出席しました。

席上、雇用主側から、障害者は過保護だから、あきっぽくてすぐ辞めてしまう。ひがむ気持ちが強い、などの意見が出された。いちいち傾聴に価する意見であり、障害者としても反省しなければならない。

しかしこの会議において、賃金のちの字も議題に上らなかったのは一体どういうことだろうか。職安の主催する会議で労働と表裏一体をなす賃金問題が取り上げられなかったことは非常に重大な意味を含んでいると思う。障害者はただ雇ってもらうことだけで、ありがたいと思わなければいけないのか。

障害者が賃金や労働問題などの条件に口をいれることは生意気であろうか。

雇用者側は「かわいがられる障害者になれ」と強調される。しかし障害者の労働というものも恩恵としてではなく、権利として要求するべきものではないだろうか。

（『あゆみ』No.7　一九六九年十二月）

回想

既婚者の最後として私達がマハラバ村をあとにしてから、早や一年になろうとしている。私達は各人それぞれの動機、理由は異っても自らの運営するコロニーをつくるという目的を同じうして、コロニー運動に加わった筈であった。そこでの数年間の生活を振り返ると実に面白い。婚約、駆け落ち、反乱、復讐、結婚、出産、流産、果ては〝スリコギの置き場所〟に至るまで……。劣等感と権力欲、徹底的な人間不信と妙な甘ったれ、嫉妬と友情、反抗と信頼、これらのものが渦を巻き、それは壮烈なまでの人間ドラマであった。こうゆう状況の末期に周知の傷害事件が起きたのである。

私は今そのことについて云々するつもりはない。しかしなぜCPは自分たちの演じたドラマを〝自分自身〟のものにできないのであろうか。なぜ対岸に押しつけて自分一人だけ〝被害者づら〟をするのだろうか。

当時、地元の村や町へ行って「昨夜○○されそうになった」とか「メシもろくに食わせて貰えない」などと言いふらした者がいた。この人達の過去の境遇から察するに、そうすることが保身の術であり、果てははさんでくれるお茶菓子の数にまで影響するということを本能的に身につけていたのである。しかしこの被害者のポーズをとるということはその人達に限ったことでなく、CP全体、否、私自身にも言えることなのである。なぜCPは被害者のポーズをとることそれ自体が、とりかえしのつかない〝加害者〟になっていることに気づこうとしないのか。また、意識するのと否とにかかわらず加害者になっている。或はならざるを得ない場合のあることが此の世の生活では〝ある〟ということをなぜ認めようとしないのであろうか。加害者なら加害者でいいではないか。

要するに当時を回想する場合においても、被害者のポーズをとるということは、自分の演じた役割を放棄することであり（プラス面も含めて）、現在の生活を真に「自分のもの」として掌握できないということの証左なのではあるまいか。つまり自らをかわいそうな者として、闘いを放棄したことに他ならないからである。私達は（少なくとも私は）自らの青春をコロニー運動に賭けたのである。そこでの生活を否定することは、コロニーの故に得られた生涯の伴侶も新しい生命・人格も否定することになるであろう。

私は今、過去の挫折感の中からはい上ろうとしている。しかしその前に私は自分自身がいろいろな面で加害者であったことを、個々の人間に向ってではなく、人間以外の何ものかに向って許しを乞わなければならない。（『青い芝』No.75　一九六九年一二月）

地域社会と障害者の姿勢

小田急線生田駅から、車の往来の激しい世田谷街道を横切って、急な坂道を登りつめた丘の上の住宅地にアパートをみつけ、茨城の山の中から引越してきたのは、昭和四四年二月はじめ、まだ春とは名ばかりの寒い日であった。

結婚して、三年にもなるのに、私達はまだ所謂「世間」での生活を体験したことがなかった。慣れない都会生活は誠に不安だったが、引越し荷物の整理もどうやらつき生活ホゴの申請手続を終えてその許可がおりる頃には、徐々に落着きをとり戻し、狭い庭があったのを幸い花壇など作ることにした。盆栽には以前から興味があり、五葉松やサツキの幾鉢かを引越しの荷に混えてもってきたので、庭先にそれを並べた。隣の部屋には七十才を過ぎた老夫婦が住んでいたが、やはり植木が好きで自分の庭には持て余す程植木鉢を並べて楽しんでいたので、すぐに植木談義となって思ったより楽につき合いを始められた。私達CP（脳性マヒ）は言語障害のため知らない人とのつき合いが仲々難しいのである。

買物には駅前の商店街まで行かねばならず、なにしろ急坂の上の住みかなので骨がおれる。銭湯も行きだけで二十分もかかる。妻は私よりも足がわるいので、道路を横切る時、坂の上り下りなどには、私が手を引いてやることにしている。そうでなくても目立つのに、二人手をつないで歩くものだから、たちまち名物になってしまったらしい。

或る日銭湯の帰りに駅前までくると、制服の巡査に呼びとめられた。

「あなた方は兄妹ですか?」

「いいえ」と言ったきりにやにや笑っていると、しばらくして気がついたらしい。

「私の弟も障害者で、食事の他は自分では何もできないのですよ。それであなた方はなにをしているのですか」

「何もしていません」

相手はキョトンとしている。

「じゃどうやって食べているの?」

「生活ホゴを受けています」

「ホゴで食べていかれるのですか」ときたから

「食べていけないような保護は国ではやらない筈でしょう」と皮肉を言ってやった。

この巡査に限らず種々の人から何回も同じような質問を受けるのであるが、どだい男と女が手をつないで歩いているのに「兄妹ですか」もないものだ。我々のような重度障害者や経済的に独立できない人が結婚するとはとんでもない贅沢だと思っているらしい。

それから一年近くたった最近のこと、生田駅のホームで見知らぬ中年の婦人から声をかけられた。

「今日はどこまで行かれますか？　私の妹も障害者ですが、何回も自殺を図ったり、お酒を飲んだりして、気持が荒んでいて困ります。あなた方をいつも見ているのですが、お二人で楽しく暮らしておられる様子でうらやましいですね。妹もどんな人でもいいからお嫁に行きたいなどというのですが、こればかりは縁ものでね……。体のわるい人は結婚しお互いに助けあって暮すことが健全者にもまして必要と思うのですが、いい人があったら紹介して下さい」

と言いながら自宅までの地図を書いて手渡し、ぜひ遊びに来てくれというのである。そういえば、この一年間ＣＰの友達がよく訪ねてくるのだが、道がわからずまごついていると、家まで連れてきてくれることもあり、近所の人々の私達に対する目も大分変ってきたようである。

最近ＣＰをはじめ重度障害者の間で「我々も一般の人にまじって地域社会で暮したい」

ということをよくきくのであるが、この言葉には非常に重大な問題が含まれているのではなかろうか。我々重度障害者の生き方は非常にむずかしいと思う。それは何も経済上のことや生活上からくる困難さをいうのではない。それは我々がいかに周りの社会と接するか、その接する基本的姿勢のことなのである。

私もここへ来てから神奈川県の「青い芝の会」に参加して会に出席し、又CP以外の障害者ともたまたま話し合う機会をもつのであるが、そこではしばしば

「お前達が働く気がないのは障害に甘えているのだ。俺は健全者に負けまいと血のにじむような努力をしてこれまでになった。給料は安いし仕事はキツイけれどお前達よりはましだろう。生活ホゴなんて恥かしいとは思わないのか」

と我々をやり玉にあげる。

彼等の理屈でいくと、先ず一般社会というものがあり、それにあわない人間は人間として失格だ、働かざる者人に非ずだということになる。また障害者施設や養護学校などでも

「一般健常者に負けるな。人の三倍も四倍も努力し健常者に追いついて世間なみになれ」

というように一般世間というものを一つの固定目標として教育しているようである。

だがいったい一般世間などというものが実体として、固定した存在としてあるのだろうか。私に言わせればそんなものはありはしないのだ。それぞれの立場、職業、収入、これらに基づくさまざまな主張は、みな千差万別である。（この千差万別の中で、我々のような働けない者もそのままの姿で独自の主張を述べたとしてもおかしくはない筈なのだが……）障害者が実体のないものを追い求めるように教育され、そして実体のないまぼろしの一般世間というものを至上におき、それを追いかけるということは一生追いかけても追いつける道理はないし、又それは自己の存在そのものを自ら否定することである。

私などは、物を食べる（口に運んでのみ込む）ことから着替えなどに至るまで、生命を維持するだけでも、大変なエネルギーを必要とする。肉体的に劣った我々障害者が、なぜ肉体労働において健常者と競わなければならないのであろうか。その必要性はどこにあるのであろうか。労働することが正義であり善であるとする考え方は長い間人間を支配してきた。それは物を作る（生産する）ということが至上命令とされていたからである。そしてそこから生産性・能率・コスト・マージン・合理化などということが言われ、それが障害者を差別する元凶になってきたのである。軽度の障害者が就職できない重度者をみさげることは、自分の職場におけるコンプレックスを自分より重度の者をみじめな存在に突き落すことによって償なうと同時に、経営者、ひいては国家権力の人民支配の術策に陥ることになるのではあるまいか。

今や殆んどの物が生産過剰になりつつある。米は古米・古々米の処分に困って生産調整をどうするかに悩み、鉄鋼・自動車・電気器具また肥料・プラスチックなどの化学製品に至るまで市場にあり余っている。最近情報化社会とよく言われるが、それは広告・宣伝などの情報部門が生産部門よりも優位にたったこと、つまり生産者あっての消費者から、消費者・流通機構・PR部門あっての生産部門へと移行したことを意味する。従来、社会の役に立つということは物を生産するということを前提として言われてきたが、今やそれもあやしくなってきた。消費するだけでも社会の役に立っている、いやむしろこの方が第一におかれるようになりつつあるらしい。たとえ寝たきりの重度者でも生きる権利はあると言われるが、私にいわせれば、彼等も社会の一員であり、そのままの姿で社会に参加しなければならない。ウンコをとって貰う（とらせてやる）のも社会のためなのである。とにかく我々障害者問題に関しては従来とは違った尺度の思考法が要求されよう。

形態のちがいこそあれ、人間だれにとっても働くということは自然の姿である。生きていて何もしないことは辛いことであり、不可能なことである。だから人間がその能力に応じて働くのは自然であり、物を生産することは本来苦でなく楽しみであるべきで、従ってそれは他人から押しつけられるべき性質のものではさらさらないのである。労働と一口にいっても、彼等が言うように肉体をすり減らすことばかりが労働ではあるまい。知的な労働・或は知能的生産というものがある。詩、俳句などをつくることも労働であり、古典や歴史・哲学などの研究をするのも立派な仕事である。

そんなものが何の役に立つかという石頭がいるとすれば、私は江戸時代の国学者本居宣長のことを引用したい。彼はある旅籠屋に婿入りしたが、少しも家業に身を入れず、本ばかり読んでいた。舅をはじめ親戚一同が「あんな婿は早く離縁したほうがいい」といったのだが、宣長の妻は「そんなに本が読みたければいくらでもお読みなさい。そして自分の研究を続けて下さい。旅籠は私がやりますから」と言って、以後宣長に家業をやらせなかったということである。当時の学者の研究が使いものにならない単なる文献となっているものの多い中で、宣長の諸説は研究のすすんだ今日でも立派に生きており、歴史学・民俗学の出発点として確たる位置を占めている。もし彼が周りの人の言うように家業に専念したとしても、彼の旅籠は現在どこにも見出せないであろう。

全く何が役立つかわからないものである。汗や油にまみれて働いているといばっていても、その製品が公害の元ともなり、ベトナムの人殺しの道具に使われたとしたら一体どうであろうか。重度障害者が一般常識を受け入れて、肉体的労働の場で健常者と背くらべをするのはナンセンスであり、無理やりに我々を肉体的労働の場に引き入れるのは誠に馬鹿げたことである。私など、手足を傷だらけにしてろくに金にもならない物を作るなんて、まっぴらごめんだ。それよりも寝転んで民俗学や哲学の本でも読んでいたほうが余程ましである。

要するに障害者が地域社会で暮す場合、「世間一般」にとけこもうと憧れるのではなく、労働は正義であり善であるという一般常識と対決してこれを変えさせることを基本的態度とし、又目的としていかなければならない。一部の障害者の如く仕事の奴隷となり、肉体的に働くこと或は物質を生産することだけが正義であるというような旧態依然とした考え方から脱却しこれを克服しない限り、障害者問題の解決はあり得ないし、我々重度者の解放はあり得ないのである。

高度に発達した物質文明そのものが世界的に問い直され新しい価値体系が模索されて

いる現在、障害者は他の人々に比べ社会的地位・物質・金銭などに余計執着し憧れるようである(それらを手に入れにくいためだろうが……)。しかし、この物質・金銭オンリーの社会的風潮に、我々障害者は差別され、下積みにされてきた。この疎外者としての立場から現在社会に対して疑問をもち、一般常識と言われるものに挑戦する思想がでてこないものであろうか。

ここに来て二度目の春がめぐってきた。去年の秋近所の人達にほめられたいく鉢かの菊は、盛んに新しい芽を出し始めている。パンジーも蕾がほころびかけ、もう少しすれば隣のおばあさんに分けてやれるだろう。

私のような重度障害者が独立して地域社会で暮すことは未だはじまったばかりである。全てはこれからの課題であろう。

(『道程』国立身体障害者センター更友会編・発行　一九七〇年)

話し合いを終わって

去る九月六日に行われた「青い芝」と「重症児を守る会」との話し合いでは幾多の一致をみた。しかし、親と子、健全者と障害者、殺した側と殺される立場という決定的な立場の相違、従ってそれに基づく意見の相違もまた不十分な形ではあるが浮きぼりにされてきたように思う。後で録音テープを聞いて改めて感じさせられたのは、しゃべる速度、従って量の差とそれに費やす労力の差ということである。しゃべっている時間は七分三分でも言葉の数からいえばもっと著しい差があった。〃この差をこの差をいかにせん〃といったところだ。

守る会の方々から「私の子供など親がオムツをとりかえてやる時、自分から腰を浮かせようと一生懸命になっている。それだけでも子供にとっては大変な労働である」との発言があり、また「笑うことすらしなかった重症児がある時ニコッとした。そのことで生命の尊さを知らされた」「頭もだめ、体もだめ、しかしそれだけに重症児は生命《いのち》そのものだ。その生命を守る為に新しい価値観が必要である」とも言っておられた。全くそのとおりである。我々もまたこの親御さんの発言の中にこめられているような新しい価値観を打ち立てることを目指すものである。この点では青い芝側と守る会側では完全に意見が一致しているように思う。

しかし、具体的な行動ということになると、親御さんたちは「福祉行政によって施設を作ってもらおうではないか」となってしまうのはどうしたことなのだろう。そもそも行政（政治・権力）というものは、既成の価値観の上に築かれ、それを守っていく任務を負っているものなのである。この既成の価値観によれば労働（特に金をとれる労働）できることが人間の条件であり、物の生産に携れない者は社会に生きる資格がなく、従って寝たきりの重症者などは社会より隔離され、労働力確保の補助手段とされるということになる。かくして行政によって作られる施設はその大きな建物ということのみで社会から隔離されているのではない。それは既成の価値観を守る為の福祉行政（おめぐみとしての）という手段によって作られ、運営されているのであり、この運営規則によって障害者は拘束され、隔離され人権を侵害されているのである。事実、都立府中療育センターでは入所の折、解剖承諾書までとっていたという。以上述べたことからいって、新しい価値観を求め、それに基づく何らかの施策を打ち立てるということは、行政の力におんぶしていたのでは到底望めるものではないというのが私の考えである。

更に「親が一家心中をするまでに追い込まれる」とか「追いつめられる」という言葉を守る会の方々から再三再四伺ったのであるが、私が知りたいのは「何によって追いつめられるのか、追いかけてくるのは何なのか」ということである。私の考えでは、社会(重症児を持つ家庭を精神的に村八分にする)も親自身も障害児は本来あるべき姿ではないと思い込まされており、医者だ、施設だと走り回った末に「それらが全て閉ざされているとしたら」と絶望的になり、心中・殺害というところまで「追い込まれる」のである。この働かざるもの人に非ずという既成の価値観、この棍棒によって「電車の踏み切り際まで……」追いつめられるのではあるまいか。だからこそ今までの物の見方、考え方を変えていく必要があり、行政によって施設をというのでは話は全く逆であろう。

肉体的に、経済的に、また社会的地位からいっても我々とは比較にならない程の力をお持ちの守る会のこと故、重症児の生命と自分自身の家族を守る為、自らが言われた「新しい価値観」を具象化していく施設(?)を自らの力により作りだす方向で運動をすすめて戴きたいと思います。それが真に新たな価値観を求めるものならば、その時に我々と本当に手を結べるのではないでしょうか。

(『あゆみ』No.11　一九七〇年十月)

重症児殺害事件その後

八月には千葉県で六才のＣＰ児が食事も与えられずテレビの足にしばりつけられるという残酷なやり方でその両親によって殺され、九月二四日には東京の杉並で二才のＣＰ児が父親に殺されました。このように重症児殺害が頻発するなかで青い芝（主として神奈川県連合会）によって行われている横浜の重症児殺害事件に対する運動は、殺される立場からの発言として初めてのものであり、文字どおり我々ＣＰの生存権をいかに受け止めるかという問いかけの形ですすめられてきました。以下その概略をお伝えしたいと思います。

八月二二日横浜駅西口で「我々に生存権はないのか、障害児（者）は殺されるのが幸せか」又、減刑嘆願運動と「親を罰するよりも先ず収容施設だ」という意見に対し「殺人を正当化して何が障害者福祉か」というような主旨のビラをまき、会報「あゆみ」（本事件特集号）を販売、四時間程で二百五十部売り尽しました。

次に九月六日神奈川の「重症心身障害児を守る会」との話し合いを行い、山北以下十名（主に役員）が出席しました。先ず検察庁など関係各方面に提出した青い芝側の意見書と横浜市長に宛てた守る会などの抗議文との交換があり、次いで青い芝側からの左の如き問題提起を行いました。

一、減刑運動について

○安易な減刑運動は障害児殺害を正当化するものではないのか?

○重症児殺害の罪をあいまいにすることは障害者の生存権を危くすることではないのか?

一、施設について

○二才の子を施設に入れる必要があったのか(殺害の理由になる程)?

○施設を必要としているのは親達ではないのか、又、親の要求で作られた施設でありながら、それが障害者(児)福祉とされるところに根本的誤りがあるのではないか?

一、障害児(者)の親子関係について

○親が障害児を私有物化したところにこの事件の原因があるのではないか?

○親は二才児の将来をどのように考えたのか(人間の価値観の問題)?

○親の偏愛からぬけ出すことが障害者の独立の第一歩ではないか？

これに対して守る会（父親ばかり六名出席）側は「私達とあなた方とは基本的に同じ意見である。しかしあなた方とうちの子供達とは全然違うのだ」というような出方をし「私達は減刑運動はしていない。しかし減刑とは刑をなくせというのではなく情状酌量せよというのだから肯定できる」「重症児をもつ家庭は追いつめられる状況にある。それを救うため行政によって施設が作られるべきだ」などの意見を出しました。青い芝側は「何によって追いつめられるか？　それは労働することだけが人間の資格であるという今の社会風潮によって重症児のいる家庭が精神的村八分にされるのだ。村八分ということと施設に入れることとしめ殺すということは、皆、同根のものである」と反論しました。又、守る会側からの「頭もだめ、身体もだめ、しかしそれだけに重症児は生命そのものだ。その命を守るために新しい価値観が必要である」という意味の発言に、青い芝側から「頭も身体もだめという定義づけは問題だが、命を守ること、それだからこそ行政によって作ってもらった施設に入れてしまえば……ということではだめだ」などの主張がなされ、話し合いは平行線をたどったまま、これからも話し合うということで散会しました。

その後、九月十日横浜地検より呼び出しを受け、横塚以下六名出頭したところ、担当検事より「先に提出のあった意見書の他に言うことがあったら申し述べるように」と言われ又、裁判の証拠となるような具体的事実（各々の幼少年期の体験など）を書面の形式にして提出するよう求められました。後日横塚が代表してそれを作成し郵送しました。なお担当検事は「確約はできないが、九月中には起訴するか否か態度を決めたい」と言い、更に「私がかねがね考えていたことが、あなた方の意見を読んだり、直接話を聞いたりして、ひとりよがりではないことがわかった」と言っておられました。

なお、この運動につきましては各方面より種々の反響がよせられております（本事件に関する我々の運動を掲載した新聞に、朝日、神奈川、全東京、福祉タイムス、青い鳥の各紙がある）。


（『青い芝』No.80　一九七〇年一〇月）

キャンプ報告

八月二九日から三日間、外房・勝浦海岸でキャンプを行なった。

出発の時、予定の急行に乗り遅れた人もあり、気がもめる。又、予約しておきながら不参加の人もおり、一寸淋しい感じ。

勝浦駅で高垣氏の出迎えを受け、その昔庄屋をしていたという広々した宿に落着く。

小人数だが、反ってこじんまりしていいやとばかり、とにかく自炊することになった。公害の都会から来た者が殆んどで、外房の澄んだ海に何度も足を運んだ。

よく同じ釜のメシを食った仲というが、三日間も一緒に暮らすと、それぞれに今まで知らなかった面が現われておもしろい。日頃のCP問題の大家?も、なーんだということもあり、おや、この人にこんないいところがあったのかというような新しい発見もした。二日目、こだま会の人と話し合いなどがあり、あちこちで口角泡を飛ばす議論が展開された。話題は、府中問題、荒木問題、その他障害者全体に係わるものであった。

今後考えなければならない点は、重度者をいかに参加させるか、車イスなどの運搬、ボランティアの問題、炊事が一定の人達にかたよる事などだろうと思う。私を含め、執行部の腰の入れ方が足りなかったようだ。

とにかく、参加人員一四名、日頃の生活ではできない体験をし、その中から何かをもち帰った人もあったことだろう。

地元で尽力した高垣氏と高垣夫人はもとより、民宿の石井さんの家族の方々に一方ならぬお世話になり、厚くお礼申し上げたい。

（なお、会費の残金、千余円は青い芝会計に寄付）

（『青い芝』No.80　一九七〇年一〇月）

役員推薦を辞退します

過日「青い芝の総会などに出席する重度の会員にタクシー代を出して欲しい」という提案があった際、私は「会からは原則として出すべきでない。会合には自分自身の意志で参加するべきで、一年かかっても小遣いを貯め食物を減らしても自力で費用を捻出するべき性質のものである」と発言しました。これは一つにはＣＰ者としての主体性を問うたのであり、又「出してあげたいけど財政的に……」というようなきれいごとに対する反撥でもあったわけです。重度者が会合に出席する交通費の問題などは皆で考えなければならないことであるが、それは誰かにやって貰う、或はやってやるということであっては、おめぐみ的に陥り、所謂、府中センターを作り重度者を隔離、保護することと基盤を同じくするものと思われます。かつて神奈川青い芝において、重度者も旅行を！という趣旨でカンパ活動をし、一泊のバス旅行を行ったことがあります。その経験を私が本部にもちこんで、いわゆる街頭乞食論争となったわけですが、街頭乞食にしろ何にしろ、ある一部の者がそれを行い、他の殆んどがやって貰うということではチャリティショーと変りなく、石橋問題が起きた状態とも余り変らないことになります。要は重度者自らが自分の問題にとりくむことであり、街頭カンパにしろ何にしろ、その本人が自らの意志を持って何らかの形で参加することであります。そうすればそこに集ったお金は重度者自らが稼いだものとなるでしょう。

四五年度総会において役員に選ばれてから一年余り、私は私なりに努めてきたつもりですが、ふり返ってみるとシンドかったわりに何もやれなかったという思いが残ります。石橋問題の解決ということを課題とされた役員として、さきの会報の如くなったわけだが全く不本意ながら、これ以上は私を含めた現役員の能力の余るところとなり……ということであります。あの処分について又役員の対応の仕方についていろいろの御批判、御指摘を受けましたが、多くの点で尤もなことと思います。役員の、いや私の力の及ばなかった点を指摘されて私自身にとり非常に勉強になりました。石橋問題をはじめ会の体質にとりくみ、又、重度者の問題（旅行、タクシー代などの要望）に少しでも応えるためには大変な困難と努力（体力・知能の面、また金銭的にも）が必要だと痛感しております。勿論私としてもこれらの困難に自ら立ち向わなければならないとは思いますが、今年一年はこれらの無理ができない個人的事情もあり、又、さきの会報の如く総辞職した役員が次期役員を引き受けることは筋が通らないとも考えますので、私を推薦して下さった方々には誠に申しわけないのですが、次期役員を辞退させていただきます。これからはフランクな立場でできるだけ協力していきたいと思っております。

（『青い芝』No.83　一九七一年六月）

青い芝再出発にあたって

　昨年一一月、時期はずれの箱根一泊旅行において青い芝総会が開かれました。それは神奈川支部と宿泊場所が別れるなどの関係もあり、十分な討論時間がもてなかったことなど幾多の難点を残しながら、とにかくやっとの思いで成立した総会といえるでしょう。石橋問題に端を発し、会の体質改善が叫ばれる中で開かれた過去何回かの総会は定数不足により不成立となり、執行部も改革委員会という変則的状態におかれ、その改革委員会ですら一人落ち二人抜け……の有様でした。こうした中で改革委員長としてこの任にあたられた寺田純一氏のご苦労は思っても余りあるものと推察します。

　本部はいわば雌伏期でしたが、神奈川支部において映画「さようならＣＰ」を製作し、我々脳性マヒ者と健全者とのかかわりあいについて問題提起を行ない、現在全国各地で上映会とそれに引き続く討論が行われております。又障害児を胎内から抹殺しようとする優生保護法改正に反対するのろしを上げて各方面から注目されています。青い芝の組織の外においても、府中療育センター在所生における強制移転反対のための都庁前坐りこみをはじめ荒木裁判闘争、八木下君の教育権獲得のための闘争などが展開されてきました。これらは不当に差別され抑圧されつづけた重度障害者の人間回復運動であり、障害者の目を通した人間の凝視であり、現代社会への問題提起であると思います。これらの運動に対して前述の如く青い芝本部は弱体のため十分とりくめなかったことについては、執行部として深く反省し再出発の糧にしなければならないと思います。

しかしながら青い芝の役員もいうまでもなくCPであり、肉体的に又社会性の面からも社会的にみれば重度の障害者であります。種々の運動を起し又参加した場合、相手の行政当局のうごきや障害者を支援する人々の動静を含めたところの情勢の変化に十分対応できない嫌いがあることも事実です。このようなことから「青い芝の役員は何もやってくれない」「たよりにならない」というようなそしりを受けたのですが、これは少々おかど違いではないでしょうか。ここにこそ本人の主体性が問われることになると思います。青い芝の役員といえども（だからこそ）「健全者」ではない、ましてやスーパーマンでないことは前に述べたとおりであります。私をはじめとして多くの人はいと容易く他人を攻撃し他人に要求するのですが、己れ自身のこととなると全くなっていないことが多いようです。我々にとって何が真の敵か、我々を差別し抑圧しているものは一体何なのかをよくよく見きわめ、我々CP者として運動の方向をしぼっていく時ではないでしょうか。

私は障害者運動の基底にあるものは自己発見或は自己確認ではないかと思います。今までの障害者の意識構造は自己喪失であったとも思われ、この社会において差別され抑圧され続けてきたにもかかわらず、抑圧してきた側である「一般」とか「常識」などと口にしながら、その中へ自己を埋没させてきた、いや、させようとしてきたのです。方法は各自異なるにしても障害者としての立場から社会の矛盾を追求し自己主張することが大切であり、そうすることによって逆に己れが問い返されます。そこにさらけ出された己れはあたかもぼろぞうきんのような姿（外見ばかりでなく）を呈することでしょう。しかしそれだからこそ……。そこにおいてはじめて他の何人を以てしてもとってかわることのできない自己を発見する筈であり、写し出された自分の姿に愕然となり戦慄することによって自ずから発せられる叫びが真の自己主張となる筈です。

今度私が会長という任務分担を引き受けましたが、果してどのようなことがどの程度できるか大変おぼつかない次第でありますが、総会の折に発表した運動方針案に掲げられた事柄などに取り組めるよう努力したいと思います。

（『青い芝』No.89　一九七三年二月）

「青い芝」神奈川県連合会第十二回総会（一九七四年五月十九日）での発言

「青い芝」は神奈川を始めとして大阪、茨城、栃木など非常に活発な活動が行われておるわけですけれども、全国的な組織ともなりますと風当たりも強くなります。

この間の春闘でも「青い芝」は積極的に参加しました。私たちが続けてきた優生保護法改正案に対しては引き続いて反対していくことに決まりました。十六日の衆議院の社会労働委員会に於いて優生保護法が取り上げられたんですが、その時の厚生相の発言は「優生保護法改正案中第十四条四項は障害者団体が反対しているので削ってもいい」ということをにおわせております。

私たちの活動が厚生相の発言の中までやっと届いたということができるので、私たちの活動もどうやら実を結んだところまで来たわけですが、最後の詰めを行おうと思いまして、この二二日に社会労働委員会に全国的な動員をかけて行くことになりました。それと同時に各政党に私たちの意見を私たちの要望書という形で提出していきたい。

この優生保護法改正案反対は神奈川が一番初めにやり始めたということもありますので、私たちの運動に一人でも多く参加して頂きたい。

「青い芝」の活動というのは、他の障害者団体とは大分違ったやり方である。今までの障害者団体、あるいは障害者というのはどういう風に置かれていたかということは昨年の全国常任委員会で確認してきた。

それは、いわゆる今までの障害者はおとなしく人の迷惑にならないように、社会の片隅あるいは家庭の片隅、人里離れた山の中でなるべく目立たないように生きていくことを要求されてきた。

私たちはそういうやり方ではいけないということを確認し、親睦の障害者グループから、闘う障害者団体へと姿を変えてきたわけですけれども、ところがやっぱり我々の中には、今までそういうおとなしく、こっそりと生きていくように教えられたことは彼らの中に染み付いているために、社会的な活動をやるということは間違っている、もっと親睦があってもいいということを言われたり、また内部からの声もある。

それでは元の隔離された状況に逆戻りする。そういうことでは障害者運動の歴史を切り拓いていくということには全くならない。

それと障害者の存在を私たち本人がどういう風に自覚するかということが問題である。

私たちは親睦をやってもいいんだと思っていても、知らないうちに政治的に利用されることがあります。昔は小さなグループを作り、いわゆるなぐさめあっていればよかったかもしれません。しかし、おとなしくしていればいいんだということが政治的に利用されることがあるわけです。そのことを皆さんはよく知って頂きたいとお願いします。「青い芝」はどんどん大きくなり、それだけ責任も大きくなります。

もう一つは神奈川「青い芝」だけで活動すればいいんだということでもないことを皆さんで討議して下さい。まとまりませんが、全国常任委員会からのあいさつとします。

〈略〉

今、小仲井さんから障害者の労働問題について質問が出ていたわけですが、会報に全国常任委員会の見解が出ています。今の会長の答えに少し補足します。

今、ＣＰは働いている人は少ないわけですが、その中でも働いているといえるかどうかわからない。それはこの間発表された労働白書を読むと日本の労働者の平均賃金は一世帯あたり十四万いくらと出ているが、障害者が働いても一万、二万だということになり、ひどいのになると僅か五千円でも働いている。そのことは非常に問題であるが、もっと我々が問題にしなければならないのは、僅か五千円でも俺は働いているのに他の人は働いていない。それは働く気がないからだという気持ちがある。

多くが、自分より障害の重い者をさげすむことによって、自分の受けてきた差別や圧迫感からのがれようとするのもある意味では当然であり、このたびの闘争においても我々の前に立ちはだかった職員の中に数名、このような人達がみられた。以上述べたことは我々の多くが施設入所などの体験から身にしみて感じとってきたことである。

藤田さんの場合もまた、この健全者社会の価値観を凝縮させた形で権力の作り上げた和歌山県立福祉センターという閉鎖社会において、障害が重く作業が進まないことによってしごかれ、さげすまれ、こづかれていたことは生前彼が我々に訴えていたことからも確かである。

彼の話によれば、「青い芝」の催しに参加しようとした際、松葉杖をとりあげられたり、文字板を隠されたり、あるいは「青い芝」の街頭カンパに参加しているところをみつけられ、「こじきの仲間に入るな。我々の恥さらしだ」などとよってたかって責められた。しかし、彼は思い直したように「自分のおかれた現状で闘わなければ、そしてそこを変えていくにはセンターの中でひとりでも多くの仲間を作っていくことだ」とも言っていた。事実センター内において二、三の仲間をオルグし、「青い芝」に入会させていた。

しかし、彼が頑張れば頑張るほど彼に対するセンター当局、また軽度な入所者からの圧力は強まる一方であったらしい。

　このようにして彼は死へと追いやられていった。いや、むしろいびり殺されたというべきであろう。

　かたわらに松葉杖をおき、線路にねそべっていた彼の耳に、遠くから次第に大きくなってくる列車の響きはどのように聞こえたであろうか。

　このような彼に今まで何もやってやれなかった我々が、今、何をなすべきか。

　それは真相を明らかにすることであり、彼をここまで追い込んだものを徹底的に糾弾することでしかない。

　このような位置づけのもとに我々の組織内において討論が重ねられ、今回の抗議行動となったわけである。

　センター当局の誠意のなさによって機動隊出動という事態になったのであるが、最後まで一人の落伍者もなく闘いぬいたことは我々自身として評価しなければならない。

　今まで行なわれてきた障害者闘争において、障害者のみが完全武装の機動隊と対決し、排除されるまで頑張りぬいたことはかつてなかったことである。

　すべての社会運動において思想や方針が大切なことはいうまでもない。しかし、それ以前の問題として根底にあらねばならないのは仲間意識である。

我々脳性マヒ者はすべての人間的活動から疎外されてきたがゆえに、ともすれば仲間意識がもちにくい状況にある。それだけに今回の闘争で示された我々の団結力の強さこそが仲間の死を無駄にしないことであり、今後の運動の基礎にしていかなければならない。

決して藤田さんの死を「急行列車が三九分遅れた」だけのことで終らせてはならないのだ。

(『青い芝』No.98　一九七六年六月)

「青い芝」神奈川県連合会第十四回総会(一九七六年六月六日)での発言

全国の「青い芝」として、今会長さんからあいさつがあったように、昨年の十一月に全国代表者大会を開きました。規約改正あるいは行動綱領の作成等々、「青い芝」の新しい運動の路線、「青い芝」らしいというようなはっきりしたものに変えられたということがあります。

それはどういうことかというと私は「青い芝」の活動というものは第三期に入ったと思う。

第一期というのは、いわゆる「親睦」であったと。世の中から相手にされない者同士が集まってなぐさめあった、あるいは愚痴をこぼしあった、こういう時代だったと。

それからそういうことではいけないんだと、我々も社会の一員であると、社会活動をやっていかなければいけないいんだと言う人たちも出てきて「社会活動期」というか、つまり「青い芝」の中の活動の一部が社会活動だという、そういった位置づけだったと思います。これもいわゆる年金の問題だとか、そういうことであった。いわゆる「我々を生かしてもらいたい」という線からまだまだ抜け出していなかったと。「私たちのことを理解して下さい」といった時に既に本当の理解はないということだと。

それで第三期というのははっきりした「障害者差別と闘う」という姿勢が出てきた。そしてそれが私たちの全国的な路線として採用されたわけです。

今、「青い芝」の全国的活動というのは、今まで障害者はやったことのない道というか、そういったことに突入しているわけです。例えば、よく何年か前に府中センターの問題やなんかの問題で、「施設解体」という言葉が使われたわけですけれど、何か「施設を解体する」というと非常に過激のように聞こえるわけです。

ところが「青い芝」の運動というものは既にそのことを着々と進めていると。どういう風に「施設解体」ができるかといえば、どんな重度の人でもアパートで、あるいは住宅で暮らすということがあるだろうと思うわけです。それで、そういうことができるのはどういう条件が必要なのか、ということだと思うんです。ただ、ポツンとその自分のアパートで暮らしていくのであれば、それは個別隔離になる。個別隔離をなくしていく、住宅隔離もなくしていくことだと思う。関西、あるいは東北地方の「青い芝」では現実に進められているわけです。

私たちの運動というのはともすれば自分で歩けて、自分で何とか身の回りのことができる、そういう人たちだけの活動だったと。そういう傾向があったと思うのです。

しかし、今言ったような関西あるいは東北地方の人たちは非常に重度な寝たきりの人たちが「青い芝」の運動に参加している、ということがあります。

それから、おそらく今月中に長崎「青い芝」が結成される予定です。いよいよ「青い芝」は九州でもできるんだ。そのうち熊本、福岡でも作ろうというような動きがあるわけです。

それで、重度という、元に戻りますが、そういった重度の寝たきりの人たちが運動に参加して、そして自分のものとして「青い芝」を位置づけていくにはどうすればいいのかということを、全国の仲間とともに神奈川県でも考えて頂きたいと思います。そういった動きである「青い芝」と全然違った動きをしている人たちもいるわけです。

「私たち幾人かがグループを作って親睦でもいいじゃないか」ということでやっているということが、自分たちでも気がつかない間に「青い芝」とは全く反対の方向に巻き込まれてしまう、ということがあるわけです。私たち「青い芝」は脳性マヒ者としての立場から運動を続けなくちゃならない。しかし、多くの人たちはそうではなくて、何かこう「社会がこうなんだから私たちもそれに合わせる」というような発想になっている。そういうことが非常にこわいわけです。

それで、全国的な大きな運動の流れとしては「青い芝」は障害者団体としてはたった一つの全国組織である。そういう立場に立って皆さんもがんばって頂きたいし、私たちもがんばりたいと思います。これで終わります。


（『あゆみ』No.33　一九七六年八月）

文部省の方針と法律

古今東西、いかなる国家体制にあろうともその進もうとする（進ませようとする）方向とその国における教育とは密接に関わり、切っても切れない関係にある。いいかえればいかなる体制の国家（資本主義国家であろうと、社会主義国家であろうと、また共産主義国家があったところで）においても国策の最重点におかれているのは教育であり、その国の進む方向にそってそれを発展させることに奉仕する人間を作っていこうとするものである。敗戦後も文部大臣の多くが旧軍人であったり、また与党の文教委員や文部官僚の多くがタカ派といわれる人達によって占められていることからしても、教育が現体制をおしすすめようとする人達にとっていかに重要視されているかは明らかである。

明治維新以来、欧米先進諸国に追いつき、追いこせと殖産興業、富国強兵の道をひた走り、擬似資本主義国家を急いでつくりあげようとする中で明治二三年、義務教育制がしかれた。この時から障害児に対する就学猶予、免除の条項が存在していたことはある意味でごく当然のことであった。その後、軍国主義侵略戦争へと国民をかりたて、大和民族の強さ、優秀さを強調する中で「お国のために役立たぬものは非国民である」とし、人間とみなさないものを作ることによって国民を権力のめざす方向へとかりたててきた。障害児を生んだ母親が「お国に対して申しわけない」と自殺した例などはこの時代をものがたっている。

そして敗戦後、国をあげての経済復興が至上とされ、今や経済大国にのし上がった日本の歴史の中で常に一貫しているのは「役立たぬ者、能力のない者人に非ず」という思想である。このような中で障害者は義務教育の対象からはずされ続けてきた。ただ一部の篤志家によってその必要性が説かれ、特殊な空間と特殊な人間によって細々と続けられてきたのである。

一方、普通教育はまたたくまに義務教育就学率ほぼ百パーセント(高校進学率九十パーセント)近いという高い普及率を示し、経済成長を目ざして経済界の側から教育界へ「能力開発」「人的資源の開発」などが要求され学校はできるだけ早く才能(学力)を選別する場所となり、世界でも類をみないほど高度化した教育内容へと急速に変ぼうしていった。歴史的にみても義務教育とは行政権力が国民に課した「義務」であって、人民の側から権利として権力の側に義務づけるものでないことは明らかである。ちなみに世界最初の義務教育はある国の王が自国の軍隊を強化するために適齢男子に対して義務づけたものであった。このように国家（経済）の動向にしたがって「反動政策」といわれる種々な教育政策が政府権力の側から打ち出され、それに抗して教育に関わる人達の闘いが組まれてきた。勤評問題、教頭管理職化、学力テスト廃止運動、そして現在の主任制問題等々。

しかしながらこれらの闘いすべてにわたって教師は権力の側に屈服しつづけてきた。負けつづけてきた。そして権力側は着実にエリートから下層労働者から子供の時よりその能力（学力）に応じて選別していく教育体制を整えてきた。なぜ教師は敗北しつづけてきたのであろうか。権力の打ち出してきた「反動政策」をのりこえるには常に権力が切り捨てようとしている者あるいは切り捨てている者に闘争の視点をおくことである。しかるに今までの教育闘争の中で常に義務教育から切り捨てられつづけた障害者の存在がうかびあがったことは一度もなかったばかりか、障害児教育、養護学校、発達保障など障害児に関する施策に教師の多くは何ら疑問も感じず、むしろよいこと、すばらしいことで通ってきたのである。そして障害者とは全く関係のないところで義務教育の学力重点主義、つめこみ教育等が問題とされてきた。ところが現在の普通教育を支えているものは障害児隔離教育なのである。普通教育の内容が高度化し、選別が激しくなるほど、ついていけない子供を入れていく入れ物が重要な役割をはたしてくる。養護学校が当然あるべきものとして存在することが養護学級を作り出し、普通教育からの脱落者をその中に送り込むことを容易にさせ、普通教育はますます学力主義、選別教育におちいっていく。

昭和四六年、明治維新の学制改革、第二次大戦後の教育改革に次ぐ「第三の教育改革」として中央教育審議会が打ち出した「国家理想を実現するための」「社会、経済発展の見通しを考慮」した改革案。

昭和四七年、経済審議会より出された「新経済五ヶ年計画」の中でうたわれた「重度心身障害者全員の施設収容」。

昭和四八年、昭和五四年養護学校義務化の公布。

これらごく最近の流れだけをみても、経済の発展を支えるための普通教育体制を確立するために障害者隔離収容政策がいかに重要なものであるかは明らかである。

昭和五四年度の養護学校義務化の解釈をめぐって一部に「これは養護学校への就学義務ではなく、設置義務だけであり、養護学校へ就学するかどうかは本人及び保護者の意志である」とし、養護学校建設をすすめる立場にたつ人達があるが、これまで述べてきた歴史的背景からしても法律的にみてもこの解釈がいかに安易なものであり、かつまた間違いであるかは明白である。

我々は昭和五四年度養護学校義務化を我々障害者に養護学校就学を義務づけ、よりいっそう障害者差別、隔離収容への道をつきすすむものとしてとらえ、今後あらゆる方面において養護学校義務化を阻止していく闘いを作っていくと同時に、障害者解放の視点なくして教育問題を語ることはできないという世論をまきおこしていかなければならないと考える。

（『青い芝』No.99　一九七六年八月）

七七年年頭にあたって

会長　横塚晃一

一昨年秋に開かれた第二回青い芝の会全国大会において、我々障害者の人間宣言ともいえる五項目の行動綱領ならびに新しい運動方針、新規約などが可決され、新しい青い芝の会がスタートしたのです。

これは今までの「弱い者」「同情される者」「一方的に保護される者」としての障害者から、基本的に同等の者であるという立場をハッキリ打ち出したものであります。

それから一年あまり、表面的には新しく誕生した組織もなく、また全国レベルでの行政交渉等においてはあまり見るべきものこそありませんでしたが、各組織内における討論学習会ならびに行政闘争をはじめとする様々な運動を通して行動綱領にもられた青い芝思想の体得が活発に行なわれ、その充実ぶりにはめざましいものがあります。

なかでも昨年四月、大阪で行なわれた全国青い芝の会教育問題学習会において、昭和五四年度養護学校義務化は障害者に対する差別の元凶であり、また我々が地域社会で生活することを妨げ、差別分断教育を完徹させるものとしてとらえ、今やその反対運動は全国各地でくり広げられております。

さらには昨年八月には一五〇〇人の結集をもって全障連（全国障害者解放運動連絡会議）が結成され、各方面から注目を集めました。

これは第二回青い芝の会全国大会の決議に基き、青い芝の会でも積極的にとりくみ、それまで個々バラバラに行なわれていた障害者運動を青い芝思想のもとに、すなわち「おなみだちょうだい」的な融和思想を排し、あらゆる障害者差別と闘うという基本理念のもとに結集させたということにおいて画期的意味のあることであります。

今年は青い芝の会も結成以来二十年目を迎えます。このような長い歴史をもち、いくたびかの曲折を経て発展してきた障害者団体は他に類をみません。今年は過去の蓄積をふまえ、各都道府県組織におかれましても活発な活動を展開されることと思います。

全国レベルにおいても教育問題における文部省交渉、車イスに対するバス乗車拒否問題での運輸省、東京陸運局交渉、さらに我々が地域社会で生活するための厚生省交渉、また組織面においては四月の全国委員会、秋の第三回全国大会、さらにまた全障連に関しても四月に行なわれる昭和五四年度養護学校義務化阻止の全国集会をはじめ、夏に予定されている関東での大会において昨年第一回大会に倍化する人々の結集が予想されます。

このようにひしめく活動スケジュールの中にあって、今年の前半にも新しい青い芝組織が数県に誕生しようとしていることもたのもしい限りであります。

また目を転じて考えてみますと、数年前、活発に行なわれてきたひとりの障害者を多くの健全者がとりかこむ運動の形体は今や、完全に行き詰まり、新しい運動の展開を模索している段階だと思います。

もちろん、このような運動が起きるのは障害者運動、なかでも青い芝の会の組織力の弱さをはじめ、様々な社会的背景があってのことであり、彼らの提起した様々な障害者差別に対する告発といった面から社会的反響を呼び、障害者解放闘争においてそれなりの意義があったことも事実です。

しかし、これらの運動がなぜ行き詰まったかといえば、運動の中心となるべき障害者にその組織をリードし、運動の方向をさし示すだけの力量がなかったからだといえないでしょうか。ほとんどの障害者は生まれた時から家庭や施設、養護学校に隔離され、社会性はもとより文字をよむことすら奪われてきたという状況から考えても障害者個人にそのような力量があろうはずがないのです。

しかし個々に切り離された障害者にたとえ正しい方針を提示するような力量がないとしても仲間と日常的に情報を交換し、討論し、そして組織活動をしていくなかからその人その人に、そして多くはその組織自体におのずとそのような力量は備わってくるものではないでしょうか。

現在、障害者解放運動に関わる人達の間にひとりの障害者を多数の健全者がとりかこむ運動の破綻が確認され、健全者ペースの反省とともにその運動自体の依拠すべき障害者解放をめざした運動とは何か、あるいは障害者のおかれてきた現状にまでさかのぼるとはいかなることなのか等々の模索がしきりです。

青い芝の会の一部でいわれている「障害者のいうことはなんでも聞け」「何から何まで障害者がやらなければ障害者運動ではない」また健全者をおそれるあまり、健全者と日常的に関わることによって障害者の主体性が奪われるかの考えがあります。

しかし、「主体性」とは「相対性」の中にこそ存在するものであり、障害者だけの隔離状況の中であるいは健全者との日常的かっとうのないところでいくら「主体性」だと力んでみたところでこっけいなはなしです。いいかえれば、家庭や施設に隔離され、まともに相手にもされなかった我々障害者に「主体性」などというものはあるはずはなく、これからその「主体性」を青い芝の会の組織活動とともに健全者組織との日常的せめぎあいの中から身につけていかなければならないと考えます。我々の運動が今までの社会常識、社会構造を変えていくことにあるならば、まず、我々の身近にいる健全者を変えていかなければならないはずであり、それらの健全者の前で主張できない「主体性」というものは本当の「主体性」とはいえないはずです。

このような状況と今までの活動の蓄積をふまえ、我々青い芝の会は社会そのものを構成している差別構造と闘うためにこそ、全国の障害者運動に指針を提示するという大きな立場にたって、すべての差別と闘う人々とともに今こそ運動の中枢をになって行かなければならない時にきているのです。

各都道府県青い芝の会の皆さん！

障害者解放への道をめざして、今年もがんばりましょう。


（『青い芝』No.100　一九七七年三月）

「青い芝」神奈川県連合会第十五回総会（一九七七年四月三日）での発言

神奈川県連合会の総会を迎えて一言。

全国青い芝が作られて今年で二十年になる。そんな長い歴史をもった障害者組織というのは全国的にもないと思う。行政のお抱えといったものはいろいろある。それは抜きにして、自主的に活動してきた。しかもその活動が成長段階を経てきたのは全国でも青い芝だけであろう。

青い芝は昨年の全国大会からはっきり打ち出してきた、障害者の自立と解放で闘う青い芝、障害者差別と闘う青い芝としての活動が全国的に活発になってきている。そして当然のこととして、この社会が差別に埋め尽くされている中でいろんな摩擦を起こす。そのことについても、青い芝内部でいろんな討論が為されている。

それは、今までどうしても私達の中にあった一般社会への憧れがあり、その中に何とか受け入れてもらう、あるいは理解していただく、というような姿勢がまだまだ私達の中にある。そういった自分との闘いでもある。

神奈川の活動もまさにここにきて、そういうことが一番問われているのではないか。最近在宅訪問をしたら、今まで一度も外へ出てこられなかった人達、デパートや喫茶店や食堂、そんな所も行ったことがない。神奈川県にいながら海を見たことのない人、そういった人達が私達の活動に積極的に参加して活動を始めている。そのことによって、いろんな社会問題が出て、そのことで社会そのものが問われていることなんだけれど、それは社会のあり方が問われると同時に今まで青い芝をやってきた人達が自分の内部を問われているのではないかと思う。

これからの活動も、まず、行政からお金や物を取ってきたことは生活は楽になるが、その活動によって私達が何を得るか、何を自分の中に問いかけてきたか、わかりやすくいうとその結果どれだけ変わるかということ、そのことではないかと思うわけです。もし物やお金は獲得できなくても、一人の闘う障害者を作ることは、私達が闘う障害者になることは、それが私達にとって最大の財産になるのではないかと、そう思っております。簡単ですけれどこれで終わります。

〈略〉

これは言うまでもないことですけれども、先ほどは全国の連合会の会長として挨拶した。それはそれとして、これからは神奈川青い芝の会員として発言します。

この議場の名称、これは連合会の規約によって青い芝の会としては正式なものである、「青い芝の会」神奈川県連合会総会、と正式な名称を使うべきだ。これが一つ。

それから、この中で「重度障害者」という言葉がたびたび出てきます。これはこれから改めてほしい。例えば行政側でいっている「在宅重度者手当」というようなもの、それはむこうが名称で言っているわけでこれはかまわない。但し、こちら側で使う場合は、脳性マヒ者あるいは障害者でけっこうだ。何か「重度障害者」というような使い方をすると重度と軽度のものがあるかのごとく、それで「重度者の問題をやっていく」といった場合にどうしても「重度な人達のためにやってやるんだ」という意識がある。重度者、重度障害者という言葉はできるだけ避け、それは使うべきではない。

それから、この活動報告は非常にりっぱに見えるわけです。さもやってきたことが書いてあるかのようだ。ところが実際はそうじゃない。例えば五四義務化問題にしても、去年の十二月五日の総決起大会、あれも川崎市脳性マヒ者協会のやってきたものをバトンタッチした。まあ、そのことは書いてあるが、それから先はほとんどやってこなかった。バス闘争の問題にしても今までの執行部は、どうしても尻込みをしてきたとしか思えない。

そのことを、充分にできなかったことを正直に書くべきだ。どこまでやってどこができなかったか、ということを。そういうことです。

（『あゆみ』No.42　一九七八年四月）

障害者解放運動の現在的視点

全国障害者解放運動連絡会議代表幹事　横塚晃一

七四春闘において、弱者救済をかかげ市川総評議長が「この人達の要求が通らない限り、たとえ労働者の賃上げが実現したとしても、ストライキ闘争を打ち続ける」とおおみえを切り、「障害者問題を以後三年間続ける。この期間に障害者問題、特に経済的、制度的なものはほとんどかたがつくのではないか」と言われていた。

私はこの七四春闘が始まったとき、ある人に向かって大胆な予測を語った事がある。「春闘共闘においては障害者問題を三年間続けるとのことだが、この間に今まで障害者問題をやってきた人達はほとんど手を引くであろう。そして総評などの下に集まった組織労働者に肩代わりしたとしても、三年後はどうなるか。それは確かに経済的には少しはうるおうかも知れない。しかし障害者問題がそんなに簡単にかたが付く訳はない。おそらく我々にとっては生暖かく静かな暗やみの時代が来るであろう。その時こそ青い芝の会をはじめとする自ら闘う障害者組織が真価を発揮するときである」

あれから四年、この予測は必ずしも的中とはいえないまでも、大筋において当たっているると思っている。

六八〜六九年ごろ、東大闘争を頂点として全国的に高揚した学生運動が権力の手によって抑え込まれるなどして沈滞していくと同時に基盤を失った学生運動の流れが障害者問題にどっと流れ込んできた。もちろん、日本中を経めぐったエネルギーからすれば、それはほんの一部だったであろうが、それまでほとんどかえりみられることがなかった障害者の世界からすればそれは大変なことであった。青い芝の会のように、それまで障害者だけで組織し、まがりなりにも運動を続けてきたものにとっては強大なエネルギーとして迫り、この強大なエネルギーによって自分達の創ってきた組織の力の内部バランスが崩されたり、そのうえ運動の方向までも左右される事態が起った。もちろん当時の障害者組織は非常に未熟であった。障害者自身の組織活動の未熟さに加え、学生運動の流れをそのままのペースで障害者問題にもちこんできた健全者にも「障害者との関わり」といった面からして非常に未熟な点があった。このような状況の下で、当時の青い芝の会などのように自らのペースを守る為に健全者の介入を阻止するものもあったが、それと同時に全国的に一人あるいは数人の障害者を多勢の健全者がとり囲んでさまざまな要求をかかげた運動体が、まるで雨後の竹の子のように出てきたのもこの時代であった。

このようにある意味で時代の脚光をあびた障害者問題も、一般社会あるいは地域社会の人々の意識の中に定着するには障害者の存在はあまりにもかけ離れたものであった。それほどに障害者の歴史は健全者から切り離された長い長い歴史であった。この意味で障害者が「健全者は敵だ」あるいは「労働者は今まで何をやってきたのか」と叫んだとしても至極当然であり、それ故にまた、障害者問題に関わった健全者が既存の政党や日本の労働運動を形成してきた組織労働者ではなく、それら既存の勢力に対しあきたらないあるいは批判的な人たちの専売特許となったことは、これまた至極当然のなりゆきであった。このような経過をたどって、障害者や学生、さらに労働運動に批判的な人たちの突き上げにたまりかねたようなかたちで、七四春闘の登場となった訳である。そして、市川総評議長の発言にみられるような春闘共闘会議の意気込みからすれば、七四春闘を機に、障害者問題が日本の労働運動の中に位置づけられ、日本の労働者・一般市民、そして地域の中に定着していくはずであった。しかし、この夢はあまりにも早く、そしてみじめにも打ち砕かれてしまった。

七四春闘において我々の要求した経済的、制度的要求はほとんど達成されないまま、七四春闘共闘会議は史上最高といわれた平均一六％、月額三万円という賃上げを獲得するや否や、市川議長の大みえの舌の根もかわかぬうちにストライキを中止し、春闘の矛をおさめてしまった。この時我々に与えられたものは、わずか一時金二千円であった。それ以後、石油ショックに続く不況の嵐の中で完敗した七五春闘は、賃上げ運動で手いっぱい、障害者問題などかまっていられないといわぬばかりの豹変ぶりであった。つまり、我々障害者は日本の労働運動の主流をなす人たちからかつぎあげられ、次の瞬間にはほっぽり出されてしまったのである。しかしこの七四春闘にかつぎ出されたことは、長い障害者の歴史の中で記念すべき大きな事件であった。この事件は、我々障害者にさまざまなことを考えさせ、教えてくれたのである。まず、障害者である我々の社会的立場はいかなるものか、何が我々を抑圧しているのか、差別とは何か、そして我々はそれらのものに向かっていかに闘っていかねばならないのか、これらのことは以前から我々の中で討論されてきたことには違いないが、この事件をきっかけに、より鮮明なかたちで討論がなされ、そのことが障害者運動の方向性を決定づけていく結果となったのである。

それは、障害者の自立と解放ということである。これは決して障害者を健全者がかつぎあげるおみこし運動であってはならない。しかし、また、障害者の自立と解放は、絶対に障害者だけでなしうるものではないということである。

障害者の自立と解放を基本理念として組織された全障連が結成されてからわずかに半年しかたっていない。しかし、この半年の間に、我々障害者運動の中でいくつかの変化が起り始めている。

この全障連に結集した運動体は、その成立過程も、運動形態もさまざまである。一人の障害者を多勢の健全者がとり囲み、その後いく人かの障害者を組み入れたもの、または、同じような運動体が結合したもの、また、始めから障害者と健全者が一緒に運動してきたもの、そしてまた、障害者だけで運動を続けてきたもの、さらにまた、障害者組織と健全者組織を分けながらも同時に並行して運動してきたもの、このように組織形態の異なるもの、また運動過程が異なるものたちが一堂に会して討論し、一定の方向性の下に運動していくということは、今まで例をみなかったことであり、それ相当の困難が伴うことである。が同時にまた、そこから得られるものも大であることを、今、私はひしひしと感じている。

障害者の自立と解放は、言うまでもなく障害者自身が自らの手で勝ち取っていくものである。それは、今まで己が置かれてきた立場をはっきりと見すえ、これからの社会の動向を予見しながらあしたからのあるべき自己と社会を想定し、それに向かって自己変革を続けると同時に、周囲の者にも変革をせまっていくことである。言い換えれば、この過程は障害者が主体性をはぐくんでいく過程でもある。障害者の主体性といった場合、以前学生運動の流れがなだれこんできたときに、さかんに使われた言葉であるが、これは決して自分から殻を硬くするということではない。まして、おりの中で粋がっているということでもないはずである。

それでは、障害者の主体性とはどこに存在するのか。障害者と限らず、主体性というものは相対性の中に存在するし、自己というものも他人との関係の中にとらえることができるのであり、また他人（異質なもの）と交わり、相克の中で形成されていくものなのである。

考えてみるに、今までの障害者の多くが家や施設職員、つまり管理する側の人たちによって一方的に体制側の論理を教えこまれてきたのである。自己の存在を否定する発言や行為は我々の仲間内でしばしば見られることである。このことは、そのたびごとに討論し、克服していかねばならない問題であるが、要するに障害者の自己喪失ということである。周囲の者に感謝することを強要され、他人の顔色を伺うことのみを身につけさせられた我々障害者は、主体性など始めからもたされてはいない。いや、もつことを禁じられてきたのである。

このようなことから考えても、親や施設職員、そして障害児・者に関わる教師たちの意識変革こそが急務とされなければならないのである。親、教師と限らず、ほとんどすべての健全者といわれる人たちは、障害者のいない職場で働き、障害者を排除した地域社会の中で生活しているのである。いやむしろ、障害者を排除するような社会を作ってきたのである。

この健全者たちが社会変革を志向するとき、己自身の無意識のうちにとり続けてきた障害者に対する差別意識を問うことなくして、いかなる革命、いかなる社会変革もなしえないことを深く深く自覚すべきである。そしてその自覚は書物を読み、障害者運動の集会に出席することだけで得られるものでは決してない。今まで障害者を切り捨ててきた社会で育ち、この社会の差別構造が深ければ深いほど、そこで培われた一人びとりの感性は根深く断ちがたいものであり、健全者にとって自分自身の無意識の差別意識を自覚するということは、新しい何物かを発見することであり、新しい感性を創っていくことである。その新しい発見は、闘う障害者との出会いに始まり、以後、日常的な障害者とのふれあいの中に、そしてまた、障害者組織と共に闘う自分たち健全者の組織活動の中で培われ、はぐくまれていくものである。つまり、障害者が主体性を獲得していくということと、健全者が健全者として自己変革をしていくということは同様に重要な視点であり、双方にとっていずれか一方が欠けても成り立たないことなのである。障害者の自立と解放という大きな、そしてはるかな目標に向かって出発した全障連の中において、障害者、健全者双方に以前とは違った新しいものが芽生えてきているようである。

障害者問題に関わる健全者が、以前、学生運動から流れ込んできた当時と現在とでは、その内実において大きな変化をきたしている。当時は、障害者の実態を知らないままに自分たちの属している党派の政治理念、革命路線に一方的に障害者の存在をあてはめ、自分たちの革命理論を強化させ、健全者の感性をそのままに革命路線を驀進しようとした例が多々みられたのであるが、それらの運動が破綻をきたしたのは当然のことと言わなければならない。

健全者幻想ならぬ「障害者幻想」とでもいうべき現象があらわれたのもこの時代であった。障害者自身の意識や闘う姿勢はとにかくとして障害者というだけで絵になり、重度障害者というだけで稀少価値があったのである。そして障害者であればすべて闘っている、すばらしいことだというように誤った思い込みが横行していたのである。しかし、現在の障害者運動においては、このようなことは通用しなくなっている。障害者と健全者との関わりが、量的に質的に深まるにつれて関わりを深めてきた健全者は、障害者側の突きつけに耐えられるようになり、障害者だからといって、また重度だからといって驚くこともなくなって、障害者が筋の通らないことや、まちがったことを言動にあらわした場合、きちんと反応できる健全者が多くなっているのである。このような状況がではじめたことは好ましいことであり、我々の運動の成果である。

しかし、一般健全者社会においては言うに及ばず、障害者に関わっている健全者の中にも、自らが障害者との対比において「健全者なのだ」という自覚はまだまだ定着するに至っていない。たとえば、この社会に存在するさまざまな差別——部落差別、在日朝鮮人差別、さらに組織労働者と未組織労働者の間の差別等々、これらの差別と障害者差別を並列的にならべ、論じているのである。これは、一見、正論として受け入れられやすい面があるが、そこには、健全者として無意識にもってきた障害者差別の自覚を自らに問いかけているものはないのである。

美しい和服を着、格好よいファッションを身につけて街をさっそうと歩き、また歩きたいと思うことは、だれであろうと、ましてや若い人たちにとってごく当然のことであり、これは、被差別大衆といえども同じことである。しかしながら、このような格好の人たちが、いったん障害者の前を通りすぎたとき、その障害者にとって、その美しいファッションはいったい何物なのだろうか。さらに、重度障害者がそうであるように、もし、健全者がトイレで他人におしりをふいてもらうということを考えたとき、さほどの抵抗をもたずそれができる人は、まずいないであろう。ここにおいて考えなければならないことは、一般の人たち、いわゆる健全者がごく当然のこととしてもち続けてきた感覚というものが、障害者をぬきにした、排除した感覚であり、それが障害者を無意識に差別する、またそうしなければ生きていけない面をもった健全者なのである。

ここにおいて、健全者は健全者としての悲しみを自覚し、なおかつ障害者との関わりを通して自己変革、そして社会変革を進めていかなければならない。

このように意識の変革を健全者に迫っていく障害者は、それと同じように、いやそれ以上に、障害者としての自覚をやしなっていかなければならない。

家や施設、そして養護学校に隔離されていた我々障害者の多くが、社会運動をしていくということは並大抵のことではない。まして以前の様に、障害者であるということだけでもてはやされた時代は過ぎたのである。障害者はその生い立ちからして、先輩、後輩、親友や、単なる友だち関係すらももったことがなく、当然のこととして非常な視野の狭さと、独りよがりの面をもっている。したがって、人のことまで気がまわらず、自分さえ良ければ良いというようなことが多々みられるのであるが、このようなことでは、健全者を変えていくことも、ましてや全障連のような全国組織での活動はおぼつかなくなってくる。

もちろん以前から障害者だけの運動体をもち、活動してきた人たちも数多くいたのであるが、障害者だけでまとまって活動していても、行政権力のからめとり、切りくずしをはじめとする差別構造の中に封じ込められ、一般社会常識に埋没し、時の経過とともに鳴かず飛ばずの、いわゆるお茶のみ会になってしまった例が多い。これらは、組織活動の基本を身につける努力を怠り、体制側の論理でつくられたあるがままの障害者から、あるべき障害者への主体的意識変革をしてこなかったことに他ならず、残念でならない。

このような中にあって、最近全障連の組織活動に於いて、障害者解放運動のあり方の道筋を正し、運動の方向性を踏まえて発言し行動できる障害者が現われはじめている。自分のことばかりではなく、仲間のことを考慮し、運動の全体を把まえられる人たち、この人たちは潜在障害者の掘り起こしから始めて、自分たちの仲間作りを密にしながら、組織活動へと運動を展開してきた人たちである。彼等は、単なる障害者同士のきやすさに安住することなく、異質の存在である健全者組織をつくり、これと協力し、あるいはしのぎをけずりながら活動し続けている人たちである。今まで個々に運動してきた障害者においては、ともすれば、お山の大将的な面がなきにしも非ずであったが、全障連という大きな組織に結集し、その組織活動の中で様々な人たちと励まし合い、しのぎをけずり合う中から大きく成長することができるであろう。そしてこれを原動力に行政闘争を通して、様々な制度改革をふくめた社会変革を推しすすめていかなければならない。

このようなことを考えたとき、全障連の結成は、障害者の自立と解放をめざすことにおいて、画期的意義があり、その前途において、無限の可能性をひめているのである。

(『全障連結成大会報告集』　一九七七年四月)

全日本運輸労働組合協議会への抗議文

日本脳性マヒ者協会全国青い芝の会総連合会　会長　横塚晃一

我々、青い芝の会は過去二十年間、脳性マヒ者の存在をかけて、全国の仲間とともに地域社会で生きる障害者の自立と解放をめざして闘っております。

その闘いの中で発生したバスの車イス乗車拒否問題は、いまだ根本的な変革をみないまま、依然として乗車拒否のままの状態がつづいております。この間、我々障害者は闘いも日常生活もあなた方労働者の考え方によってふみくだかれているのです。

このような状況の中から、我々青い芝の会は、去る六月八日、貴組織より出された「車イス乗車問題に関する見解」に怒りと悲しみをもって抗議するものであります。

昨年十二月、川崎に端を発し、その後全国的に広がっている車イスの乗車拒否は、もはや十ヵ月にならんとしております。その間、我々は行動の自由を奪われ、日常生活空間をせばめられつづけ、我々の活動のもっとも根本にある在宅訪問にも行けず、やっとの思いでつながりを作ってきた在宅障害者を外へ出すこともできない状況にあります。

このことだけをとってみても、いかに今回のバスの車イス乗車拒否が我々障害者を地域社会から閉めだし、家の中へ、施設へ追いやるものであるかは明白でありましょう。

　そして、見解の中では、第五項目をはじめ、そのいたるところで社会保障政策としての厚生省をはじめとする行政の責任が問題とされておりますが、このような状況を作り出してきたのは、単に行政だけの責任であるとは我々は言わせません。なぜならこの問題の発端となったのは「車イス障害者をバスに乗せることは労働強化になる」という現場労働者の声であったからであります。我々は今までそして現在もずっと、あらゆるところで労働強化になるということで、労働者から、我々の意志を無視され、物として扱われ、抑えつけられてきました。そして、今回のバスの件に関してもほとんどの労働者が我々障害者に対してそういう見方、扱い方をする中で、少なくとも闘う労働者には我々障害者の状況を認識させ、共に闘う関係を創りだしていくことが、我々の運動であり任務であると考え、貴会、中央バス共闘会議と数回にわたって話し合いを行ってきたのであります。

　しかし、六月八日の見解の中では我々が話し合いの中で主張してきたこと、その基本的なことがまったくくみこまれておりません。この中で述べられていることは、残念ながら運輸省、陸運局当局が我々に対してこの間言っていることと全く同じ内容でありま す。我々はこのことに深い憤りを感じずにいられません。我々は貴会、中央バス共闘会議との話し合いの中で、次の様に何度も言ったはずであります。「この問題は、車イスの障害者を乗せるか乗せないか、どうやったら乗せられるかが問題ではない。車イスの障害者が当然乗るものという発想の転換こそが必要なのだ」と。

しかるに、見解の中で、その底流に流れているのは、障害者を乗せてあげるためにはどうしたらよいのかといった発想、全く恩恵を施す慈善的発想であります。我々はそのような恩恵でバスに乗せてくれとお願いしているのではありません。我々車イスの障害者がバスに乗るのは当然のことだと考えるならば、介護人をつけることといった種々の条件は出てこないでしょう。

まず、介護人というのは特定な人がやるものであるという発想自体まちがいであり、この社会を構成する健全者すべてが介護人であると我々は考えているし、そうした考えにたてば、街ゆく人も、バスの乗客も、障害者本人が介護を依頼し、それに手をかした人はすべて介護人であるはずです。このような我々の主張に対して、あくまでも介護人を条件づけるならば、それは、あなた方労働者が、障害者を一人の人間として当然のこととしてバスに乗せようとしているのではなく、障害者は健全者のつけたしとしてのみバスに乗ることができるということになります。

さらにつけ加えていうならば、バスに乗るためには三～四人の健全者が必要となります。これは、たとえ低床バスが普及したとしても同じであります。今の障害者の状況で、健全者三～四人を介護としてひきつれて外へ出ることは一〇〇%不可能であることは考えればわかるはずであり、知ってか知らずかこのような条件をつけることは、我々に外に出てくるなといっていることに他なりません。

以上、我々は貴会が介護人をつけることを乗車条件として出されていることに強く抗議し、見解第六項目のとり消しを要求するものであります。

我々はあくまで条件づけをされてバスに乗せていただくことを求めているのではありません。あなた方が見解第二項目で述べられていることを現実のものとするために、我々が活動の足を奪われている実態、在宅訪問にも行けないという差別的状況をあなた方は闘うものとして、どう考え、どのようにしていこうとするのか。再度、ここに提起します。

一九七七年八月二三日

（『あゆみ』№39　一九七七年九月）

障害者の自立についての青い芝の見解

厚生大臣　渡辺美智雄　殿

日本脳性マヒ者協会全国青い芝の会総連合会　会長　横塚晃一

私達、青い芝の会は全国の脳性マヒ者を数多く結集し、そのたどってきた歴史からわきおこる想いを涙にかえ、怒りにかえ、その波動を力として社会の中で生きるための闘いを続けてまいりました。

私達、脳性マヒ者の多くは家の片すみに、施設・コロニー等の隔離されたところに押し込められ、生まれて何十年、ほとんど外に出たことがなく、街がどういうところなのか、海と山とはどんなものなのかもわからず、ただあるのは家の中でテレビを通して見る夢の社会と、親・兄弟（あるいは施設職員）との限られた関係のみといった状況の中に置かれています。

そして、そのような状況の中で私達、脳性マヒ者の多くは親・兄弟から主体性を奪われ、一般社会の中で自分がどのような立場に置かれているかも自覚できず、また、施設・

コロニーでは外出する自由、金を使う自由すらなく、特定の健全者の意のままに動かされ、障害者としての生き方そのものも無視され続けているのです。

このような現状の中にあって、私達青い芝の会は障害者の自立と解放をめざして闘っている組織として、ここに自立についての基本的見解を明らかにし、厚生省当局の障害者行政に対する発想の転換を求めるものであります。

私達青い芝の会の求める障害者の自立とは、社会の中で、障害者と健全者が対等に生きていくことのできる状況を創り出すことであります。そしてこのことは障害者が働いて、自分の金で食べていける状況をつくりだそうとするものではなく、経済的自立のできる者だけを人間として扱い、それのできぬ障害者はごくつぶしのやっかい者として隔離し、殺していく現在の社会常識を根底から変革していこうとするものであります。

そして、自立への過程としてまず、私達障害者が家などに隔離された状態から地域社会に出て生活すること。次にこの社会の中で健全者が出入りする所にはすべて障害者も出入りできる状況を創り出すこと。そして障害者の行った先々で、障害者の主体性が確立されている社会、つまり障害者に聞くべきことを介護者を通して聞くといったことのない状況を創り出すこと。さらに障害者の意志で発した言葉、行った行動など、その生活のすべてに障害者が自分で責任をとること。これらのことが実現されたとき障害者自立への基盤ができあがると考えております。そして現在、自立にむけて多くの障害者が街へ出て、地域社会の中で生活しておりますが、障害者名義では自分の住む家すら借りることができない。バスの乗車拒否、風呂屋の入浴拒否などの障害者差別は根深く、いたる所で私達の自立をさまたげているというのが現状です。

そして、これらの差別状況といつも一体のものとしてあるのが介護者の問題です。今までの介護は特定の健全者（親・兄弟・施設職員など）によって行われ、時に他人に介護をゆだねる場合でもボランティアと呼ばれる人達の中からやってくれる人をさがし、お願いをするというのが常でした。しかし、このあり方は障害者のことは家族の問題としてその家で責任をもつものとし、障害者が多くの人々と接する機会を奪い、施設・コロニーを増大させてきたものであり、さらに障害者が殺されていく主因であります。

私達は、この社会を構成するすべての健全者が介護者であるべきだと考え、障害者の自立を通して健全者の意識を変革していく闘いを進めております。

そして施設についても障害者自らが運営し、そのあり方も単なる生活の場ではなく、社会へ出ていくための拠点、自立への準備の場とすべきものであると考えます。そうでなければ、たとえ厚生省当局が大規模収容から小規模施設へ方針を変えようと、どんなに家族的な施設になろうとその中での障害者の立場は現在と変わりません。
以上、青い芝の会の自立についての見解をのべてきましたが、厚生省当局が障害者の自立にむけての新しい施策を私達と共に創り出していかれることを望むものであります。

昭和五二年九月二八日

（『あゆみ』No.41　一九七八年一月）

河野氏への手紙――大阪から帰った後に、横塚氏が河野氏にあてた手紙

前略
先日は中東さんのところでお目にかかれ、多くの点で意見の一致したことを嬉しく思います。しかし、あなたの御意見の中で、心にひっかかることもありました。それは「障

害者、健全者共に相手を説得するだけの論理性をもたなければならない。なかでも障害者が健全者をあやまらせる場合に、納得のいく説明がなければあやまるわけがない」と言われたことです。一見これは全くごもっともであり、筋の通った意見と思われます。しかしながら我々多くの障害者のおかれた立場からいってこれは余りに健全者の一方的押しつけとなるのではないでしょうか。「多くの人が納得する論理性とはこの社会の論理性」つまり健全者社会で通用する論理であり、そうでなければ「多くの健全者たち」は納得しないでしょう。ですからこのことを含めた形での説明が必要なのですが、これのできる障害者が今、全国を見渡してみても果たして何人いるでしょうか。多くの我々の仲間は現代社会から切り捨てられてきたが故に、自分の意見を他人に伝える手段も自己主張することすらも奪われていることは今更言うまでもありません。こうした中で、もがきながら生きてきた人達が体や顔の表情、あるいは論理的説明はなくても「いやといったらいやだ」と言えればたいしたものでありましょう。しかしこのまれな主張でさえ健全者側の受けとめる姿勢によってまた都合によって「そんなことは通用しない。それはわがままというものだ」などと切り捨てられてきたのではないでしょうか。これは障害者のいる家族構成の中で、また施設収容という形の隔離の中で更に障害者運動と称するスケジュール闘争の中でくり返されてきたのではないでしょうか。

私は、ここにこそCP解放あるいは在宅重度者問題の根本がひめられていると思うのです。逆説的に言うならば、他人を説得する論理性も、生活習慣も、組織能力ももたないからこそCP者でありうるのだということです。ですからこのようなCP者が全国組織をもつことも全国的闘争を展開するということも全て虚構の上になりたつのです。今回の関西におけるごたごたについてもこのことが健全者側によくわかっていなかったことが大きいと思います。ことに専従という立場の人達にこれらのことがよくわかっていたならばと思い残念に思います。しかし一方において、問題が全国的に明らかになったことによって全国青い芝はもちろんのこと、障害者解放闘争を行っている諸団体に与えた影響は大きく、それ故にこの問題に対する意義を考えさせたという点で大きな収穫だったと思います。従って、全国青い芝常任委員会に報告された事柄をはじめ、昨年十一月に出された関西ゴリラの緊急アッピール、関西青い芝と関西ゴリラの話し合い議事録、更に四月二三日関西青い芝臨時大会で承認された「議案書」などなどに記載された諸問題をうやむやにすることなく、障害者健全者相互がしっかりと受け止めて、より一層の運動の展開を期すことを切にお願いする次第です。（後略）

一九七八年五月五日

横塚晃一

河野秀忠　様

（『はやく　ゆっくり――横塚晃一最後の闘い』一九七九年五月）

2　横塚晃一への追悼文

出会いから別れまで

寺田純一

五月の全国委員会以後急速に病状が悪化し、まったく食事がとれない状態で六月五日に再入院をしたことを聞かされた時、横塚君の死が近いことは十分予想されていた。しかしいざ悲報に接し、有馬のお宅に駆け付け、永遠の眠りについた彼の静かな顔に接した時、正直のところ信じられないという感じでいっぱいだった。前の日いよいよ危いということで駒込病院を訪れた時、昏睡状態からさめて、奥さんにすらほとんど聞き取れなくなった言葉で、青い芝の将来を託する遺言を僕等に懸命に伝えようとした姿と、それはまさに対象的であった。

横塚君との付き合いは、十七年前に遡る。僕が今四十歳で、彼が四二歳だから、いままでの人生の半分近い年月を付き合ってきたことになる。家で養鶏をやっていた当時の彼は、まだ顔にどこかあどけなさが残っており、良家のお坊っちゃんという印象が強かった。年をおうにつれてその表情は厳しさを増していったという気がする。鶏の習性から差別を論じたみそっかす鶏理論は、子供の頃ひねもす鶏をながめて過したことのある僕にとっても、身近に感じられた。閑居山コロニーに入ってからは、国立身障センター闘争が火をふくたびに、大仏和尚や山での仲間達と一緒にかけつけた。彼も僕も、ちょうど自分の思想が固まりつつあった時期で、そうして会うたびにかなりむきになって議論をたたかわしたものである。

僕が久留米園を出て今の都営住宅で一人ぐらしを始めてまもなく、「おしめの御旗」によって解体への路をたどった閑居山コロニーを出奔した横塚君は川崎の生田に居を構えた。小田急線で四つ目と近かったこともあって、りゑ夫人と一緒によく訪ねてきた。こちらが一人でいることが大分気になったようで、僕は二度ほど見合いをさせられた。磯部君と一緒に彼のアパートを訪れると、今時にはめずらしい濡れ縁などあり、庭先に盆栽の鉢がならんでいて、ちょっとご隠居さんの感じがあった。僕はいまにも蹴飛ばしそうになりながら鉢の間をぬって上がった記憶がある。りゑさんとの結婚生活はすでに閑居山で何年かを経過していたのだが、アパートで独立した地域住民としての生活の新鮮さもあって、新婚気分が満ち満ちているようにみえた。冷蔵庫を小さいのを買って失敗したなどとりゑさんが言っていたような記憶がかすかに残っている。

彼が川崎に住んでから、神奈川の青い芝の運動は徐々に発展をとげ、やがて昭和四五年に横浜で起きた障害児殺しに対する減刑反対運動で一躍脚光を浴びるようになる。一方石橋事務局長の使い込み事件で存亡の危機に揺れた青い芝の当時の本部でも、同じ年彼ははじめて副会長に就任した。僕も広報担当者として執行部に入り、一緒に仕事をすることになった。会報に「CP者の親子関係」など、思いきった文章を発表して注目されていたが、役員会の中での彼の存在は、今思いかえしてみるとわりとじみで、自分の考えを全面に強く押し出すというよりは、新旧役員のけんけんがくがくの意見の対立をまるく収める調整役にまわる場合が多かったような気がする。僕などはどちらかというとすぐ議論に走る方だったが、吉田道子さんが回想しておられるように、彼はいつも笑顔とユーモアを絶やさなかった。

この当時の横塚君から僕がもっとも強烈な印象を受けたのは、たしか翌年の成立しなかった総会の席であった。府中療育センターに生活する人達を中心に何人かの会員から、障害の重い仲間が総会に出席する時のタクシーを会が負担するようにという要求が出され、役員一人ひとりがこれに対する見解を述べるようせまられた。僕などは「出すようにに努力すべきだ」といった答弁をしたような気がするがはっきりとはおぼえていない。

ところが僕のすぐ後に答弁に立った横塚君は、「そういうものは本来出すべきではない」と言いはなった。僕は一瞬自分の耳を疑ったくらいであった。彼の論旨はこうである。

「青い芝の会は脳性マヒ者一人ひとりが自主的に参加して作りあげてゆく組織であり、運動である。総会への出席も、会員の自主的、積極的行動であってこそはじめて意義がある。そのためには自分でボランティアをさがすなり、年金を貯金してタクシー代を捻出すべきだ。役員におんぶにだっこでは、金を集めてくる能力があるかわりに自分でそれを使ってしまった石橋君のような役員が出てきてもそれを非難する資格はない」

能力のあるものを役員にしたててその後からぞろぞろついてゆく、あるいはぶらさがるといった構えでは、武見太郎率いる日本医師会のような技能者集団ならいざしらず、「何にも出来ない」脳性マヒ者が自らで作りあげてゆく青い芝のような運動は本当の意味で、発展することはおろか今の厳しい社会の中では生きのびてゆくのも不可能だということを、その後僕も骨身にしみて感ずるようになったが、それにはこの時の彼の発言が大きな影響を及ぼしたといえる。またこれは今日の東京青い芝の会の運動の中心テーマとなっている自立とか独立とかいった考え方の原点を示したものであると言ってよい。

昭和四七年十一月に箱根で開かれた再建大会で彼が会長に就任し、僕も事務局長に選ばれて以後のかかわりについては、紙数がいくらあってもたりないので、詳しく述べることは差し控えるが、昼も夜もなく、全生活を投入しての彼の活躍ぶりは、僕などとてもまねのできるものではなかった。私生活とかプライバシーとかいったものは、ほとんどないようにみえた。もちろんこれはりゑ夫人の全面的な協力があってこそ可能だったということを忘れてはならないと思う。一人の障害者を多勢の健全者がかつぎあげる形の障害者運動が花ざかりであった四、五年前、僕の家で泊り込んで酒をくみかわしながら、障害者運動の将来を語りあった時、「三年後には障害者運動も静かな闇の時代に入るだろう。その時光り輝くのが青い芝だ」と確信を持って語っていた彼、その彼が二度と帰ってこないというのは、くどいようだが未だに信じられない気持ちが離れない。それは裏を返せば、自分がこの世に残されていまだに生きているということの不思議さでもある。

最後にひとつ、どうしても付け加えておかなければならないことがある。横塚君が胃のいたみに悩まされるようになったのは、だいぶ以前からであった。すでに三年前の四月か五月のことだったと思うが、僕と磯部君とで彼をある東京では有数の病院に連れていったことがある。ところが僕もその時はじめて知ったのだが、その設備もスタッフも整った大病院が、医療保護は扱っていなかったのだ。そのため全額負担の自由診療ということで、普通なら必ず行なう各種の検査を受けることもなく、触診と薬だけで帰ってこざるをえなかった。その時はその薬がある程度効いたことでそのままになってしまった。その後の二年間は地域の病院に入院を繰り返し、昨年夏悪性腫瘍であることが判明した時には、すでに病状はかなり進んでしまっていた。もしもあの時、ということを考えると、一面的な見方かもしれないが、生活保護者を、そして脳性マヒ者を差別する現在の医療制度の矛盾によって、障害者運動の偉大なリーダーが、わずか四二歳でむざむざ命をもぎ取られていったという思いに、腸をかきむしられるのである。

(『とうきょう青い芝』No.33　一九七八年八月)

横塚君の歩んだ道

磯部真教

六月はじめ「横塚三度目の入院」の連絡があったとき私は「来るべきものが来たな」と思いながら、東京青い芝の総会を目前にしての忙しい毎日であった。

彼とは十数年来の友であり、最も信頼できるなかの一人で、青い芝運動の中で寺田君と共に活動を進めてきた仲である。

とりわけ青い芝の会が組織的な危機にさらされた四五年から四七年にかけて、再建改革委員会を担っていた寺田君から、役員人事について相談され、横塚会長案を協議し本人に要請したところ「磯部が役員を引きうけるなら」ということで、横塚新体制をつくり上げ、箱根での全国会議（第一回大会）を成功させ、関東から関西、東北、九州、北陸へと組織を拡大していったのである。

一方彼は、重症児殺しに対する減刑運動に抗議行動を起し、『さようならＣＰ』の製作、上映運動を通して〃脳性マヒ者の存在〃を主張しつづけ、組織拡大に反映させたのである。

また七四国民春闘の中で、青い芝は、制度要求をかかげ、①障害等級制度の改革、②生活できる年金の確立、③居住の場の保障及び行動の自由の拡大などで独自行動を展開した。

しかしその後、彼は「意識改革を通じて制度は生まれる」という意見に傾き、「制度要求を通じて意識改革も可能だ」と主張する私との間に対立を表面的に起した。また全国組織内でも幾つかの要因がからみ合って、混乱と矛盾を今日生み出している。

とはいえ、横塚晃一は、障害者運動の中における、すぐれた思想家であり、組織者であり、戦闘的な実践者であった。彼が病に倒れていなければ、今の混乱と矛盾を克服するであろうが……。点滴と輸血とで四五日間、人に会うたびに青い芝の今後を語り、仲間を勇気づけるために語りかけつづけたのであった。

同志、横塚よ、やすらかに……

（『とうきょう青い芝』No.33　一九七八年八月）

非凡の友人　全国青い芝の会会長逝く

私達の共通の友人であり、障害者解放運動という人間の本質に迫る運動の旗手でもあった横塚晃一さんが七月二十日午前十一時四五分、私達を残して逝ってしまった。

春の別れは藤の花、人の別れはただ涙、という。私達と横塚さんの付き合いは長い、私達が第二地産マンションで運動の拠点を築き上げて以来、変わらぬ友情と共通の闘いに支えられて、それは駒込病院の最後の病床まで続いていきました。横塚さんが逝かれたいま、何をも語る言葉を持ちません。打ちひしがれ、差別の谷間に身を置かざるを得ない障害者として、支配と分断の中、無数に分立し孤立した全国の兄弟姉妹、仲間をまとめ、全国青い芝の会総連合会、全障連を創り上げた業績は、人間の歴史の中で消えることはありません。私達は、横塚さんの正しい後継者として自らに任じ、厳しい覚悟を持って横塚さんを送らねばなりません。最後の面会の時、横塚さんが私達に残された言葉は「もう一度大阪に行きたい」というものでした。

ご家族の深い悲しみに、ただご冥福を祈るばかりです。　合掌

（『がしんたれ』創刊号一九七八年八月）

故横塚晃一氏への献詩

横田弘

海の鳴る日

一滴　いってき
確実に
時間が消える

奇形の死児を呑んで
海は満ちるのだと知った日から
風紋に逆らい
虚しさを負いつづけた
同行の旅だったのに

そして

細いガラスの管の
透明な境界線をみつめる
あなたの意志は
いま　ようやく
新たな行方を見定めはじめたはずなのに

一滴　いってき
確実に
時間が消える

無気味に
鳴り続ける海の重さが
いま
私の　総てだ

無音の道

いつもとおなじように
人は　あるいていた

いつもとおなじように
自動車は　走っていた

急がなければならない
白い鳥の旅立ちを見送るために

西に往く白い鳥の声を確かめておくために
急がなければならない

いつものように
人はあるいている

いつものように
自動車は走っている

いま
夾竹桃の真紅が炎える午後
すべての音が途絶えた道を
たしかに
私の車イスは　移動していた

秋の怒り

炎天下
骨は
膝の上で鳴っていた

海に住むことを
拒絶されつづけた存在
拒絶を拒否しつづけた存在
そして
存在を失くされてしまった存在
それが
私のすべてのように
膝の上に乗っている

生きなければならないのだろうか
シュプレヒコールだけではない
透明な秋の怒りを全身に纏って
存在の歴史のたしかさを継ぐ時まで
生きなければならないのだろうか

炎天下
遠い雷鳴が
私には　重い

膝の上で
また
骨が　ゆれる

（『あゆみ』No.45　一九七八年十月）

横塚氏を想う

矢田龍司

七月二十日午前十一時半過ぎといえば、私は溝ノ口商店街の喫茶店にY社の記者と横塚晃一氏「青い芝の会」について語り合った時であった。

どこにもある身障者団体、変わったといえば脳性マヒ者だけの集団、心身に痛みを持ち、おとなしく生かされ、キズをなめ合い寄り添い、自己の存在をも否定する深層心理の脳性マヒ者に、いな身障者総体、いやいままでの常識、社会価値観に、生きるとは何か、いのち、生命の尊厳とは何か？　を世に問うまったく新たな問題提起が行われた。一九七〇年のことである。「やっかい者」「邪魔者」「本来あってはならない存在」と規定される意識、常識、風土に殺され、抑圧され、差別されつづける者の存在側の告発であった。暗やみから暗やみに殺されつづける側の声を結集し、組織変革の新たな行動綱領のもと、差別との闘い、地域社会に生きるための闘い、脳性マヒ者の生存権、生活権確立を主軸に、障害者と健全者が共に生き、共に共有する社会を模索しようではないか……と鋭く提起し行動したのが代表、横塚晃一である。

いま、路線バスを車イス使用者が利用するには条件を満たさなければ乗車できない。介護付き、完全バンド付き、複数車イス乗車拒否である。しかも二、三年闘いつづけてである。

また、五四年度養護学校義務化とは何を意味するのだろう。障害者を地域校区からしめ出し隔離して、本当の教育などありえないだろう。もっとも厳しい生命の問題、全国遺伝相談センターの設置は、任意相談から、親族調査を行い、異状と認められた胎児を堕胎する制度である。様々な形で人間としての当然の権利を剥奪する社会機構、たとえ生かされても狭い空間に押し込む地域住民、健全者の無意識の差別、それを正義、良識とする国家体制、それは強大な施設の充実となり、一方、在宅し、二十年、三十年と家族の人以外は知らぬ人々が放置されていく。つまり地域に居住してはならないものと限定されている。

私達「青い芝の会」は、障害者の社会的位置、障害者の歴史観を学ぶ内に、働く能力を持たぬ者を、「本来あってはならない存在」と規定し、優生思想を頂点とした障害者対策、施策が根底にあることに気付いたのであった。その原拠、優生保護法改訂案反対、障害児（者）実態調査阻止を勝ち取り、その成果をテコに、各県における胎児チェック阻止闘争、五四年度義務化における障害児の教育権の問題、転じて年金、医療等生活権の闘いとはてしがない。それはそれは深い健全者の罪意識も持たぬままの差別社会との闘いである。その指導者としてすぐれた手腕、戦略、戦術を持って若い組織造りの先頭を走り、日夜をいとわず、関西、東北、北陸、九州、中国と潜在し放置されていた仲間達を掘り起こし、闘う組織となって「自立」、「解放」の旗じるしのもとに、厳しい意見、態度を崩さず闘いぬいたと、彼は自己との戦い、胃ガンとの戦いをかえりみず、野辺にたおれたと……横塚晃一こそ脳性マヒ者の権化、仏、菩薩であろうと長時間語り合っている。

彼と出合ったのは、私が十二歳、彼十六歳、東京板橋にある身障児施設、整肢療護園に、もう青春の最中にいる彼と子どもそのものの私とが、同学年六年生の時から始まる。円頭、ふっくらとした好青年と印象がある。鋭い洞察力、思考力、実行力は自然に信頼となり子供会会長となる。野草の中にふみたおされて生きてきた私と、教育界の重臣〈原文ママ〉にいる両親に育てられた彼とは対象的に様々に照らし合わされ、ケンカ友達、おこがましく言うならば一生のライバルととらえていた。将棋が好きで、ガッチリとした陣営をし、職員をはじめ園生に負ける事がなく、道場荒らしから専門の指導を仰ぐ。勝負を決する判断、決断の片鱗であった。児童施設を先に出た彼は、新宿・国立センターへ、そして自宅に養鶏場を営み、読書、文章、経済等を勉強している。私も職業訓練所から製本工と変化しても友人関係は保たれ、社会への不信か？　姉弟の犠牲か？　他殺か？　自殺した友人を偲んでいる、その六、七年をはぶいてまったく同じ障害者運動にいたことになる。

わたしが二四歳、茨城県石岡市にある閑居山願成寺（後年、身障者解放運動集団マハラバ村となる）に、同じ療護園の同窓生、S嬢にほれて行き二ヵ月、同期生等に声をかけた十名近い仲間の中に彼もいた。マハラバ村の脳性マヒ者集団生活は、彼の人格、知識、常識、思想すべてにわたって根底からくつがえす基盤であった。それは累々たる辛酸な自己との闘い、対人関係の葛藤、そして身障者の歴史観世界観、宗教との出合い、また障害者自らが、国家権力と闘いぬいた四〜五年の新宿・国立センターの「歩きたい」との闘争に、組織上の苦悩、苦労を学び、交渉におけるかけひきを会得、天性の洞察力を養っている。私と合同により結婚する予定が一年後、心配する仲間が、長野市に容姿端麗、静かな知性の人、関口りゑ氏がいらっしゃると紹介、横塚家、横田家、原田家の合同結婚式が挙行されている。住居、電気、ガス、なにもない0からの出発だった。生活保護の獲得は当時新たな障害者の社会開拓であった。しかし、その生活にピリオドしたのは脳性マヒ者の自我の芽ばえ、「おしめの御旗」は強固に自分の城を要求し、もっとも相互に信頼していた協調感、和を崩していった。「それは社会性の欠如、人への思いやりを会得できえぬ者のあわれさ」と、五年間、そしていまも見守る指導者、大仏空氏の痛恨の想いである。

一九七〇年五月、横浜市金沢区に起きた重症児殺人事件に、まったく新たな問題性を投げ、殺されつづける側の告発運動、それは社会常識、風潮で冷たくあしらい地域から排除する現代価値観との対決であった。

横塚晃一「青い芝」神奈川県連合会代表は、横浜市検察庁に殺される側の意見書を提出したのだった。金沢区の地域住民と障害児父母の会が同所に提出した嘆願書の内容に大きな疑問が付されていた。その理由「現在、重症児（者）を受け入れる施設があまりにも不足している。毎日、施設を訪れ嘆願すれど受け入れがたく、様々な状況から発作的にやむをえずヒモで殺した。大人になっても不憫と思ってのこと」云々だった。横塚氏を先頭に私達のいのち、生命を軽んじる意識、住民エゴを見過ごすことはできなかった。過去、多くの仲間達が同じように暗やみから暗やみに殺され、殺すことは罪ではなく正義とする風潮、常識があった。障害児（者）がいる家庭は村八分にされ、殺すか、施設に入れることによって村の住民にもどる。嘆願書はその意識、常識をより鮮明に助長するものであった。

この事件には大きな反響、波紋が拡がり、社会のモラルに生命の重み、尊厳とは何かを問うたものだった。それは人間の原点を指ししめし、以後、障害者運動にも多大な指針をさしている〈原文ママ〉。街頭行動をはじめ、障害児（者）父母の会、また福祉従事者、ボランティア等の話し合い、検察庁へ我々の立場を訴え、鋭く問題性を指摘している。一年後裁判となり、実刑二年執行猶予三年となる。横塚氏が出版した『母よ！殺すな』は、厳しい私達の実状、実態をさらけ出し「脳性マヒ者を地域住民、あなたはどのように受け止め、どのような社会的位置にするのか」と、強い問題提起をされている。

閑居山マハラバ村の集団生活から学び、出発した「青い芝」運動思想、「行動綱領」は宗教的理論を起訴とした「悪人正機」の闘いである。人間の悲しみ、苦しみ、人の煩悩をさしている。それを個人的関係の意識、生き方から、組織に組み込み、共感する人々を育て、より強固な組織へと進展した、横塚氏の殺される側の論理と実践は、過去にありえない障害者運動となり、数限りない実証を重ね、その実績は不滅に光る。日夜をいとわぬ活動に、いつも側近にいた奥さん、りゑさんの主人への思い、信頼、信念は女性の鏡と言いたい。言い尽くせぬ数々の試練場、小さな小さな家庭を二人で築いた時期は、川崎生田におけるアパート生活の二、三年しかない。横塚氏の思考、生き方は、個人を尊重する常識を土台とするならば、おしめの御旗、マイホームになり、そこからは地獄からの叫び、闘争はありえないと信じたのだろう。脳性マヒ者は現代社会において「悪者」と規定されているならば、結婚そのものが特定の人々の社会へのあこがれ、まやかしではないか。大多数の放置された人々の中に、社会のモラル、常識、価値観を変える基盤があると、あの病悪のさなかの第三回全国大会会長あいさつに「たとえ本人が自覚しなくても、脳性マヒ者そのものが革命家の位置にいる」と言われている。それは自分の感性、育てられた家庭を崩しさり、どのような状況考えがあっても受け入れる場所ととらえていたのだろう。

さて、わすれてはならない活動に映画、『さようならＣＰ』がある。カメラを片手に、視られる側から視る側への転化が横塚氏のテーマ、総体のテーマは殺される側の告発であった。その全国的上映討論集会を契機に、一連の活動と組織の飛躍が急務であり課題であった。

「優生保護法改訂案」反対、「心身障害児（者）実態調査」阻止の成果はその上映、討論集会をテコに脳性マヒ者の存在を多くの健全者の意識に植えつけ、組織的飛躍ともなっている。マハラバ村にいるころから、彼は胃がもたれ、床にふせることもあったが、「青い芝の会」の運動が社会的に問題視〈原文ママ〉されるにいたっては、自分の肉体の問題はわすれがちであった。いや、全国会長として個人の自由を許さなかったといえる。横塚氏が活動家にありがちな家庭をかえりみずかといえば、子ぼんのうであり、原田、矢田、横塚、そして地域の障害児、団地内における健全児を集め、様々な形をとらえて深くまじり合い、地域住民に我々の存在を提起されている。

いま私は舌足らずの自分を痛く思う。まだ言わなければ、言わなければと場面の一コマ一コマが浮き上がってくる。横塚氏にとっては最悪の胃ガンとの戦いのさなかの在宅訪問活動であった。殺され無視される実態、実状を頭に描き整理し、文章化した活動形態から、自らをその差別の中に置き、その存在をさらけ出す。そこから「青い芝の会」の新たな文化が創造されると彼は信じたのだろう。第二回、全国大会採択事項、脳性マヒ者の掘り起こしと健全者組織の育成があった。それは在宅訪問活動となっている。一

歩も社会を知らず、私達が訪問したとき、家族以外の人々を長く知らぬのか、泣きじゃ

くりながら「海を見たい」と言う仲間がいた。海に行き、野辺に行く、街の中に出た時、風呂屋入浴拒否、路線バス車イス乗車拒否であった。川崎市民、健全者には想像もでき

えぬあからさまな差別、抑圧があった。一九七〇年八月、関西を中心とした青い芝の会

や、他障害者団体、そしてそれらに関わる健全者組織及び個人をも加えた「差別される側」の結束がもたれ、全障連（全国障害者解放運動連絡会議）が結成され、代表幹事に横塚氏を選出している。広い視野を持って、国家体制の福祉政策を批判し、より新たな文化を創ろうとするものであった。五四年度養護学校義務化阻止と精神障害者への抑圧、差別裁判反対、赤堀氏を救う闘争が柱であった。バス問題が全国「青い芝の会」の事務所の在宅訪問活動の中におこり、溝ノ口駅頭二七時間ろう城闘争が発火、全国に波及した時点において、全障連も闘いの輪を拡げている。

しかしながら話を元にもどすが「青い芝の会」の「在宅訪問活動」を中軸とした健全者組織との関わり方、共闘への道はあまりにも矛盾性とむずかしさがふくまれていた。四十代、五十代の脳性マヒ者が戦争という地獄を生きたことと、衣食住の不足をも体験しない若い脳性マヒ者を中心とした組織形態はおのずと大きな違いを意味する。一般市

民と離れた養護学校卒か、長く在宅し、一気に闘いの土俵へときた人々は、健全者の運動形態を運動ととらえ、健全者はあわれな脳性マヒ者を救済しようと身勝手に動き出していった。若い組織ほど「青い芝の会」の指導方針を握ったのは健全者組織であった。それは障害者組織を支援する形から共闘を意図していた。横塚氏は七五年十一月第二回全国大会前後か、「マハラバの理論、路線、『悪人正機』の闘いはここに挽歌の位置にし、よりあらたな運動を目指したい」と言われたのが潜在脳性マヒ者の掘り起こしから組織化と、支援する健全者組織の育成であった。だが、昨年の第三回全国大会直後、全国健全者組織の解体が決議され、「個々に共に関わり、共に生きる社会を創造する」に移行している。それは脳性マヒ者自らが社会に生きる姿勢を要請し、罪意識、差別感、抑圧感を持たぬまま障害者を救済するならば、本来、トロトロと歩き、はいずりまわって進みきた運動を逸脱する危険性があると、反省となっている。

いま、横塚氏が理想、信念とした障害者と健全者との関わり、ふれ合い、共に生きる社会は、まず一歩半歩であり手さぐりの時期であろう。相互に領域をふまえながら人間の価値を創るにはまだ遠い位置にいる。それは障害者にとって一生の課題であり、障害者運動の使命であろう。横塚氏がその理想に向かった時、悪魔、胃ガンの仕打ちであった。

本当に残念、無念であったろう。

あれだけの指導力と頭脳があれば果敢に様々な問題と取りくみ、社会総体を動かしえたのにと断腸の想いがある。私にとってもかけがえのない良きライバルが去って行った。大きな衝撃のあとに、より鮮明に障害者運動にいのち、生命をかけた証が強く迫っている。七八年十月記

(『あゆみ』No.45　一九七八年十月)

故横塚氏追悼集会のお知らせ

坂本博章

横塚氏が、他界されて二ヵ月が過ぎようとしています。同氏が障害者解放運動の創始者であったことは、みなさんご承知と思います。同氏の功績は、我々の未来に大きい光

を投げかけ、明日への解放の道しるべにおいて我々障害者に強い自信を与えた人は、同氏以外にいませんでした。

私が同氏と初めて会ったのは、二年前の和歌山センター闘争でした。ちょうど、私は青い芝の会に入って間がなかったたし、初めての座り込み闘争だったので、参加することも家族に偽り、自分で初めて行動したのです。座り込みは、まる二日行われ、最後に機動隊が導入され、強制排除されました。が、同氏は終始一貫して、我々の行動を外部から支援し、ある時は、座り込み現場に近づき温和な顔を見せて、我々を励ましてくれました。強制排除され、護送車に乗せられ、警察に連れられて行くかと思えば、警察ではなく、和歌山事務所に運ばれました。私は、真っ先に運び込まれ、その時に同氏に初めて対面したのです。同氏は入り口近くに座っていました。そこに運びこまれてきた私は、同氏をしらず、「そこのおっちゃんのいてんか」と言い、ずかずかと奥の方へ入っていったのです。あとで横塚氏であることが分って、なんやら気恥ずかしい思いをしました。しかし、同氏は、そのようなことは何も気にせず、笑って道をあけてくれたことを覚えています。今になって思えば、同氏はこの様に、何事に対しても広い心を持っていたからこそ、現在の全国青い芝の会の総連合会ができたと思います。

しかし、同氏が、七月二十日に四二歳というまだまだ活動できる年齢で亡くなったことは、非常に悲しく、惜しまれることです。我々の障害者解放運動は、まだ幼児からやっと幼稚園に入った位の状況です。全障連にしても同氏の意志を継ぎ、今年で三回目の大会が京都で行われました。前段に掲げられた同氏の遺影を前にし、大会に参加した全員が決意を新たにしたものです。

同氏の大阪（関西）における働きは、今の大阪の解放運動に大きな一ページを残し、現在の大阪青い芝の会をかたちづくったと考えます。そこで、大阪で活動している多くの闘う仲間と共に、同氏の功績を称え、その遺志の正当な後継者として自らを任ずべく、また哀悼の意を表する意味で、横塚氏の追悼集会といったものを行いたいと考えています。日時、場所、内容など、まだ充分にはにつまっておりませんが、十一月初旬には行いたいと思っています。

追悼集会を成功させ、私たちの障害者解放運動を太く、たくましく、大きなものとするため、早急に内容を検討し、呼びかけたいと思います。

（『がしんたれ』No.3　一九七八年十月）

故横塚晃一氏追悼集会への呼びかけ

脳性マヒ者の自立と解放を求めつづけ、障害者解放運動に生涯をかけた全国「青い芝の会」総連合会の強力な指導者であり元会長の横塚晃一氏が闘いの中でたおれてから七度目の夏を迎えようとしています。

横塚晃一氏は障害者の解放、特に脳性マヒ者の自立と解放こそ荒廃する人類文化の在り方を根源的に問い直し、まったく新しい価値観による文明の在り方を模索するための絶対条件であるとの歴史的使命感のもと長年にわたって障害者運動を続けられました。

全国で唯一の脳性マヒ者の組織である「青い芝の会」が、一九六〇年代後半の状況の中で、親睦団体的な在り方さえ行きづまった状態に置かれつつあることに深い危機感を感じた横塚氏は、障害児殺しの減刑運動に対する反対をきっかけに、障害者の存在、障害者の命の在り方を強く社会に問いかける運動を起こしてゆかれました。

この間、東京・関東周辺を中心とした「青い芝の会」を組織的に改め、全国各地の脳性マヒ者を精神的、物理的に指導され、二十都道府県に「青い芝の会」を組織し、障害者運動の中心的存在として「青い芝の会」を位置づけられました。

また、横塚氏は、単に脳性マヒ者の自立と解放を求められただけではなく、全ての障害者解放運動を進められようとした結果「全国障害者解放運動連絡会議」を結成され、初代代表幹事として活躍され、「全障連」の基礎を固められました。

そうした組織作りを強力に行う一方、厚生省が生まれる前から障害者を抹殺する意図のもとに行おうとした「優生保護法改訂案」反対闘争、障害者、脳性マヒ者が地域で生活していく上での絶対条件である交通機関、特に、路線バスが交通行政の貧困ならびに交通労働者の障害者不在の労働観によって疎外されたことに対する心からの憤りの闘争など数多くの全国規模での闘争を成功させられたのです。それと同時に、社会的に不利益を被っている脳性マヒ者などの事情を少しでも、改革さすべく、障害等級の改訂、所得保障の確立などを取り組まれ、度重なる厚生省交渉を全国の仲間と共に行われました。

そうした数多くの闘争、組織作りの労苦が重なる中で、からだを蝕む病魔と戦いつづけながら、尚かつ連日のように北海道から九州までの活動を最期まで行い続けられたのです。

横塚晃一氏の死はまさに、障害者解放運動のための壮烈な死だったと言えましょう。

横塚晃一氏がこの世を去られてから満六年、今障害者、特に脳性マヒ者の運動は重要な岐路に立たされています。

「国障年」をきっかけとする行政の融和政策、脳性マヒ者の意識の変貌など、脳性マヒ者の運動は、一見豊かであっても、その内容は、はなはだ危ういと言わなければならないでしょう。

私たちは今こそ故横塚晃一氏が求め続けてきた脳性マヒ者の自立と解放こそが人類の歴史を変えるのだという原点に立ち戻って私たちの運動を見つめる時ではないでしょうか。

以上の主旨に基づいて私たちは、故横塚晃一氏の追悼集会を下記によって行ないたいと思います。

横塚晃一氏が求めたものは何か。横塚氏の運動を今日どのように生かしていくのか一緒に考えていきたいと思います。

一人でも多くの方の参加を要請いたします。

（一九八四年六月）

マハラバ伝説に消ゆ――追悼　横塚晃一

『そよ風のように街に出よう』編集部

脳性マヒ者の唯一の全国組織である「日本脳性マヒ者協会 全国青い芝の会総連合会」の初代会長、また、全国障害者解放運動連絡会議の初代代表幹事であった横塚晃一氏が病没されて、満六年になる。

国際障害者年をひとつの転機として、全国の障害者運動は一見盛んなように見える。しかし、各界の識者が指摘するまでもなく、障害者を取りまく状況は、決して甘いものではなかろう。中でも、一つの考え方、例えば、ノーマライゼーションという言葉ひとつとってみても、行政や権力者は、社会状況に障害者の生活や生き方、労働のあり方を合わせようと、障害者の努力をうながすことをもって、ノーマライゼーションだと解釈し、差別実態を値切ろうとしている。障害者運動の側は、あまい福祉のささやきの中で、少なからぬ仲間を、体制の中にさらわれながら、にもかかわらず、障害者への差別状況を根拠に、社会システムの方こそ、障害者の生活実態にその機能を合わせることをノーマライゼーションととらえ、困難な営みを続け、続けざるをえないところに位置している。ひとつの言葉にして、視点はギャクなのだ。もちろん、どちらが正しいかは選ぶ余地のないところではあるが。

故横塚晃一氏は、今日のこの状況を、もし、生きておられればどのように発言されただろう。求めても、えられるものではないが、聞いてみたいと感じるのは未練だろうか。横塚氏は、早くから「重度脳性マヒ者の問題こそが環であり、自立と解放の実践こそが現下の社会や、文化を問い直す道なのだ」と事あるごとに発言を続けられていた。

それぞれの地で、形はちがえど運動を続けている旧知の友人、知人が集まって、去る七月二二日、午後一時より、東京の新御茶ノ水にある総評会館において、追悼集会が開かれた。心のより処を、多くの障害者や関係者が求めざるをえない昨今であるからこその追悼であったと思う。

当日は、全国各地から、障害者四十名、健全者四十名の計八十名が会場にかけつけた。会場の方々で「横塚さんの生きておられた頃は、みんな心をひとつにして闘ったのに」というなげきの声や、「だからこそ、これから話し合いを続けて、一緒にやろうじゃないか」といった決意をまじえた声が聞こえた。

七月五日、大仏和尚病に没す。

横塚さんの追悼に先立つこと十七日前、初期の青い芝運動を支えた茨城の大仏《おさらぎ》さんが、入院先の病院でなくなられた。横塚氏と共に、茨城県内に、脳性マヒ者の梁山泊として「マハラバ村」を建設し、一時期の障害者時代を切り開いた人だった。

妙に人間臭い人だったが、横塚氏が逝き、大仏和尚が逝って、ひとつの障害者運動の歴史と想い出が、伝説の世界に入ったのかも知れない。　合掌

（『そよ風のように街に出よう』No.20　一九八四年九月）

3　シナリオ　さようならＣＰ

16ミリ・モノクロ・1時間22分　１９７２年　疾走プロダクション　作品

1 奥さんの家出

（黒味から入って）

・横田弘の奥さん、覚君を連れて家を出てゆく。団地の廊下でカメラを持った横塚晃一とすれ違う。

2 最初の出発

・横田、初めてひざで歩いて団地を出る。
原　何が違う？
横田　スピード。
原　車椅子の？
横田　うん。
原　使った時のスピード？
横田　はっきりいって歩いた方がスピードが速いわけ、歩いた方が。
原　ひざ立ちの方が？

横田　うん、スピードが速いわけよ、だから交差点で、とか、駅前通でもたもたもたもたもた……

横田　おっかなかったもの。赤に変わるんじゃないか。命がけだよ。無我夢中で、わかんねえ。

3　タイトル

・さようならＣＰ

4　横断歩道

・横田、車椅子から降りて、ひざで歩いて横断歩道を渡り切る。

・横塚、カメラを構えている。

5　サブタイトル

・ＣＰとは Cerebral Palsy＝脳性マヒの頭文字である

父親A　私は今を去ること、昭和二三年四月十八日、長男として生まれたノブトシを、やはり一週間から医者にずっとかけ通し、かけておりました。そして脳性小児マヒと医者に命名された時には、ちょうど一年、約、生まれて一年半位たってからでした。あらゆる医者、ありとあらゆることを実際やってきました。自分としても、好きなタバコも酒もちょうど十一年、十二年位、神さんにあげて断ってもみました。しかし、そのようにどの親も心がけておったのじゃないかと思うです。

母親B　私の子供が脳性小児マヒだと初めて知ったとき、本当に目の前がまっ暗になりました。これから先、どうしたらいいのかという、誰も同じような悩みだと思います。でもそうして困った困ったと言っていてもしようがないので、とにかく何とかして子供といっしょに、とにかく何とか立ち直らせなければいけない、そのためにはどんな事でも知らなくてはいけないと、私は主人ともどもよく図書館へ行きまして、この病気についてい

6　健全者に迫る

・磯子駅前＝階段を降りてくる健全者にカメラを向けている横塚。階段の下で、健全者にマイクを向けようとしている横田。

・バス停＝横塚、健全者を写そうとカメラを構えるが近づけない。横田、ひざで歩く。

・歩道橋＝横塚、風景を撮る。

・路地＝横塚、カメラを構えている。横田、ひざで歩き出す。

・路上＝横塚、カメラを構えながら歩く。

色々と研究してきました。一家心中とか、その子供を殺すとかいう色んな暗いニュースを聞きますけど、自分の子供ですから、やっぱり親が責任をもって将来の道を探してやるのがあたりまえではないかと思います。私はそういう考えで子供といっしょに、これから先、親が死んでから安心して私共が死ねるような道を開いていくつもりでがんばっております。

母親C　私はね、やっぱりみなさんと同じく、非常にやっぱり、一通りのことはやって苦労してきたんですけど、もうどうしようもないということを知ってからは、何とかほがらかに暮せるようにと、しょっちゅう気を使って、この子供を普通の人と同じ様な生を受けたんだから、やっぱり普通の人と同じことをしてやりたい、やりたい、それだけはもう年中心に思って、この子のことについては、どんなことでも自分でやってやれることは何でもやってやりたいと、しょっちゅう心にかけております。

母親B　なんですか、あのう、そういう子を持って、色んな面で自分の知らない知識を広めることができました。例えばそういう子供がなかったなら、私は家庭の中で本当に閉じこもっている親だったと思います。ですけどこの子を通しまして、色々と広い面で、知らない広い社会の方とお付き合いすることができましたので、決して私自身の場合はそういうことがなかったと思いますし、子供自身も決して私は家の中へ隠しておりませんので、どこへでも連れてゆきますので、あの何ていいますか、よくゲバ棒をふるっている大学生のことなど思いますれば、私はとても自分の子供のことを誇りに思っています。

母現C　私もね、色々とね、自分も引っ込み思案でいましたしね、子供が障害児だということについて言えばね、父親がね、もうちょっとね、酒を呑んでなかなかうるさい人で、幾度も幾度ももう別れてしまおうと思うことが何べんもあったんですけど、子供の愛に引かされて、一生懸命生きるようにして、ずいぶんこれで子供のためにね、生きる力をね、そして夫と仲良く暮していけるように自分で心がけてきたもんでね、本当に、子供はやっぱりかすがいだと、有難くね、そしてこの子のためにずっとこうして家庭円満にいけたことを感謝しております。

父親A　障害児だからといって、やはり特別扱いはしていないけれど、しかし、親の心理として、昔からやはりヨタはヨタの子ほどかわいい、障害者は障害者の子ほどかわいいと、これは親の、親心としてこれはどうしようもないじゃないですか。

7　車椅子のイメージ

・車椅子で運ばれる横田

車椅子のイメージっていうのは白衣の天使に付き添われてさ保護されるっていうスタイルなんだな

8　横浜駅前
青い芝のカンパ

・横田、スピーカーでカンパを呼びかけてる。

・カンパ箱をもった青い芝の人びと、立看板

横田　わたし達は明日にでも殺されるかもしれません。わたし達も人間として自由に生き、そして生活を生きたいのです。どうか、青い芝の運動にご協力下さい。青い芝は障害者、自らが立ちあがった団体です。障害者運動の、本当の意味の運動の青い芝にご協力下さい。青い芝の運動は……

（なぜカンパをしましたか？）に答えて――
○役立ってもらえばいいと思って、百円入れた？
○二百円入れたんだよ。
○私、百円入れたわ（笑）。
○なんかもうね、ちょっと身につまる思いがしまして。
○重症児っていう、ああいう問題っていうか、関心を持ってるの。
○やっぱり子供がね、かわいそうだからって、あげますって。
○そりゃ、お気の毒だから。
○別に、どうっていうことじゃなくて、別に気の毒だと思って。
○いやあ、色々とね、マスコミ等でも聞いていますから。
○わかんない。
○先ほど車に乗った時に入れましょうと思ったんですけどね。保土ヶ谷にいったん帰りまして、こちらにまたでてきたんですよ、それで入れ忘れていましたから、今入れました。
○いやあ、お気の毒ですからね。
○友達の子にいるからね。

・インタビュー（カンパした健全者に）次々にカンパする健全者たち。子供にお金を持たせてやる母親が圧倒的に多い。

○やはりみなさんのおかげだと思います。
○かわいそうだからやりました。なんか同じ人間でもね、どうしてね、あんな風に体が悪いかと思うとやっぱり。
○私は、あの、自然の医学、今の医学に対する態度とか、そして人類の、今の宗教に対する問題とか、そして公害に対する人間の心を失った問題に対して、非常に私は悲しみに思ってます。二千五百年前、釈迦、ガウタマシッタルタが予告したので、現代の釈迦がちょうど出てるんですよ、人間の心というものを失って、色々社会の蒸発とか色々出てきたり、ああいう病気をうみ出したりするから、それでも、少しでも心の糧となればと思って私はしました。
○今日は、お墓参りしてきたもんですからね、ちょっと、ねえ。
○やっぱり、同じあの、まあ、あのね、普通の人と一緒にね、働けないでいらっしゃるからね、やっぱり私達は少しでもねえ、みんなと協力しなきゃあいけないと思います。
○はあ、何故っていうことありませんけど、みなさまねえ、なかなかお大変ですから、小さい時から苦労なすっていると思いますんで、まあ、あたくし達は健康でね、恵まれておりますんで、その分だけさして頂きました。
○さあ、他人事じゃないでしょ、自分もそうなるかもわからないわね。
○わかんない。
○気の毒っていうか、なんかかわいそうな気、かわいそうっていうか、もしも自分の子がね、そうであったらと思いまして、ええ、子供が三人いますしね多いですからね。
○わかんない。
○ええと、あのう、私の子供も小児マヒで亡くなったことがございますので、でそういうのには協力したいと思います。
○いえ、別にね、知っている方がおりますからね、気の毒でねえ、もう、何とも言えないもんですから。
○ええ、身体不自由者の方に少しでもね、なんかお役に立つことができましたらと思いまして。

・ビラを手渡そうとしながらひざで歩いてくる横田。
その前を横切る、足、足、足……

○私、前からね、こういうことを気にしているんです、とても、ええ。
○かわいそうだから。
○別に、あの、何だ、理由はないけど、まあ身障者を助けてやろうと。
○体が不自由だからねえ、気の毒だよねえ、不自由でも一生懸命生きようと思って、ねえ、大変だ。
○うち、田舎から、はあ、出て来たもんだからね、初めてこういう風なね、なんて本当に、気の毒で、かわいそうだと思いますねえ――
○お気の毒だから、そうですね、やっぱり体が不自由で、そしていらっしゃるのにたいしまして気の毒だ、ま、我々は満足な体でそして……
○見ていてかわいそうになっちゃった、なんか何ていうか、無理にも何かやっているみたいでね。
○えっ？　お母さんが言ったの。

○何故カンパを？　そうですね、自分の生活が安定しているから、ということですね、そうです、気の毒だからですよ、そりゃ、もう、だって同じ人間なのに、結局不運にしてああいう風になったわけでしょ、だから、そうじゃないですか？

○いや、ぼくもね、ああいう不幸な子供っていうかね、あれで生き抜くという生命力というかね、力を、非常にぼくは感動しているわけです。

○あたしですか？　自分の子供が丈夫ですからね、ありがたいと思って、それでみなさんにも、お丈夫になって頂きたいと思って。

○みんなに負けないようにね、がんばって下さいということ、（なんか運動をなさっていますか？）いえ、入っています。（施設に入っているわけですか？）はい、そうです。（一緒に住もうということはないですか？）いやあ、子供と一緒に住んだら、子供の将来のためを考えてね、預けているの。（施設に預けた方が——）うん、子供の将来のためを思ってね。（ためになると思うわけですか、やはり身障者をそういう施設に入れるべきだとお考えですか?)いやもう、現在預けて五年になります。(かえって、そっちの方が幸せだったと思いますか?)はい、私はそう思います。

○あの、やはりね、あの結局、体に不自由をあれしているでしょ、それに対して国が今やってないでしょ、十分なことを、だから少しでも協力したい気持ちね、自分なんかもいちおう五体満足でしょ、だから、その、どういう病名、結局病名がついていても、あの、完全に治らないでしょ、それに対して研究費とか色々といるでしょ、だから、そういう気持ちで――

9 カンパの後で

・横田、開き直り

横田 おかわいそうでけっこうじゃん、おかわいそうで、十円だか、百円だか、子供に持たせて、それでけっこう、けっこうじゃん。なまじっか、あれは国がやるものだと、私には何の関わりもないんだという態度よりも、かわいそうなんだ、ああいう人はおかわいそうなんだと、ね、こうやることが、お前の為なんだという形で子供に持たせてよこせばさ、それはそれでけっこうじゃないかな。

小山　こっちは弱いんでいいんだと、けっこうだ、と、そういう原点をもってだね、この活動をやるんなら、ぼくは抜けるね、やめちゃう。

ぼくはね、マイク持ってしゃべっている時にね、ばくは健全者と障害者とその間に何があるか、ということを考えてマイク持ってるわけよ。

矢田　マイクをさ、持ってさ、どなるでしょ。どなる時にどうしても自分がね、みじめだという気持ちがねでちゃうわね。それと同時に、どうぞよろしくお願いします、とでちゃうんだね（笑）。ものすごい、ええと何ていうんだろうな、自分の頭の中ではそういう言葉を否定しようとしているんだけれど、言葉からでてくるものは、どうぞ、よろしくお願いします、とでちゃうんだよね。

奥さん　ウッフッフッフッ……、いやだ。
原　うれしいですか？
奥さん　何だかわからないわ。
原　ホッとしたんじゃないですか？
奥さん　うん、ホッとしたことはした。
原　グラムが足りなかったんですね。
奥さん　そう、あと二〇〇グラムあればよかった。だけど、ちょっと小さかった。
横塚　どっちに似てるかなあ、あくびしてやんの、箱入り息子だよ。
横塚　それでさ、やってみたけれどさ、視線をつかまえるのはさ、本当にむつかしい、というのはさ、逃げちゃう、こっちがカメラを向けると、逃げちゃうわけだよな、それは予想して

10　産院

・出産直後の奥さんを見舞う横塚

・未熟児室、保育器の中の赤ん坊

11　横塚、カメラをかまえて健全者にアプローチする

たけどさ、目の前でシャッターを切る、カメラ向けるっていうのは、すごくこわかった、こわかったよ。遠い距離であればいいんだけど、一メートル位のところで切る、あるいはこっちから近づいていって切る、どうーっと階段を降りてくる時の、さっき言った圧力とは別のもんなんだけど、向こうはバス停で待っている目の前で、こう切るということなんだけど、おっかなかったねえ。

12 横田、ひざで歩きながらビラを手渡しつづける

横田　スピードは遅くて、みじめで、それで何が悪いんだと。はっきりいって、ぼくがひざで歩くことが、足からの解放だとは思ってないよ。

おれ達はアウトサイダーだよね、アウトサイダーは絶対インサイダーにはなれないわけよ。むしろあべこべに、今迄インサイダーだと思っていたやつを、やつでも何らかの意味において、アウトサイダーじゃないかと、自分がアウトサイダーであることを何故気が付かないんだというのが、我々の叫びよ。

○夕食ないの今日。
○やっぱりみかん持って帰らないとだめね。夕食とってないの。
○困っちゃうよねえ、ああ、残念！　落っこっちゃった、今度上手くやるもんねえ。
○でもおいしいよ。
○おいしい？　わあ、よかったわあ、そうよね、二人で食べているんだものね。
○うん。
○食べるのが一番の楽しみ。
○やあだわねえ、気持ち悪いねえ（笑い声）。
○おっかないよ、おれ。
○お腹おかしくなっちゃう、食べ過ぎた。
○みかんもある、魚もあるよ。
○なんでも、魚もあるしねえ、お茶はあるしねえ、それからお魚、お茶でしょ、果物でしょ。

13　みかん狩り

○だけど、今はあまりとれないんですよ。
○何？　お魚？
○公害で。
○ああそうそう、公害でね、よく静岡のヘドロなんて言ってるじゃありませんか、さかんにね。
○酸っぱいよ、いい人（笑い声）。
○おいでよ。
○あら、ごめんなさい。四十分あるんじゃ、これ一個を四十分で食べればいいんだ。
○早くおいで！
○お父さん。
○ヒデキ、早くおいで、ヒデキ！
○みかん食べな。
○ここのお姉ちゃんは、
○変なのう。
○やだよ。

○なんか変なの。

○何にも言わない（笑い声）。

14 性体験を語る

・漆原、語っている顔

漆原　俺はね、十六でタバコを覚えて、十八で女を覚えた、ということだ。それは自分が男であるということ。それはいわゆる赤線へ遊びに行った、赤線へ初めて遊びに行って、何ていうのかなあ、遊びに行ったというのは、遊びに行ったことにならないのかなあ、あれはね、何ていうのかなあ、すぐ女をよろこばせるということにはならなかったわけよ、いわゆるね、自分だけの欲望を達したわけよ、ね。男として二回目、またいわゆる別の女、別のひとを呼んだわけ、呼んだわけなんだけれども、そのひとはまあベテランで、何ていうの、スマタ（?）をくわされた、というわけ、それは僕が何ていうのかな、障害者であるということなのかなあ。

・矢田、語っている顔

矢田　私のことを赤裸にしなくちゃならないそうだから言い

ますけれど、私は施設を出たのは十六歳の時です。職業訓練所でそこの友達と赤線で童貞を捨てました。その時、それからしばらくやりましたがはたち位の時だったと思います。ポリオの女の人と恋愛をやりました。その女の人は妊娠しましたが、やっぱり家庭がいけないと言って、別れちゃいました。私は自殺未遂しました。それでもだめでしたね、やっぱり。

それからまた友達と格闘をしました、今の女房をとった時です。やっぱり自分のエゴでしたね、ものすごいものでしたよ。やっぱりその時は私は男としての能力を、できるだけ出したつもりです。やっぱり女房をオレのものにしようという気持が、相当に強かったと思います。

・小山、語っている顔

小山　考えてみると、オレは十四歳になった時、兄弟が多いんで、兄弟にちょっといたずらされたんだ。それからね、それがそうかなということで、そこから女を抱きたいという気持を持ったね。近所の子で、ちょっとかわいい子がいて、その子を一生懸命抱きたいと思った。しかし、その子がやはりオレのこと逃げちゃうんだな。そのまま十六になって、不良仲間に入ってきて、まあいわば強姦したんだな。強姦した時に、初めてオレの性を充たしたわけだ。それからまあ、強姦という形はいけないと、やっぱり自分がCPだっていう弱さから、健全の女に向かって自分の性を充たすあれがなかった。それしか言えないね、本当に、それ以上何にも言うことない、止めてくれ、これ以上言えない。オレはあの時本当に思った。

横塚　オレが女を知ったのは、二八、だいぶ遅くなったんだけど、その女の人はオレより一つ年上だったけど、いざやろうと思ったとたん、どういうわけだかおちんちんがたたなかった、ずっと前の抑えられていた生活が永かったせいだろうな。

何回か失敗したんだけど、三回位失敗した。オレは男じゃねえんだろうか、男としての能力がねえんだろうか、初めてやる時、どことどこを合わせればいいのか、さっぱりわからなかった。あっちこっちしちゃったわけだけれど、何回かやっているうちに、それでも、ま、上手くできた。自分ではまあまあだと思っ

・横塚、語っている顔

た。それでどうだ少しは上手くなったろうときいたら、女は、もう少しよ、なんて、オレがっかりしちゃった。あの時、全く。

横田　僕にとって、セックスを考えること自体タブーだったわけです。むしろ考えてはいけないというか、セックスのことは結局考えなかった。よっちゃんは結婚できる体じゃないんだと、だから結婚しちゃいかん、恋愛まではいいけど結婚なんか考えちゃいけない。よっちゃんは結婚できる体じゃないということは、セックスできないとみているわけでしょ。

うちのおじさん、面白いよ。オレが恋愛するとね、恋愛しちゃいかん、結婚しようとすると、さっき言った通り、恋愛はいいけど結婚はしちゃいかん。今度結婚して子供をつくることになったら、結婚はいいけどガキつくっちゃいかん、と言いやがんの。あれどうなってんのか。二人目つくるって言ったらば、一人はいいけど二人はつくっちゃいかんてことになるのかな（笑い）。そういう形で抑圧してくるのよ、健全者は。こっちが、やっぱり結婚もできるんだ、子供もできるんだ、という事実を

・横田、語っている顔

つきつけなくちゃだめよ。事実をつきつけても、今度その次の段階はだめだ、悪い人じゃないけどね、健全者の圧迫を如実にあらわしているよ、あのおじさんは。

ＣＰにとって酒は縁が深いんだよ
お酒呑むと　緊張がやわらいで言語障害もいくらか軽くなってね

（雑踏）「出発（たびだち）の歌」流れてくる——

（電車、走っている音）
（アナウンス）関内、関内です、お忘れ物ないようにご注意下さい。

15　横塚、健全者を撮りつづける

・銀座、歩行者天国でカメラを構え健全者を撮りつづける横塚

16　電車の中

・走っている電車の中、横田、座席の下に坐っている。

（ベルの音）リリーン、乗り降り続いてご乗車下さい。まもなく発車です。ドア付近のお客様、ご注意下さい。ドアが閉まります。

（ベルの音）リ、リ、リリーン。

（ドアのしまる音）プシュー。

横田　映画をやめるということじゃなくてね、はっきりいって、家庭の事情がさし迫ってきているわけですよ、色んな方面で、ひざではって歩くということは、ぼくとしてはこれ以上できないという、どんなことがあってもできない事情……

　つまり、今度再びああいう撮影方法をとった場合、これは離婚より他にないということなんですよ。

原　奥さんは、はっきり離婚するとおっしゃっているわけですか。

横田　はい、これは理屈ではないと思います。理屈ではある

・電車、関内駅に着く。降りようとする横田、必死にひざで歩いてドアに進む。

（黒味に続く）

17 横田家でのけんか

（黒味から入って）

・横田、カメラ（原）に向かって弁明している。

・集まった青い芝の仲間達

程度ひざで歩くことの意味もわかっていると思います。みじめさっていうの、そういうのが彼女の心の奥深くにあるわけですよ。ひざで歩くことの、ひざで歩くというその行為がね、彼女にはみじめなわけですよ。

・横田、カメラ（原）に向かって頑強に沈黙を続ける。

矢田　君自身がだめになっちゃうわ！

・矢田、横田を責める。

　君はね、歩けないということであぐらをかいているぞ。つまり、君はお父さんだからね、自分の家庭は自分でつくっておくべきなんだよ。お母ちゃんの言うことをきかないくらいの家庭をつくらなければ、君は父親としての資格がないぞ！

小山　そんな簡単にね、別れるような考えで結婚したはずはないんだから。またそんな簡単に夫婦っていうものは、別れられないんだから。

・小山、つづいて責める。

横塚　横田君に向かって言ってるんだけど、実はみんな自分自身に向かっているんだと、自分自身のこととして考えなけりゃいかん、オレ自身もそうだけれど。

・横塚、受けて批判する。

漆原　このままやめてもらってだね、青い芝の、また金のこ

・漆原、横田を非難する。

と言うようだけど、、金だけ出さしておいて、映画をね、何か自分の都合でもってやめる、ということね、これでは我々をペテンにかけたっていうような……

横田　やあ！　ふざけるな、ふざけんな。
・横田、怒って漆原へ殴りかかる

漆原　何だよ、そうじゃねえかよ、オレはここで手向かいしないよ。ああ、やってくれ。

横田　何て……

横田　オレだってこれまで一生懸命やってきたんだよ。
・横田、反論する。

漆原　やってきたってのはわかります、わかります。

横田　――

18　記念撮影

小山　ホントの記念撮影だ
坐れない人を重点的に坐りますから、まん中は立って、その上にのっかる人はのっかって、またひとり、一列に並んで下さい、わかりました？　さあ、みなさん、お早く願います。こちらですよ、早くして下さい、早く。時間がないんだから。どうもまとまんないから、ぱっとまとまってくれよ、ぱっと、ね。

　カメラかまえんのあとにして、この上、のっかる人はのっかって、はい、はい、清宮さん撮った？　もう一回撮ってよ。ところでかんじんの、カメラ構える人いいのかな。
○誤解受けるわね、こんな格好していると。
○まいったねえ。
○くたびれちゃう。
原　　もう終わっていいよ、
小山　　終わり？　終わり。十時迄一時間あります。一時間の自由行動。
○きゃあー

横塚　おれの子供ができる前、男の子か、女の子か、ということでさ、おれは女の子が欲しかった。まあいちおう、どっちでもいいって言ったけどさ、まあ女の子が欲しかった。それでその時に、その女の子の成長した姿を思い浮かべた時に、どうしてもCPの、あの、こうやって、こんな格好でやってるイメージは全然浮かんでこなかった。どういったイメージかっていうと、あの髪を長くして、ミニスカートで、さっそうと歩くかわい子ちゃん、というようなイメージしか浮かんでこないわけ、どうしても。どういうわけか、全く、いやんなっちゃう。日頃、言っていることと、違うわけだけどねえ、どうしようもないわけなんだよ。

横塚　オレは小さい時から非常に臆病だったわけだけれど、常に道を歩いていても、見られているという意識が強かった。

19　CPの子供は健全者である

・横塚夫婦と赤ん坊
・原田一家、赤ん坊を抱く原田
・食事する矢田母子
・食事する半田母子
・食事する小仲井父子
・子供を抱いて歩く矢田奥さん

20　視点の逆転

・皇居前、しゃべっている横塚

・原のカメラに向って、横塚、カメラを向ける。
撮り終わって逃げる。
・風景

見られているとそう思った時、体中がかちかちになっちゃって、余計に歩けなくなったりしたわけだけれど、そのことが健全者恐怖症という形で、それから、全てにおいて受身だということ、やってもらう立場で、色んな事を聞かれたり、写真に撮られたり、常にやられている立場だということに気が付いたわけ。

これではいかんと思ったんだけど、これではいかんと思ったというのは……それを逆転するには、どうしたらいいかと考えたんだけど、もうひとつは原君と付き合っていてよく写真を撮られた、こんちくしょう、撮られてばかりいて、よし、オレの方から撮ってやれという気持ちがでてきた。それでカメラを持つようになった。

オレがカメラを持つことは、ＣＰとしての今迄の自分との関わりなんだと、それがイコール、ＣＰ全体の問題となるかどうかは知ったことじゃない。オレ自身の内面的なことだから。電車の中でも、バスの中でも、今迄のオレは目立たない、小っちゃくなっていた。見られたくないということで小さくなっていた。

それだとますます見られている意識が強くなったわけだけど、カメラを待ったら、オーバーな言い方をすると、世界が変わった、と。
ところが撮る立場になったら難しいね、撮ってやろうとしてもなかなか撮れるもんじゃないよ、それが非常に難しい、初めに思っていたより、はるかに難しい、初め、こわくて、足がガタガタ、手はちぢむし――

昨夜から　お水一滴も飲んでないんだよ
おしっこに行くのに困るから
おもてに行く時はいつでも前の晩から水分とらないんだよ

横田　重いでしょ。

21　横田弘・詩

・電車の窓から見た風景

…1新宿へ…

・団地の前、背負われて車

野田　いや、そうでもないですよ。何キロ位あるの？
横田　四〇キロないの。
野田　四〇キロないの。
横田　そう、浅丘ルリ子と同じだ。
鬼島　メガネもだいぶキズがついちゃったねえ。
横田　そう、落っことすからねえ。
野田　度、かなり強いみたいだけど、ひどいんですか、とると全然見えない？
鬼島　僕なんかわからないでしょ。
横田　わかんない――
原　で横田さんは何か、最初からぼくの言葉はわからないよ、なんて言ってるねえ。
横田　うん。
原　本当にそう思ってる？
横田　だって、わからないでしょ。

を待つ横田
・背負われて電車を乗りつぐ横田

原　じゃあ単純に自己満足的にやるスタイルになるわけか。
横田　そうでもないよね、わかんなければわかんないなりの効果はあるだろうと。
原　どういう効果？
横田　何やっているんだろうと。
原　その場合、詩の朗読だっていうことはわからなくてもいいわけ？
横田　いや、聞く耳があれば段々わかってくるよ。
原　段々わかってくる？　じゃあ、舞台装置なんかいらねえな。
横田　（？）
原　例えば、詩の朗読っていうような言葉でもって看板立てるっていう。
横田　だから、横田弘、詩の朗読会、かあ（笑）。会っていうのはおかしいなあ。
原　横田弘・詩の朗読会？

横田　会っていう感じゃないなあ。

原　ないなあ。

横田　つめて、横田弘・詩の朗読。

原　横田弘・詩の朗読。

（アナウンス）新宿、新宿――

（通行人の足音が響いている）

女の人　みなさん、お聞きになって下さい、この方は詩人なんです。詩の朗読をいたしますので聞いて下さい。

すみません、この方詩の朗読をいたしますので、みなさん、聞いてやってみて下さい。

・背負われて新宿駅のホームを行く横田

…2 新宿地下プロムナード…

・通行人を呼びとめようとする横田

・通行人、立ちどまろうとはしない。

・がっくり肩を落とす横田

・女の人、見かねて通行人に呼びかける。

横田　私の詩を聞いて下さい、それでは、

「足」
私のまわりに集っている多勢の人々
あなた方は、足を持っている
あなた方は、あなた方は、私が、あなた方は私が歩くこと
を禁ずることによってのみその足は確保されているのだ
多勢の人々よ
たくさんの足たちよ
あなた方、あなた方は何をもって、私が歩くことを禁ずるのか

刑事Ａ　責任者はわかってる？
刑事Ｂ　責任者はわかっていますか。どなたですか。
横田　責任者は私です。

…３　地上…

・「横田弘・詩」の空間を占拠する。
・それをとりまく群集
・誌を朗読する横田

…４私服刑事二人に保護される…

（画面は黒味）

刑事B　ああわかった、わかった。
刑事A　あんた何?
鬼島　録音とっているんです。
刑事A　何の録音?　見世物的になっているからね。
刑事B　保護しますから。

横田　何もできない映画を撮るといった気持ちの中にも、やっぱり、何か自分がやればできるんじゃないか、こういう映画をすることができるんじゃないか、というようなそういう考えが、初めから僕の中にあったと思うのよね。それが映画つくっていくという過程で、そういったものが、もののみごとにぶっこわされちゃった。何ていうかさ、結局僕は、保護、色んな意味でね、保護されて、保護、保護、守られていくことでしか生きられないいんじゃないかと思う。そういう意味で、これまでやってきた過程で、何かこう、自分が本当にからっぽになった。正

22　肉体との出会い

・カメラ(原)に肉体を晒す横田
・しゃべっている横田

直いって、これからどうやっていったらいいいか、わかんないような、そんな気持ちになっています。

（横田の息づかい、つづく）

・生身の肉体で大地にぶつかってゆく横田

23 スタッフタイトル

製作　疾走プロダクション
協力　日本脳性マヒ者協会「青い芝」神奈川県連合会
監督・撮影　原一男
鬼島憲夫
野田和彦
録音　栗林豊彦
製作　小林佐智子
現像　P・C・L
録音所　T・E・A

（生活書院編集部注：補遺1、補遺2は編集部の責任で、明らかな誤字誤植は訂正した。補遺3は、疾走プロダクション［TEL 03-3350-7812　www.docudocu.jp『さようならCP』上映、DVD購入問い合わせもこちらまで］の承認の下、再録し、同様に明らかな誤字誤植は訂正した。また、都合によりシークエンス1、および17の一部を割愛した。現在では使用が不適切とされる表現が散見されるが、原文のママとした）

© 原 一男

4 青い芝の会・歴史

青い芝

青い芝の会・歴史（結成から横塚晃一死去まで）

作成：立岩真也＋定藤邦子

結成　大田区の矢口保育園に約40名が集まり発会式　発起人：山北厚・金沢英児・高山久子　会長：山北
（札幌、福岡に相次いで支部誕生）
『青い芝』発刊
未就学脳性マヒ児のための塾を開設　子供7人
　この塾は5年ほど継続されたが、養護学校の増加とともに自然消滅する
初のレクリエーションとして、バス旅行を行う　以後毎年1・2回のバス旅行を行う
第2回例会（高山宅）20名　希望・意見・体験談、レクリエーション
正会員132、賛助会員20
米国の脳性マヒ者たちとの連絡を図っていたが、その結果、米国身障者更生委員会から手紙と資料が届く
産経会館にて「六輪会」による青い芝の会のための慈善公演が催される
毛糸編物、アケビ細工の講習、授産を開始
生活訓練のためのキャンプを行う　以後毎年開催
東京はじめ全国に支部結成　支部制を確立する
NHK教育テレビ『日本の課題（身体障害者）』にとりあげられる
NHK歳末助け合い運動による義援金が交付される　以後毎年
大会で生活保障要求決議

	4		米国より送られた『脳性マヒ児教育の手助け』を翻訳出版する
	9		初の会員同士の結婚がテレビ結婚式であげられる
	12	18	東京久留米園、田中豊（元・国立身障センター・和田博夫医師のもとにいた）により設立
1961			千葉・茨城支部発足
			久留米園の障害者が青い芝の会に加入（磯部真教・寺田純一・秋山和明・吉田敏彦）
			横塚も'63～'64からしばしば訪れる
	3		郵便料金値上げ反対の署名運動を行い、それを国会に提出
	12		森春子の尽力により後援グループが作られる
1962			本部・支部の関係を整備し、会員数５００（社会活動部も設置される）
			従来からの更正相談や親睦に加え、対政府・対東京都交渉を行う態勢を整える
	2		脳性マヒ者の福祉向上のため関係機関への積極的働きかけを開始し、12項目要求を作成
	5	17	初めての厚生省交渉（機関誌では「陳情」）12項目要求
			障害福祉年金の増額を要求のひとつに
			政治活動に対する不安があり、激論に→親睦活動と並行することに
	7		慈善公演
			自民党、社会党に要求項目を伝達
	7	29	第2種福祉事業団体として認可される
	8		国立収容授産施設設立要求の署名運動を開始
	夏		身体障害者団体連絡協議会（身連協）の結成を各団体に呼び掛ける
	12		慈善公演
1963	1		事務所を大田区から世田谷区に移転

機関紙『身連協』創刊号発行
川崎支部チャリティショー開催
会員40名厚生省に陳情
更生会、加入を決議
発会式、第1回総会を兼ねて開かれる
全国青い芝の会結成
マハラバ村コロニー　～'69
身障者の福祉問題について厚生省、自民党との三者会談が行われる
脳性マヒ者団体の全国統一組織化を計るため、名古屋いずみ会、広島ひかりの会との話し合いがもたれる
この年、脳性マヒ者センターの構想が生まれる
会報が毎月発行に
障害年金の給付水準改正運動展開
身体障害者福祉法改正について、重症身障者の保護規定の付加、及び障害等級の判定基準の問題等を陳情
1966年度基本方針　「脳性マヒ者に生活の保証を」
①身障者福祉法改正問題　②国立身障センター　③障害者年金法給付水準改正郵便料金
土地を提供するから施設をやらないかという話があり、実地調査に役員数名が行ってみるが、
その結果、会としてやるには不適と判断
郵便料金なんらかの措置がとられることになる
社会活動部、国立身障センターの座り込みに参加
この年、会員同士の結婚が50組以上になり、それにともない機関誌誌上で
「結婚」、「脳性マヒ者の社会性」の問題が活発に議論された

年	月	日	事項
1967	1		社会活動部、センターの田中豊の転勤に反対する運動に加わる
	4		都立光明養護学校における関東ブロック障害者教育研究集会に参加
	4	16	第10回定期総会（光明養護学校）出席60
			1967年度社会活動部部長：磯部 ①身障者福祉法 ②身障者雇用促進法 ③障害者年金 ④身障者手帳 ⑤障害者 ⑥住宅 ⑦在宅投票制度
	6		朝日訴訟判決を契機に広報部で、生活保護並びに身障者賃金の問題を取り上げ、 機関誌誌上で活発な論議がなされる
	9		美濃部都知事との対話集会に招かれて出席
	11		会創立十周年記念大会を東京市ヶ谷の戦傷病者会館において挙行
	12		身障センター闘争終わる
1968	4	28	第11回定期総会（光明養護学校）出席40
			社会活動部長：山口豊、組織部長：磯部 支部：中央・北東・城南・城西・埼玉・神奈川・千葉・茨城・静岡・北海道
	4		会員で重症の女性が単身東京から九州へ行く途中、 列車から降ろされるという事件について国鉄当局等に陳情
	6	7	秋山・寺田の住宅問題につき東京都へ請願・陳情
	8		全日空職員等の厚意により富士登山
1969			身障者の住宅問題を本格的にとりあげ、都議会に請願書を出し採択される
			青い芝の会　事務局における混乱（事務局長の会計面でのずさんさを追及される）石橋問題、といわれる
			前年から引き続いている脳性マヒ者を職員に雇用せよという要求と合わせて、 府中療育センター、住宅問題を都に対して行う

「青い芝」神奈川県連合会発足（山北会長、横塚副会長、横田弘編集長）
総会で横塚、本部副会長に就任　～'71・7
横浜市で2人の障害児の母親、下の子をエプロンで絞殺。地元を中心に減刑嘆願運動起きる
神奈川県での障害児を殺害（5・29）した母親に対する減刑運動に、神奈川県連合会（横塚・横田）反対
神奈川青い芝の会、母親の障害児殺しに厳正裁判要求
（711008第一審判決懲役2年執行猶予3年）
横浜地方検察庁、横浜地方裁判所などに意見書提出
NHK『現代の映像』で「あるCP者集団」放映
障害児殺しの母親起訴
横浜地裁で懲役2年、執行猶予3年の判決
総会不成立　やりなおし総会　改革委員会発足
映画『さようならCP』制作
映画『さようならCP』横塚・横田が出演、各地で上映活動
『さようならCP』上映運動　関東で始まる（関西は7月から）
政府、優生保護法改定案提出（経済的理由の中絶禁止。2年後審議未了で廃案）↓優生保護法改定反対運動
立直し総会　100名近く（神奈川から38名）　親睦派後退　会長：横塚　副会長：磯部・山口
編集担当：小仲井万蔵　運動方針として「働けない、あるいは働いても収入の得られない脳性マヒ者が地域社会で生きていけるような年金制度の確立の運動」がとりあげられる。
中断されていた厚生省交渉再開
本部、神奈川、茨城、栃木が優生保護法反対署名運動
大阪青い芝の会結成、全国的広がりの始まり

4・29　大阪青い芝の会結成大会（代表高橋栄一）

4　東京支部結成→東京青い芝の会

5・11　優生保護法改正案厚生省により国会に提出

5・12　青い芝の会代表（横塚・磯部・寺田）厚生大臣にあてた抗議文を提出

5・14　神奈川青い芝の会を主体に東京・茨城・栃木の会員約50名、署名（1万余）をもって国会に本法案反対の請願、代表8名、厚生省で精神衛生局長以下数名に詰問

5・24　優生保護法案に対する「青い芝」神奈川県連合会と日本脳性マヒ者協会「青い芝の会」連名の質問状に対する田川誠一（当時自民党・衆議院社会労働委員長）の回答

9　全国青い芝の会総連合結成

10・13～14　全国代表者会議→第1回全国代表者大会（箱根）
日本脳性マヒ者協会・全国青い芝の会総連合会結成
神奈川・大阪・栃木・福島・九州・茨城・静岡・名古屋・東京
全国常任委員会　会長：横塚、副会長：小山正義・磯部

1974

2　春闘に参加、「優生保護法改訂案を撤回せよ」という項目を入れさせる、制度要求として、障害等級制度の改革、生活できる年金の確立、居住の場の保障及び行動の自由の拡大
兵庫県「不幸な子どもの産まれない運動」に青い芝の会が抗議

3・22　単独で厚生省交渉　１００名

3・23　春闘共闘主催の統一行動に参加

5　16・22・23日、国会に全国動員

5・24　優生保護法改正案審議未了廃案

8・24　全国青い芝の会第1回全国拡大常任委員会で養護学校義務化反対の方針を決定

全国拡大常任委員会（東京久留米園）
　優生思想反対、制度改革要求（等級制度）・養護学校義務化反対
実態調査反対の運動
奈良青い芝の会、京都青い芝の会創設　計13
全国常任委員会
春闘共闘のうち、介護手当と養護学校義務化には反対を確認
厚生省交渉　74夏決議された9項目を再度要求
青い芝の会、生きるとは何かを考える集会（清水市）
　静岡・神奈川中心　15・16日は「生きる」集会実行委員会主催　17日は静岡主催
静岡（寺尾勝志会長　会員50）県知事に要望書を提出
　①社会生活訓練の施設（青い芝の会が管理）　②羊水チェック中止　③普通校へ　④医療無料化
　⑤県営、市営への住宅優先　⑥在宅重度児者（1・2級とCP）に県独自の在宅障害者手当
　⑦バス・電車無料化　⑧重度者に電話設置の7割　⑨要請に対する窓口　など9項目
厚生省（身障審議会）交渉・等級改定に関する協議
山形青い芝の会創立、神奈川からは小山が代表として出席
役員会で実態調査について協議、各自治体に要望書提出を決議
役員会、各自治体あての要望書を発送
東京都実態調査中止を表明、大阪、神戸、奈良、静岡、埼玉、長崎、横浜、川崎で凍結
全国阻止委員会主催の厚生省交渉
常任委員会主催の厚生省交渉
常任委員会主催の第2回厚生省交渉

年	月	日	
	11	24	青い芝の会第2回全国代表者大会で磯部、執行部を追われる。東京青い芝の会の対案否決・磯部らは告発型の運動からの脱却を求めた。東京青い芝の会、全国本部と離れて活動 青い芝の会主導の下に健全者組織を作り育てていく活動方針採択、決議事項として 潜在脳性マヒ者の掘り起こし運動、家庭、施設にいる人々を街の中に連れ出し、 健全者と共に生きる社会を構築しようとする意図。健全者と一体になって障害者差別と闘う態勢
1976	8		全国障害者解放運動連絡会議（全障連）結成、 関西青い芝の会連合会、関西「障害者」解放委員会、八木下浩一の呼びかけ。 全国代表幹事に横塚。結成大会、於・大阪市立大学
	12		川崎市で、市交通局と東急バスが車椅子のままのバス乗車拒否
1977	4	12	神奈川青い芝の会、等抗議行動
	8	13	全障連第2回大会、於・明治大学和泉校舎、代表幹事横塚病気のため欠席
		〜14	大会終了後の幹事会に全国青い芝の会総連合会から綱領案が提案され、討議が始まる
	8	15	全国常任委員会による79年度養護学校義務化についての文部省交渉
	9	28	「障害者の自立についての青い芝の見解」（横塚）↓厚生大臣。 経済的自立ではない　地域社会で生活すること。交通・住居等の障害の除去。すべての健全者が 介護者であるべき・家族・施設職員・ボランティアではなく
	10	17	関西青い芝の会連合会、自立障害者友人組織関西グループ・ゴリラ、りぼん社、三者連名による 「緊急あぴいる」、専従者の問題点を指摘
	11	7	関西グループ・ゴリラ連合会役員会「緊急アピール　関西ゴリラ連合会に集うすべての兄弟・姉妹へ」
	11	19	青い芝の会第3回全国大会（大阪）
		〜20	18組織代表130以上参加。会長：横塚（神奈川）副会長：白石清春（秋田）横田（神奈川）

事務局長：鎌谷正代（兵庫）会計：古賀稔章（福岡）（東京からは磯部・若林克彦・山本勉）
優生思想との対決。埼玉は脱会。埼玉は再建準備会に。東北連合会から脱会した山形は、全国組織から除籍されたことに激しく抗議→全国常任委員会と東北連合会と話し合いをすることを確認。
千葉県「青い芝」準備会。神奈川県連合会は16名参加。日本家族協会遺伝相談センター（'77・10厚生省の予算による）に抗議、センターの閉鎖を闘いとることを決議

1978・3　青い芝の会全国常任委員会　関西グループゴリラの問題、友人組織として認めない、自立障害者集団友人組織・全国健全者連絡協議会（全健協）、ゴリラを除名の方向で検討、全健協解散の方向へ

3　関西青い芝の会連合会、鎌谷会長関西ゴリラを解散させる（大阪青い芝の会は反対）

4・23　関西青い芝の会連合会（会長：鎌谷）臨時総会　ゴリラ解散に反対していた大阪・奈良は出席せず。
横塚出席（前日は鎌谷宅に泊まる）

4・24　横塚　河野秀忠に会う

5　関西青い芝の会連合会解散

5・18〜19　青い芝の会全国常任委員会
横塚出席

7・6　横塚「健全者集団に対する見解」→8・30の全国常任委員会で確認される

7・20　横塚死去

解説

立岩真也

1　不思議に明るい本

この本は、前の世紀に出た最も重要な本の一冊であり、再刊が長く待たれていた。そしてこの本は、重めでそして暗くもある本である。しかし同時に明るい。どうなっているのだろう。そしてこの本は、今読むからかもしれないが、当然のことが書いてあるようにも思える。しかし、今でもなのか今だからなのか、鋭い、重要なことが書いてあるようでもある。どうなっているのだろう。以下、このことについて書いてみようと思う。

ここに書けないことは「解説」である。

著者である横塚晃一は、一九三五年十二月七日、埼玉県に生まれた。脳性マヒ者だった。一九七八年七月二〇日に亡くなった。四二歳、がんで亡くなった。その他最低限の情報は「著者紹介」のところに記されているが、さらに伝記的な事実を記せたらよいと思う。けれども私は知らない。本書にも追悼文の幾つかは収められたが、他にもある。そして実際に知っている人もいる。それらが集められ、まとめられるのはまた別の機会となるだろう。

そしてこの本は障害者運動の中にあった本ではあるから、その解説をすべきなのだろう。その頃、またその後のことを調べてまとめる必要もある。ただ、ずっと以前にすこし記した以上のことを調べる余裕もなく、ここで繰り返しても仕方なかろう。その運動について研究もいくらかなされているようになっている。（荒川・鈴木［1996］、鈴木［2003］、山下［2004］［2005］、田中［2005］、定藤［2006］［2007］、廣野［2007］、等。横田弘、小山正義ら、当事者たちの著作はここでは略。より詳しい情報は「生存学創成拠点」のＨＰ http://www.arsvi.com →「索引」→「青い芝の会」、「人」→「横塚晃一」。）それらの成果も含め、これも別に本が作られたらよいと思う。とはいえ、ほんのすこし。

横塚は「青い芝の会」（「日本脳性マヒ者協会『青い芝の会』」）という組織で活動した。東京で始まったその組織は以前からあったが、そして「政治的主張」もそれなりにしていたのだが、基本的にはおとなしい性格のものだった。本書に記される、横塚らの『青い芝の会』神奈川県連合会」（神奈川にいくつかあって、それが集まったのでこんな名称になった）の活動によってその性格は変容していき、一九七〇年代以降の障害者運動を牽引する一つの流れとなった。横塚はその「全国連合会」の会長を、亡くなる年まで三期連続して務めた。また一九七六年に結成された「全国障害者解放運動連絡会議（全障連）」の最初の代表幹事でもあった。

その変容の画期をなすのは、一九七〇年、横浜での障害をもつ子を母親が殺した事件に際してなされた減軽歎願の運動への反対の運動だった。「母よ！殺すな」という題もここから来ている。家族は、子ども思いのよい家族だとしても、時にだからこそ、よくないことがある。横塚の文章の一つひとつは短い。そして口述筆記だったという。にもかかわらずなのか、だからなのか、強く、すっとする部分がある（次の引用は土屋［1999］にも引用されている）。

「泣きながらでも親不孝を詫びながらでも、親の偏愛をけっ飛ばさねばならない」（二七頁）

では代わりに施設があればよいか。いやそれは相手方がもう言ったことだ。施設がもっと整えられていればよかったのに、と言われた。いやそういうことではないだろうと、横塚たちは言った。ちょうど同じころ「府中センター闘争」（七八―七九頁、等）が起こっている。この闘争は青い芝の会が主導したのではなく、むしろそこで様々な葛藤もあり、このことについては三井絹子の著書（三井［2006］）でもふれられている。それでも、基本的に、その頃ようやく始まった施設で暮らさせようとする動きに反対した。

例えばそのようにまとめれば、「自立生活（運動）」と呼ばれるものは、具体的・即物的には、「家と施設から出ること」（のための運動）であったのだが、この会の活動はその先駆だとも言える。そして時をおかず、優生保護法の改訂に反対する運動に関わる。（この辺のことは森岡［2001］でも取り上げられている。また松永［2001］、立岩［2007］。）そして養護学校の義務化に反対しもする。みな説明しなければならないのだが、いずれも長くなる。

そしてその人たちは、まじめで一所懸命な家族や施設やリハビリテーションや医療や福祉や教育を批判したし、あまり素性の正しくない人たちと徒党を組んでいるようにも思われていたので——これは誤解に近いところがある——きちんとした社会福祉の本などにはあまり出てこない。言っていることのよしあしはさしあたり別にしても、それはよくないだろうと思ったから、その人たちのことを書いた（このことについてはこの文章の終わりにすこし説明しよう）。そういう「文献」はすくなくとも以前にはあまりないから、その書き手である私は、そちら側に位置づくことになるのかもしれない。それでかまわない。だが、同時に、その書きものを見ていただければわかるはずだが、青い芝の会という組織がここ数十年に果たしてきた役割はかなり限定的なものだったとも思う。その運動は全体の中の一つであり、その後の運動の実際の大きな部分を導いてきたのは青い芝の会ではなかった。そのことはこの間のことに関わりその様子を知っている人たちは知っている。そのことを——解釈する意味があるとして——どう解釈するのかもまた別途、長い話になりそうだ。

ここでは以上を略し、あたり前のような変なようなこの本について、暗いような明るいようなこの本について、考えてみたことを書くことにする。

2　差別は遍くあり、特異にもある

差別をどのように捉えるのか。横塚は普遍性・不変性と社会性・時代性の両方を言う。

一方で差別は、時代性・社会に規定されたものだともされるし、支配者・権力者のものであるとも言う。

「全ての障害者施設とは、高度経済成長を支え、現社会体制を維持していくために、また一般庶民にマイホームの幻想を貪らせるためにこそ「必要」なのであり」（一〇五頁）

「生産第一主義の社会においては、生産力に乏しい障害者は社会の厄介者・あってはならない存在として扱われてきたのですが、この法律は文字どおり優性（生産力のある）は保護し劣性（不良）な者は抹殺するということなのです。つまり生産性のないものは「悪」ときめつけるのです。」（一二九頁）

「我々を、不幸な、恵まれない、かわいそうな立場にしているのは権力であり、今の社会であります。」（一四一―一四二頁）

障害学はそんなことを言うだろう。社会学者もそうだ。つまり社会的な要因を言う。それ以外のことは言わないようにしている。ただ横塚は、そのように言わなければならないと教えられたりしていない。彼はもっとすなおに考える。不変のものがあると言う。ぬぐいがたい「業」のようなものがあって、なくなることはない。差別するのは人間の本質、宿命だと言う。

「人間とはエゴイスティックなもの、罪深いものだと思います。」（三七頁）

「人間の差別意識というものは動物的・本能的なものであり」（一四七頁）

聞いたことがある話がなされているように見えるかもしれない。違う性格のものが並べられ、すっきりしないではないか、場所場所で違っているではないかと思われるかもしれない。

この種の運動に関わった人たちは多くの場合に左派であり、差別の由来が「資本主義」などで説明されても不思議でない。いやそんなことの前に、明らかにこの社会の「経済」のもとで損をしているという実感、現実がある。それはまったく間違いではないだろう。

他方、例えば部落差別についてはどうか。前近代的な意識によって説明される場合もある。その場合には近代化が解放の鍵になるのだが、そう簡単なことでもないように思われる。となると、やはり資本主義などと言ってみようか。しかしそれも強引に過ぎるように思える。どこかもっと深いところにあるように思える。そのことも言われる。

当時、だいたいそんな具合になっていたと思う。となると横塚は当時あった話の両方をしているということか。そんなふうにも思える。しかしそういうことではないと思う。

まず障害に関わり、差別に関わる契機を二つに分けることもできる。一つに動いたり働いたりすること（それができないこと）と関わるところがある。一つにそれだけで説明できない部分がある。同じ身体なのだが、できない身体と、異なる身体と、二つの面がある。横塚は両方を言っている。それは重いものだという。

「差別意識というようななまやさしいもので片付けられない何かを感じたのである。［…］重症児を自分とは別の生物とみるか、自分の仲間である人間とみるか」（八〇頁）

脳性マヒは様々な現われ方をするが、身体の形や動きがかなり派手に違うことはある。そのことが異なりについて気になることに関わっているだろう。

差別するときに、そのもとになるものはなんでもよい、なにもなくてもよい、ということはあるだろう。そのような意味で恣意的であることはある。たとえば部落差別にはそんなところがある。ただ障害者の場合にもそれだけなのか。身体の差異も恣意的であり、それ自体はなんでもない。そう言えるか。言えるようにも思える。実際には、同じものが嫌悪され、しかし、ささいなことでそれも変わりうること、慣れもするのだということ、そんなところでよくはないか。ただ横塚はそうも言えないと思っているようだ。身体にこだわってはいる。ただ、なまやさしいものではないという以上のことはここでは述べていない。そのことをどう言えばよいのか、私にはもっとわからないけれど、なにか言いようがあるのかもしれないと思う。ないのかもしれないとも思う。このことは、ここではここまで。

次に前者、「(非)能力」について。それはなにかと考えてみる。すくなくとも障害者差別に関しては「経済」が絡んでいること、これは明らかである。雇ってもらえない、賃金がろくに払われないことがある。この経済のもとで損をしているという現実は確かだ。資本主義の経済のもとではそうなってしまうとも言える。しかし、資本家が儲けようとしなければ違うかもしれない。消費者がものを安く買おうとしなければ違ってくるかもしれない。労働者が働けない人をおおめに見れば違ってくるかもしれない。すると基本は同じだと、つまり、それは「資本主義」の問題でもあり、また人間の「業」の問題でもある、と言える。だから横塚が言っていることは、折衷的でもないし、どっちつかずでもない。

このように考えてみるなら、むしろ二つを違ったものとして考える方が間違っているということになる。どのように間違ってきたのか。一つには労働者の捉え方だろう。「資本制」を言う人たちは多く、労働者を被害者として、体制に対抗する勢力として捉えてきた。しかしそうだろうか。格別の悪意をもっていなくても、足手まといであるなら遠ざけようとするのではないか。すると、むろん、経営の合理化を進めているのは経営者であり、そのためにやむをえず、という言い方はあるだろう。それは当たっているだろう。しかしそれだけでもないだろう。消費者はどうか。施設の労働者は施設でどのように振舞うか(四四頁等)。だから、横塚たちの言い分は基本的には正しい。

そしてこのことは「優生思想」についても同様だ。それで益を得るのは、「資本家」「国家権力」だけではない。「うちなる優生思想」という言葉は以後よく使われるのだが、それは障害者自身にも、その思想・意識があることを言うのでもあるが、より基本的には、それ以前に、誰にでもあるものだという認識を示している。

ただ、その上で、まるで同じなのかと考えていく、その道筋があるはずだ。すると、まったく同じではない、すべてをいっしょくたにしない方がよいようにも思える。そしてそのことも、じつは示されている。二つが並行して示されているからである。ではどのようにつながり、どのように分かれているのか。「合理」性の求められ方は経済のあり方によって違ってくる。そしてこの社会の仕組みから皆が同じように利益を得ているわけではない。ようするに、能力／非能力（障害）に関わって損得が違ってくるということであれば、それはすべての人に関わることであるとともに、損得の分布は一様でないのである。

こうして同じであるとともに、違うところがある。同じ欲望を有していても、それが大きく現れることと、そうでないことがある。だからやはり、社会の仕組み・仕掛けのことを、それはそれとして考えねばならない。これはそれなりに細々と考えねばならないことだから、学者の分析対象であるはずだ。しかしそう分析されていると思えない。それが課題として残される。しかし、そのようにして分析されるべきことが、この本において言われている。

3　何がよいのか、はあなたの思いと別にある

では次に、代わりに何がよいのか。それは単純なものである。それは、今まで扱われてきたように扱われないこと、今扱われているように扱われないこと、生きていけることである。そこから、そのようにこの社会がなっていないこと、人の「業」が自分たちを生きていけるようにしないことが批判されるのである。

しかしそれが難しい。この運動は少数派の運動としてある。関係して、「社会的合意」とか「合意形成」といった言葉が頻繁に使われる。どうやって同意、合意をとりつけるのだと、よく聞かれる。なぜいつもそのように言われるのか、問われて答を言わなければならないのか。そうも思う。ただそれは自らが気になるところでもある。なぜ自分たちの言うことは受けないのだろう。これはたいていの社会運動が抱える問題である。そこで暗くなってしまう。

だがここで終わることはない。横塚の本を読んで考えると、三つはある。一つに、本当に理解や合意は必要なのかである。一つに、(正面から言うべきことを言っていった時に)その主張は本当に通らないのかである。そしてもう一つ、実際にどの程度「理解」は必要であるのか、必要ではあるとして、それをどのように得ていくかである。三つとも違う。そのことがわからな

いと妙なことになる。不要に暗くなる。この本がなんだか明るいのは、横塚がそのことをわかっているからだと思う。
一つめについて。横塚が言うには、自らが主張することは、誰かがそれを認めるから、正しいのではない。それ以前に、正しい。それは多数決でどうというものではない。それは譲れないことである。この世でどれだけの人が賛成しようがしまいが、そのことと、基本的には、関係のないことだ。優生保護法について、厚生省に横塚たちは次のように言った。
「物事にはやっていいことと悪いことがある。人の命に係わることはそれがたとえ多数の意見であっても行うべきではない。」(一三四頁)
三つの三つめに関わり、同意は必須でないにしても、有用である。だが、それが仕方なく必要である事情をふまえず、とにかく「ひとさまにわかってもらわねばならない」と思うなら、それは違う。理解してもらわねばならないと思うこと、思わせられることはときに辛いことだ。それは、本当は、いらない。
「私達障害者の間でどうしたら理解して貰えるかとか、そんなことといったら理解して貰えなくなるとかいう言葉をよく聞くのですが、これ程主体性のない生き方があるでしょうか。大体この世において四六時中理解して貰おうと思いながら生きている人がいるでしょうか。」(六五頁)
これは自分たちの主体性を形成・確保しようというきまじめな呼びかけでもある。ただ同時に、人々におもねることはないというのでもある。これは大切なことではなかったか。

「脳性マヒは増えているのである。社会性もなく何をやらせても採算ベースにのらず、これまでの社会常識ではあてはめようのない存在として増えているのである。一般常識にあてはまらないからといって人間の存在を否定することは本末転倒といわなければなるまい。」（九一頁）

ここで終わり、本来、それ以上に積極的な根拠を必要としない、必要としてはならないものだと横塚は言っている。一番基本的なところでは、一人ひとりの「価値」や「好み」の問題ではない、と言っている。これは大切なところだ。たしかにこの世の中が、人々の価値や好みによって動いていること、変わっていくことは事実だ。そして、自分の価値や好みによって人のことを左右してならないと思うことも、その人が思うことの一部であり、その人の価値のようであるとは言える。その意味では、すべては人の思いである。しかし、自分たちの好みで決めてならないと人が思う中で作られる社会と、好みを集計し調整したものが社会だと思うのと、違うということだ。差別は全てにあり、自分たちの中にある、と横塚は言う。その限りでそれは、価値を社会的な歴史的なものとして「相対化」しようという流れと違っていて、重く、悲観的である。しかし、それを人が思い、自分が思っていても、受け入れることはない。そんな苦しいことをすることはないと横塚は言うのだ。

このときに障害者であることはどんなことであるか。まず、自らに対する否定が自分に折り畳まれてあるのだから、それを解くこと、そこから放たれることは必要だ。自分が自分を否定しているのだから、これは損である。だからやめよう。そこに立てば、堂々と、方向を間違えることなく、自らを示すことができるだろう。そうすれば楽になるはずなのだ。このような言葉を聞いてから、もうしばらく経っているから、そうは驚かない。私もそんなことを言う人たち——つまり、横塚の弟子筋の人たちといってもよい——との付き合いが多いから、慣れているのかもしれない。しかし、これはやはり、強い、肯定的なメッセージだ。健常者並みになろうとしたってなれないのだから、そんなことはやめようと横塚は言う。

4　だが、示すならわかるはずであること

たださらに横塚は、障害者が存在していることはどんなことなのかを人々に示すのだと言う。すると、これが二つめだが、人々はわかるべきことがわかる、あるいは、人々はあらかじめわかることができる、そのように横塚は考えている。

「障害者はその症状形態から画一的合理化をする事が無理であり、むしろさまたげになります。故にますます現在の社会から疎外されているのです。しかしある意味では画一化されたトロッコに乗せられなかった事が、自由な素晴らしい事だといえないでしょうか。とにかく障害者は不合理な存在の典型であり、だからこそ人間とは何かという事を振り返るには格好の材料であり、生きた具現者である筈です。〔…〕そうする事が我々重度障害者の使命であり、最も有意義な社会参加だと思います。」（八四―八五頁）

このように横塚や他の人たちが言うとして、それに「効果」があるのだろうかと思う人たちがいるはずである。「社会常識」に合わない人たちが存在しているというその事実、そしてその存在がそこに現れることが、社会常識に働きかけ、人々を納得させ、その常識を改めさせるものであるかどうか、それはわからない。むしろ、それはノイズであり、そんな変な人たちを遠ざけようとする力を強くすることも考えられる。なら、それはかえって「逆効果」ではないか。結局「理解してもらえない」ではないか。たしかにそんなことがあるような気がする。いや実際、その活動は、様々なところで人を充分にうんざりさせたり苛立たせてきたと思う。

けれども、それでも、横塚は示せばよいのだと言う。ここでもまず、事実はこうなのだから、人間はそうなのだから、そのことは示してよい、示すしかないということが一つあるだろう。これは効果と別のことである。もう一つ、ノイズであるとしても、示すことが逆効果であることがあることを認め、そのことを含めても、よい、と思っていたのだと思う。伝わるべきだし、伝わるはずだと思っていたと思う。

人は、結局のところ、肯定するだろう。そして、実際そんなことがあることを知ってもいた。「人間とは何か」がわかるはずだ、そしてそれはよいことだ。その人たちに即するなら、その人たちにとってよいことであるはずだ。人間は「合理的」ではないことがわかった方がよいのだ。横塚はそう言っている。

「障害者運動とは障害者問題を通して「人間とは何か」に迫ること、つまり人類の歴史に参加することに他ならないと思う。」（一二三頁）

こんな大仰なことを、恥ずかしいから、私たちはあまり言わない。けれども、まっとうなことを言っていると思う。

このとき、障害について、なにか格別な、積極的なものがいるだろうか。いらないように思える。格別になにか称揚されるものを探してもってこなければならないことはないように思える。そもそも、障害あるいは障害がある身がなにかすばらしいから、自分らの存在を晒すことに意義があるというようには横塚は言っていない。

ただ、横塚は他方で、なにか自分たちに固有な積極的なものを見出そうとしているように書いてあるところがある。それを「拠点」にしようと述べているところがある。

「人々の考え方は、社会制度、宗教、階級などそれぞれの属してきた生活環境により異なるのだが、最大の生活環境は人それぞれの肉体であり、この環境はどこへ行こうと一生ついてまわるのだから、人はこの環境に最も多く規制される筈である。

健全者といわれる人達と我々脳性マヒとは明らかに肉体的に違いがある。つまり私のもっている人間観、社会観、世界観ひいては私の見る風景までも、他の人達特に健全者といわれる人達とは全然別なのではあるまいか。」（五八頁）

身体からは逃れられない。それはそうだ。障害者に固有の世界があるだろうと述べる。あるかもしれない。横塚は、例えば脳性マヒ者は「社会性がない」と繰り返す。これは隔離のせいで、でなければ社会性を身につけることができる、このように考える方が普通だろうに、またそのように述べているところもあるのだが（一二五頁）、そう自慢できそうにないものにこだわっているように読めるところもある（倉本［1997］［1999］、杉野［1997］）。

「私達脳性マヒ者には、他の人にない独特のものがあることに気づかなければなりません。そして、その独特の考え方なり物の見方なりを集積してそこに私達の世界をつくり世に問うことができたならば、これこそ本当の自己主張ではないでしょうか。」（六六頁）

そうして集合性、文化的同一性が獲得される、か。その可能性があるのかどうか、私にはわからない。あまりないような気がする。そしてそれは自らによって否定もされている。脳性マヒの自分にはなにか独自のものがあるはずだと思ってカメラをもってみたのだが、そんなものがあるのか、はっきりしなくなった。それはわからないという終わり方になっている。ともかくたたかい続けるのだと書いてある。(六一—六二頁)

結局、横塚は、障害自体をプラスの価値のあるものとすることをしない。その思考の本筋から行ってもそうなるはずだ。しかし、横塚たちの写真を見て、私、あるいは私たちはよいと思う。いったいそれがどこから来るのか、よくはわからない。思い入れというものかもしれない。ただ、たしかに私には身体がつきまとう。それはときにやっかいごとを引き起こす。そのような存在がいて、しかしそのことに文句を言うな、いや文句は言ってよいとして、生きさせろと言う。あるいは、言葉において言わないとしても、そのようにして存在している。そのことが肯定的である。そして、人がそのように受け止めてしまうことを、横塚は信じている。信じられると思っている。

そのことを言おうとして、よく、大切なのは障害ではなく、人間であることだと言われる。それはその通りだとして、しかしその人間は、まとわりつくものを除去した、除去した後の、つまりは「普通」の人間であるのかである。そんなことはないだろう。知的障害であれ身体障害であれ、様々をまとっている存在である存在を肯定せよ、と言う。それ以前に、肯定的な存在として存在している、それを知っているだろう、知らせるように晒してよいのだと言うのである。

横塚は差別することは人間の本質なのだと、本能なのだと言い切ってしまう。ではだめなのか。そんなことはないはずだ。つまり、欲望は複数である。否定しようと思う人が、同時に、そうでない思いをもつことがある。それは不思議なことではない。

「どんじりを抹殺したところで次から次へとどんじりは出来て来て、それはこの世に人間がたった一人になるまで続くことでしょう。」(一三二頁)

実際にそうなるかどうかはわからない。どこまでもは続かず、あるところで止まるかもしれない。ただ可能性としてはすべてに及ぶということはある。どんなであっても生きていられることは、皆にとってよいことではないか。自らの何かが評価されることは避けられず、そしてそれは苦痛とともに快をもたらすものでもあるだろう。けれども同時に、それらと関わりなく存在できることを望んでいる。またそのような存在として人があることを私たちは認めたいとも思っているはずだ。

しかし、たしかにそのための支払いはある。人が生きるためのことをしなければならない、手を貸さねばならないということだ。そして多くの人は、それをさぼることができる。今のままでも実際にやっていける人は今のままでよしとする。それではやっていけない人のことは見ないことにして、見ないで、やっていけているのだろうと思うことにする。すると、自らは支払わずにすむ。ただこのことは、その人たちもまた、実際には生きることを肯定しているのだから、本当は、その人たちも別の陣営にいるわけではない。ただいくらかずるいというだけだ。だからそのことをわかれ、ずるいことをするなと言うことになる。

それを言われるのはうっとおしくはあり、いつも聞いていたいと人は思わない。しかし実際、自分たちは損をしている。今の状態で生き難いのはまったく事実なのであるから、ずっと主張していくことになる。それは正攻法ではあり、同情を買ったりすることの方が多くを得られることがあるだろう。しかしそれは自分たちを辛くするものでもある。とすれば、その方法は使わない。使うにしても、それから距離をとっておいた方がよい。そうした場合に、楽にその方法を使うこともできる。

5　解決の怪しさを知りながら、得になることをする

一つ、誰が何を言おうが、誰に何を言われようが、よいものはよいと横塚は言った。次に一つ、

それはじつは人がわかるはずのことなのだと、わかっているはずのことなのだと言った。しかし、いずれももっともであるとしても、そのことが結局は伝わるはずのことであるとしても、実際には対立がある。実現されねばならないものがある。生きるための手段が必要で、それを得るためには「現実的」に対するしかないではないか。具体的にどうやって世間に対していくのか。これが三つめである。

青い芝の会の人たちは様々に反対した。しかたのないところもある。先方がいろいろと新しくよけいなものを作るというので、反対せざるをえない。それで反対したり阻止したり、そんなことばかりしなければならないことになる。そして反対したり阻止したりすることだけしていてかまわない。とくに他の組織が他のことをやるのであれば、それでよい。反対しかしない組織があってわるいわけではない。

だがそれがうまくいったとして、現状が維持されるだけで、多くの場合は反対しても結局は通ってしまう。疲労感と敗北感だけが残るといったことになる。それでも運動を続けるのはそういう変な人たち、疲れたり負けたりすることに快を感じたりする人たちだということになる。このようにまとめてしまうその括り方に悪意を感じつつ、全面的に否定しようとは思わない。そんな部分はあるとしよう。ただ、横塚自身の姿勢・戦術は、もっと実際的であり「建設的」なものだった。そしてその手前で、というかそのために、原則的だった。

「我々が［…］問題提起をした場合、まだ討議もされないうちに「じゃあどうすればいいのか」という言葉が返ってきます。この場合私は「そんなに簡単に『じゃあどうすればいいのか』などと言うな」と撥ね付けます。」（三一頁）

この文章は、横田弘が書いた「われらかく行動する」が載ったのと同じ号の機関誌『あゆみ』に掲載された。その横田の文章はやがて青い芝の会の「行動綱領」になったのだが、そこに「われらは、問題解決の路を選ばない」とある（市野川・立岩［1998］で立岩が言及）。これは「非建設的」なことだと思える。実際、その後の推移をみれば、仕掛けを作っていくことにこの人たちはあまり力を注がなかった。

しかし、この本のその後に書いてあることを読んでみよう。すると、横塚はどうすればよいかという問いを回避していない。むしろまったく正面からこの問題を扱っている。そして「解」を示している。

「「施設は必要と考えるか否か」という問いが出されました。その時私は「そういう設問の仕方はまちがっている。［…］設問のように必要かどうかということで必要という答が出た場合には、施設そのものが正義とされ、正義の名において人権蹂躙が行われる危険性が生まれてくる」と答えました。」（三二頁）

基本的な立場は明確である。既にある選択肢のどちらにするのだと問われて、いずれでもない、どちらもとらないと言うべきだということだ。施設は――ある形態の施設は、と言うべきだろうが(一二四―一二七頁)――ない方がよい。であるにもかかわらず、ない方がよいようなものであっても必要とさせてしまっている状況を問うことなしに、代わりに行く場もないままなくしてもよいのか、それともあきらめてそこに暮らすのかと迫るのはまちがっているということだ。だから、まともな問題解決の道を行こうということである。姑息にことを納めてしまうなと、もっと普通に、基本的なところから考えろというのである。

そこに既にある現実はある。また、横塚の言うように、常数のように、生きることを困難にさせている事情があるかもしれない。もう一人の前の世紀の偉人であった高橋修についての文章(立岩[2001])にも書いたことだが、障害者の運動は、原則的でありながら現実的でもある。あらざるをえない。そこが傍目にもおもしろい。この社会の原則的なところとそりが合わないのだから、原則的であらざるをえない。同時に、この世で生きていくなら、霞を食っていくわけにはいかないのだから、この世とどう折り合っていくかを考えざるをえない。その緊張を持続せざるをえない。それは困難なやっかいなことである。見ている分にはおもしろいとしても、たいへんなことだ。

横塚はやれるところはやることを言い、そのように行動した。

「組織活動としては我々の主張を正しく受け止めてくれる限り、いかなる団体個人とも接触を

持つということが原則である。」（一三六頁）
まだその頃はそこそこ強かった労働組合の全国組織「総評」とも、醒めてはいつつ——「自分達だけの賃上げ闘争にある種の後ろめたさを感じたのか、はたまた仏心を発揮して下さったのかわからないが」（一四三頁）——やれるところはやる。考えてみればそうまじめにやってくれないだろうと思いながら、そしてその結果はまったく芳しくなかったのだが、やれるところとやる。
一定の人たちの支持は必要である。しかしその数は場合によって異なる。得られるものも異なる。間接民主制の政体をとる以上は、議会で決まることについては、多数派を動かさねばならないとして、政権党に近づくことはできないということもある。あるいは、作ったものを市場で買ってもらうためにも、人々の理解は必要だということになる。ここでは買う人の数だけ売れる。しかしその総額はいかほどになるか。あるいは行政というルート。ことのよしあしは別として、その裁量によって決まってくる部分は事実ある。それを使ってやれることをやってきた。それは時と場合によって中央官庁であったり地方行政の現場であったりした。一人を説得すれば得られるものがあることもある。そして、それで一定のものを獲得してきたことは事実だ。「障害者自立支援法」という法律はその「既得権」に対する反動でもあった（立岩［2006］）。とすると、結局立法あるいは司法に訴えざるをえない場面も出てくる。

こんなことを考えなければならないし、考えてもどうにもならないこともある。ただ一つ、ここは、まずきちんと勘定することであり、それを自らの原則に照らし合わせることだ。例えば、自発性に依拠するとはどんなことか、希望者だけに払わせるとはどういうことか。こうしてそれは、税に依拠することをどう評価するかを考えることにつながる。（立岩［2004］等でこのことについて書いた。）

次に、運動の「主体」について。横塚は疑いなく優れた指導者だった。運動が個人の資質、才能に負う部分はある。その横塚は、言うべきことをうまく言えないとしても、主導権を自分たちが、障害者がもたねばならないと言う。河野秀忠（後に『そよ風のように街に出よう』を刊行、横塚についての記述を含む障害者運動の歴史についての著書に河野［2007］）宛の書簡でもそのことは言われている（三四一—三四四頁）。ただ例えば事業をかなりの規模で行なっていく事業体の事務局長の仕事は、すこし希少な才能を要したりもする。当人が一番よいとは必ずしもならない。本人主導がよいとして、また利点はあるとして、他に要するものもある。様々を勘案するとどうなのか。

正解はない、ということになってしまう。ただ、ここで私たちは、「そういう設問の仕方はまちがっている」という横塚の言葉を思い起こす。

組織をきりもりしていく。それにはたしかに才能が必要である。しかしそんな組織があり活動があり、そのための才能をもつ人がいなければならないということが、本当はおかしいのだと考えてよいということだ。厳しい状況であるから、対抗する側も有能である必要があり、ときに「健常者」の方がよいことはある。だが、ここでも私たちは、横塚のように、「できる」「健常者」と諸般の事情であるいはたまたまさほどの力量を持たないでない「本人」と、いずれかを選ばねばならないこと、横塚のような立派な指導者がいなければならないことが、基本的には、間違っていると答えることができる。それは、どの人が組織を担うのかという問いに対する具体的な答を与えない。しかし、その答を出しにくい理由を教えてくれる。そして、もしなんとかやっていけるのであれば、これが本人たちのことであるのは間違いないのだから、できるだけ本人たちがやっていけたらよい、そのために工夫をしていけばよいことを教える。

ここにも、困難とともに、同時に、明るさがある。一つ、なんと言われてもこれでよい、と言う。そして一つ、このことは本当は皆がわかるはずだ、と言う。一つ、しかし具体的に様々せねばならないことがあって、厄介ではあるのだが、その厄介さがどこに発するのかを確認しよう。そうすれば、すくなくとも深刻になりすぎることはない。

「はやく・ゆっくり」というまったくできすぎた横塚の遺言はそのことを言っている。得るものを得るためにははやくせざるをえない。しかし、本当は、ゆっくりでよいし、ゆっくりがよい。二つは矛盾する。しかしそれには理由がある。仕方がない。それがわかると、わからないより、よい。

6　時代が支え、そして残したこと

その思想はどこから来たのか。この時期にいわゆる新左翼の運動がある。そしてその後、衰退に向かったことになっている。何があったのかについていくつも本が出ている。ただ、どことどこが喧嘩をしていたといったことに紙数が割かれていて、障害者運動との関わりについて書かれているものはほとんどない。

それは基本的には学生、大学生の運動だったから、横塚たちがその運動に直接に関わったわけではない。しかしそちらからやってきた部分がある。まず運動に利用しようとした人たちがいる。この本で幾度か語られ非難されているのは、党派による「引き回し」である。

他方、運動から離脱してやってきて、そこに居ついた人たちがいる。他国の新左翼的な運動はどんな経過を辿ったのか。よく知らない。その一部が「エコ」の方に「地域」の方に流れていったことは共通している。そして「弱者」の方に向かうことも、どこにでもある程度はあるのかもしれない。反体制の運動には常に、判官贔屓というか、そんなところがある。ただそれにしても、この国では障害者運動の方に関わった部分が、全体のうちではわずかであるにしても大きいように思える。いくらか不思議なことだ。

負けたからだという答えはとりあえず一つあるだろう。することがなくなって撤退するのだが、その人たちに必要とされる場所はない。だが、介助・介護の場は、必要とされるかもしれない少ない場所である。そしてそこに入ることは、その「理論」に矛盾しない。現代社会の問題がそこにあるということになる。それは自らの主張に反しない。

そして、「全体」に対する反対を維持しつつ、同時に、「自分」を問題にするところに共振したのでもあるだろう。これは社会の部分的な問題でないという認識とともに、その全体の内部にいる自分、一人ひとりの自分における意識を問い質すこと、そんな「倫理」的な部分がうまくはまったのだとも言える。そして、同時に、体制をどうにかにするといった話がどうもうまくいかなくなって、変革についての大きな話が疑わしくなり、そんな話をしたり聞いたりすることに飽きたり、飽きる前に疑って、さしあたりするべきことをしようということになる。

ただ、私が横塚の本から受け取るのは、全体としておかしいこと、「根」からも問題にしてもよいということだ。今までよいことにされてきたことがよくはないと考えてよく、言ってよい。そのような「風潮」は、対談（横田・立岩［2004］）をさせてもらった横田弘からも聞いたことだが、青い芝の会の人たちにもいくらか力を与えたようだ。対抗文化・反近代・反体制が、律儀な戦前生まれの身体を経由して、現われる。そして、横塚自身は、茨城のお寺で大仏《おさらぎ》という坊さんと数年を暮らした影響は大きかったと言う（大仏と青い芝の会の人たちについて岡本［1988］がある）。それはそのままに受け取ってよいだろうと思う。

価値を与えられないものから別の価値を見出すのとも、価値を反転させるのともすこし違う。最も虐げられたり苦難の状況に置かれるものが、その苦難によって肯定されるべきなのだという話とも異なる。健常に価値を与えてしまうことを事実として認めつつ、しかしそれは、名前のないしかし具体的な存在・身体・生存を凌駕することはないと言う。

これは間違っていないと思う。一九七〇年前後にあって、障害者の運動に残り、継がれたものは、その騒々しくも冴えない動きから受け取るべきは、そのぐらいのものではないかと思うぐらいだ（立岩［1998］）。それは、例えばイタリアやフランスの哲学者たちでそんなことを主張したいように見える人たちの主張さえもが、どこか中途半端な感じがするのと比べて、単純だが、はっきりしている。同じようなことを言いたいとしても、なにか苦労して、なにか難しい言葉とともに、そのことを言おうとするのに対して、直截である。そのあまりに単純な居直りの具合が、それでよいのか、という感じはしないでもない。一度聞いたフレーズを繰り返せばよい。労が少なすぎる気はする。しかし、基本的には、それでよいのだろう。

ただそのこと自体は、誰かが代理する必要なく、本人が、横塚が言ってきたし、示してきた。その上で、遺された者たちがするべきことは、二者択一の罠にはまらないようにしながら、しかたなく、しかしいくらかは楽しみながら、こずるく、ちまちまと、こまごまと考えていくことだと思う。そしてその場面になると、横塚たちの時代を生きてきた人々は、内省的で一本気な人々は、いささか頼りにならない。そう思える。

例えば、さきほどすこしふれかけた「お金」のことについて。介助、その有償／無償、介助における本人と介助者との関係は、例外的によく語られてきたといってよいと思う。ただ、もっと考えてもよい。横塚たちは、もちろん、主体性は障害者の側にある、あるべきだと述べる。同時に、横塚は介助する人たちとの「心の共同体」を語ったという（二六六―二六八頁）。両方が述べられる。そして横塚の没後も様々があった。青い芝の会の――その小さな全体の中の「主流」――は、しばらく有償の介助に積極的ではなかった。友人でありそして／あるいは（障害者と健常者との「関係性」を理解した上で）「手足」になるべきだという理念があっただけではない。金を得られ生活を保障されるその人たちが力を持つことになることが懸念された。しかし同じことについて、他方の側にも言い分はあった。無償の行為に頼るなら、それではかえって介助する人に依存することになるというのである。これももっともだ。例えばこんなことをどう考えるのかである。私なりに考えてはみた。基本的には、社会に義務はある、しかしすべてが実際に行なわなくてよい、その時に、金を出し、暮らせる金を実際に仕事する仕組みはよい、それを基本に考えてはいけないのかということだ（立岩［1995］［2000a］）。つまり義務の履行のあり方として有償性を肯定する。それでも別の論点は残る、まだ終わらないという人もいるだろう。まだ考えてもよい。考えたらよい。

また労働について。がんばって人並みになろうとしてもどうせ人並みにはならない。ならば撤退してしまえばよいと言う。同時に、横塚は次のように書く。

「寝たっきりの重症者がオムツを替えて貰う時、腰をうかせようと一生懸命やることがその人にとって即ち重労働としてみられるべきなのです。」(五六—五七頁)

「ウンコをとって貰う(とらせてやる)のも一つの社会参加といえるのではないだろうか。」(八九頁)

「働かざるもの……」と言われて育って、それを坊さんの力も借りて、そうは思わなくてよいということにしたものの、実際よく働いた人の生真面目さがある。そうなんでも労働と言わなくてもよいとも思う。しかし、それは苦労して行なうことであって、そして生きていくためには必要なことであるとしよう。これは大切なことだ。では、結果がでなくても、同じぐらいの苦労をしているということが大切なのだろうか。では、結果がでるでないに関わらず、どれだけの結果がでるに関わらず、同じ労苦をしていることが大切なことであって、例えばそれに見合った収入が得られたらよいということか。しかしそれはなにか不都合な気がする。労多くして益少ないことはしなくてよいようにも思う。ではどう考えたらよいのか。うまい具合に市場で労働を売れないとして、だが完全にあきらめもしないなら、いったいどうしたらよいのか。

このような議論を私たちは十分にしてきたか。そしてそれは落ち着くところに落ち着いたのか。そんなこともない。

これらは社会の仕組みや仕掛けについて考えることだから小賢しさがいる。しかし遺された人たちはそんなことをしたらよいと思う。私はそう思った。そして繰り返すが、そうしたこまごまとしたことを考える時に、基本をどこに置くのか、つまらない択一しか見えていないのではないか、そのことを考えるためのものを、横塚たちは与えてくれている。

7　馴れ初めと成り立ちについて

この本は、一九七五年にすずさわ書店から刊行された。この年に彼は四〇歳。彼が亡くなった後、増補版が一九八一年に出された。収録された文章は、一九七〇年以降、神奈川県連合会の機関誌『あゆみ』などに掲載された文章が多い。また、内容的にはかなりの部分重なっている『CPとして生きる』が青い芝の会から一九七二年に発行され、増補版が七七年に出されている。これはその運動の中でテキストのように使われていたようだ。すずさわ書店からの本はあとがきにあるように本多勝一の口ぞえがあって出されたようだ。本多は同じ出版社の『貧困なる精神』シリーズなど多くの著作で知られた人だが、横塚や青い芝の会についての文章も書いている（本多 [1979] 等）。また、彼の妹の本多節子はずっと長野県にいて、長野青い芝の会を作り活動した人でもあり、著書がある（本多 [2005]）。

つぎにわたくしごとを。東京に出てきたのは、そして障害者運動というものがあることを知ったのは一九七九年のことで、その時には横塚はもう亡くなっていた。そしてその後も、青い芝の会という名は聞いたことがあったにせよ、具体的に何かを知ることはなかった。横塚たちの一九七〇年代を直接に知っている人たちの後、何も知らないまま、しかし継続している運動をいくらか見聞きした。そして一九八六年頃から、その事情は略すが、聞き取り調査を始めた。その中で青い芝の会の話が時々出てきた。それで資料を集め出した。研究文献はなく、専門書にも一般書にもほとんど言及はなかった。図書館にあるような雑誌に掲載されたのは、ここにも収録されている『ジュリスト』に横塚が書いた文章ぐらいのものだった。神奈川県社会福祉協議会の図書室などで機関紙をコピーしたりした。そうした時期に、すずさわ書店版のこの本も、どのように入手したのか、入手できた。まだ品切れにはなっていなかったようにも思う。（ただ誰かが借りていってしまったらしく、なくしてしまった。今手元にあるのは生活書院の髙橋さん

――以下敬称あり――から貸りているものだ。）そして、ごく短くだが、この時期のことを書いた。『生の技法』（安積他［1990］、増補改訂版が安積他［1995］）に収められているその章（立岩［1990］）の題は「はやく・ゆっくり」で、これは横塚の遺言であり（二四八頁）、また死後、自費出版された「介護ノート」（介護ノート編集委員会編［1979］）の題ともなった。この言葉については日本ALS協会の山梨県支部で話させていただいたときに言及したことがあって、その記録が本に収録されている（立岩［2000c］）。

そして、『現代思想』が身体障害者を特集した時（一九九八年）であったかもしれない、その雑誌の編集者を長くしている池上善彦さんから、この『母よ！殺すな』を再刊したらとよいと、それも文庫で再刊したらよいと言われた。それはよい案だと思った。ただ具体的に出版社に働きかけることは何年かしなかった。

そのうち『思想』に幾度か原稿を書くことがあり、その岩波書店から本（立岩［2004］）を出してもらった。また、中西正司・上野千鶴子の岩波新書『当事者主権』（中西・上野［2003］）の編集者とも話をすることがあった。それで、どうせなら岩波文庫で、と思った。古今東西の名著と横塚の本が一緒に並んでいるのを見て、ほくそえんだりしたいと思った。これはよい考えだと思い、そこで打診してみた。すると、しばらくの後、新しい本については岩波現代文庫で出しているからそちらを検討してみるとのことだった。私にとってはおもしろみが減った気はしたが、それでも検討していただくことにした。これは結局実現しなかった。

そんなことがあった間のいつ頃だったか、当時明石書店に勤めていた髙橋さんが出版社を立ち上げるという話があり、前後して、この本の再刊の話をした。じつは他に、二〇〇五年に一つ、二〇〇七年に一つ、二つの出版社から、それまで存じあげなかった編集者の方から、再刊の提案があった。続くときには続くものだと思った。

そして生活書院から刊行されることになった。再刊の許可、伝説の映画『さようならＣＰ』のシナリオの転載、等々に関わるすべての交渉を髙橋さんが行なった。最もふさわしい出版社から、最もふさわしい編集者の手によって再刊がなったことを喜びたい。この本は、この本がいらなくなるまで、読まれるだろう。そしてその時は来ないだろう。しかしそれを悲観することはない。争いは続く。それは疲れることだが、悪いことではない。そのことを横塚はこの本で示している。


（たていわしんや　社会学・立命館大学大学院教授）

■文献（著者名五十音順）

安積純子・尾中文哉・岡原正幸・立岩真也　1990『生の技法——家と施設を出て暮らす障害者の社会学』、藤原書店→1995 増補改訂版

荒川章二・鈴木雅子　1996「１９７０年代告発型障害者運動の展開——日本脳性マヒ者協会「青い芝の会」をめぐって」、『静岡大学教育学部研究報告（人文・社会科学篇）』47: 13-32

石川准・長瀬修　1999『障害学への招待——社会、文化、ディスアビリティ』、明石書店

市野川容孝・立岩真也 1998「障害者運動から見えてくるもの」（対談）、『現代思想』26: 2(1998・2) 258-285 →立岩[2000b: 119-174]

岡崎伸郎・岩尾俊一郎 編　2006『「障害者自立支援法」時代を生き抜くために』、批評社

岡田英己子　2002「戦後東京の重度障害者政策と障害者権利運動に見る女性の役割（1）——身体障害者療護施設の設立経緯を通して」、『東京都立大学人文学報』329: 1-46

岡村青　1988『脳性マヒ者と生きる——大仏空の生涯』、三一書房

河野秀忠　2007『障害者市民ものがたり——もうひとつの現代史』、日本放送出版協会

倉本智明　1997「未完の〈障害者文化〉——横塚晃一の思想と身体」、『社会問題研究』47:1

――――　1999「異形のパラドックス——青い芝・ドッグレッグス・劇団態変」、石川・長瀬編［1999: 219-255］

倉本智明・長瀬修編　2000『障害学を語る』、発行：エンパワメント研究所、発売：筒井書房

定藤邦子　2006「大阪・兵庫の障害者自立生活運動の原点」、『CoreEthics』2: 129-140（立命館大学大学院先端総合学術研究科）

――――　2007「大阪における障害者自立生活運動——１９７０年代の大阪青い芝の会の運動を中心に」、『CoreEthics』3: 183-196

杉野昭博　1997「『障害の文化』と共生の課題」、青木保他編『異文化の共存』（岩波講座文化人類学 8）、岩波書店

鈴木雅子　2003「高度経済成長期における脳性マヒ者運動の展開」、『歴史学研究』2003・8

全国自立生活センター協議会編　2001『自立生活運動と障害文化——当事者からの福祉論』、現代書館

立岩真也　1990「はやく・ゆっくり——自立生活運動の生成と展開」、安積他［1990: 165-226 → 1995: 165-226］

——　1995「私が決め、社会が支える、のを当事者が支える——介助システム論」、安積他［1995: 227-265］

——　1998「一九七〇年」、『現代思想』26-2(1998-2)：216-233（特集：身体障害者）→立岩［2000b: 87-118］

——　2000a「遠離・遭遇——介助について」、『現代思想』28-4(2000-3): 155-179. 28-5(2000-4): 28-38. 28-6(2000-5): 231-243. 28-7(2000-6)：252-277 →立岩［2000b: 221-354］

——　2000b『弱くある自由へ——自己決定・介護・生死の技術』、青土社

——　2000c「手助けを得て、決めたり、決めずに、生きる——第3回日本ＡＬＳ協会山梨県支部総会での講演」、倉本・長瀬編［2000］

——　2001「高橋修——引けないな。引いたら、自分は何のために、一九八一年から」、全国自立生活センター協議会編［2001: 249-262］

——　2004『自由の平等——簡単で別な姿の世界』、岩波書店

——　2006「障害者自立支援法、やり直すべし——にあたり、遠回りで即効性のないこと幾つか」、岡崎・岩尾編［2006: 43-54］

——　2007「障害の位置——その歴史のために」、高橋隆雄・浅井篤編『日本の生命倫理——回顧と展望』、九州大学出版会、熊本大学生命倫理論集 1、pp. 108-130

立岩真也・定藤邦子 編　2005『闘争と遡行・1——於：関西+』、生存学創成拠点

田中耕一郎　2005『障害者運動と価値形成——日英の比較から』、現代書館

土屋葉　1999「全身性障害者の語る「家族」——「主観的家族論」の視点から」、『家族社会学研究』11: 59-69

中西正司・上野千鶴子　2003『当事者主権』、岩波新書

廣野俊輔　2007「「青い芝の会」における活動と思想の変遷に関する研究――自立生活運動の源流として」、同志社大学大学院社会学研究科社会福祉学専攻修士論文

本多勝一　1979「二重の責苦で死んで行った「青い芝の会」会長・横塚晃一氏」他、『貧困なる精神第9集』、すずさわ書店

本多節子　2005『脳性マヒ、ただいま一人暮らし30年――女性障害者の生きる闘い』、明石書店

松永真純　2001「兵庫県「不幸な子どもの生まれない運動」と障害者の生」、『大阪人権博物館紀要』5: 109-126→立岩・定藤編 [2005: 3-15]

三井絹子　2006『抵抗の証　私は人形じゃない』、発行：「三井絹子・60年のあゆみ」編集委員会ライフステーションワンステップかたつむり、発売：千書房

森岡正博　2001『生命学に何ができるか――脳死・フェミニズム・優生思想』、勁草書房

山下幸子　2004「健常者として障害者介護に関わるということ――1970年代障害者解放運動における健全者運動の思想を中心に」、『淑徳大学社会学部研究紀要』38→立岩・定藤編 [2005:35-51]

――　2005「障害者と健常者、その関係性をめぐる模索――1970年代の障害者／健全者運動の軌跡から」、『障害学研究』1: 213-238

横田弘　2004『否定されるいのちからの問い――脳性マヒ者として生きて　横田弘対談集』、現代書館

横田弘・立岩真也　2004「差別に対する障害者の自己主張をめぐって」、横田 [2004: 5-33]

© 原 一男

本書のテキストデータを提供いたします

本書をご購入いただいた方のうち、視覚障害、肢体不自由などの理由で書字へのアクセスが困難な方に本書のテキストデータを提供いたします。希望される方は、以下の方法にしたがってお申し込みください。

◎データの提供形式＝CD－R、フロッピーディスク、メールによるファイル添付（メールアドレスをお知らせください）

◎データの提供形式・お名前・ご住所を明記した用紙、返信用封筒、下の引換券（コピー不可）および２００円切手（メールによるファイル添付をご希望の場合不要）を同封のうえ弊社までお送りください。

◉本書内容の複製は点訳・音訳データなど視覚障害の方のための利用に限り認めます。内容の改変や流用、転載、その他営利を目的とした利用はお断りします。

■あて先

〒一六〇―〇〇〇八
東京都新宿区三栄町一七―二木原ビル三〇三
生活書院編集部　テキストデータ係

キリトリ線

【引換券】
母よ！殺すな

横塚晃一（よこづか・こういち）

1935年12月7日埼玉県生まれ。52年6月整肢療護園へ入園、小学6年に編入され、53年3月小学校卒業。同年4月中学校入学、54年12月児童福祉法適用切れにより退園、以後不就学。55年4月国立身体障害センター入所、56年3月同センター終了。64年4月マハラバ村に参加、66年10月関口りゑと結婚、69年2月マハラバ村を出て川崎市生田に移る。70年5月「青い芝」神奈川県連合会副会長及び会長代行。71年3月川崎市有馬に移転、同年9月長男信彦誕生。72年11月「青い芝」神奈川県連合会会長。73年10月〜日本脳性マヒ者協会全国青い芝の会総連合会会長。76年8月〜全国障害者解放運動連絡会議代表幹事。77年8月都立駒込病院に入院。1978年7月20日、同病院にて胃ガンのため死去、享年42歳。

母よ！殺すな

発　行　二〇〇七年九月一〇日　初版第一刷
二〇一〇年一月一〇日　第二版第一刷

著　者　横塚晃一
発行者　髙橋淳
発行所　株式会社　生活書院
〒一六〇―〇〇〇八
東京都新宿区三栄町一七―二　木原ビル三〇三
電話　03-3226-1203
ファックス　03-3226-1204
振替　00170-0-649766
www.seikatsushoin.com

印刷・製本　株式会社シナノ
装丁・ブックデザイン　糟谷一穂
カバー・本文写真提供　横塚信彦、疾走プロダクション
定価はカバーに表示してあります
乱丁・落丁本はお取替えいたします

ISBN 978-4-903690-14-8